2021年度江苏省社会教育规划重点课题"社区艺术教育课程思政建设的研究与实践"
（课题编号：JSS-B-2021001）

SHEQU MEIYU

吕 颖 著

# 社区美育

苏州大学出版社
Soochow University Press

图书在版编目（CIP）数据

社区美育／吕颖著． -- 苏州：苏州大学出版社，
2023.12
　　ISBN 978-7-5672-4652-2

Ⅰ．①社… Ⅱ．①吕… Ⅲ．①美育-社区教育-中国
Ⅳ．①G40-014②G779.2

中国国家版本馆 CIP 数据核字（2024）第 009764 号

| | |
|---|---|
| 书　　名 | 社区美育 |
| 著　　者 | 吕　颖 |
| 责任编辑 | 严瑶婷 |
| 出版发行 | 苏州大学出版社 |
| | （苏州市十梓街 1 号　215006） |
| 印　　刷 | 苏州工业园区美柯乐制版印务有限责任公司 |
| 开　　本 | 718 mm×1 000 mm　1/16 |
| 印　　张 | 14.5 |
| 字　　数 | 245 千 |
| 版　　次 | 2023 年 12 月第 1 版 |
| | 2023 年 12 月第 1 次印刷 |
| 书　　号 | ISBN 978-7-5672-4652-2 |
| 定　　价 | 68.00 元 |

图书若有印装错误，本社负责调换
苏州大学出版社营销部　电话：0512-67481020
苏州大学出版社网址　http：//www.sudapress.com
苏州大学出版社邮箱　sdcbs@suda.edu.cn

# 前言

近年来,"美育"成为国家、社会关注的热点,教育部于2019年发布了《关于切实加强新时代高等学校美育工作的意见》,中共中央办公厅、国务院办公厅于2020年印发了《关于全面加强和改进新时代学校美育工作的意见》等与美育相关的重要文件,充分说明党中央、国务院高度重视美育工作,力争发挥美育在社会文化建设、社区治理、素质教育及人的全面发展中的重要价值。

美育问题不仅仅是青年人的事情,也应该是全社会都需要关注的事情。作为社会美育的重要组成部分,社区美育是指在一定区域内开展的以形象为主要媒介,以充分利用该地区的教育资源为运行方法,以实现社区居民的全面发展、促进区域经济和社会发展为目的,而创建的一种学习型社会的教育活动。

本书的第一部分为第一章至第三章,主要围绕"美""美育""社区美育""中华传统文化"等关键词展开。其中第一章在结合众多学者观点的基础上界定"美"和"美育"的概念,分析美育的特征和本质,明确美育的三个实施阶段——家庭美育、学校美育和社会美育各自的地位和相互之间的联系,进而剖析美育与其他"四育"——德育、智育、体育、劳育的关系。第二章主要回顾了西方国家和我国具有代表性的美育思想,以学者视角回答何谓美育、美育为何重要、美育何为等问题,帮助我们知古鉴

今,打开思路。其中马克思主义美育思想是马克思主义思想在美育领域的集中体现,而习近平关于美育的重要论述则是马克思主义美育思想中国化的最新显现,它对美育的方针、目的、宗旨和原则,以及生态美育、文艺美育、社会美育提出了全新的论断和观点,是我们建设新时代美育体系的指导思想和根本遵循。第三章首先对社区美育及其价值意蕴、历史演变进行探讨,然后分析社区美育的实践探索及其存在的问题,提出要将中华传统文化融入社区美育。为论证其意义,认真探究中华传统文化的脉络,阐明其价值所在,在这一章提出了以"指尖上的中华文化"系列社区美育课程建设为重点的实践路径,具体包括坚持建设原则、科学组建团队、构建课程体系、凝练教学模式等。

美育工作者要讲好中国故事,传承和弘扬中华美育精神,优秀的传统文化是美育内容的重要组成部分。就社区美育而言,课程仍旧是重点,要明确传授什么样的内容,倡导什么样的价值,怎样讲透作品背后的时代意涵,尤其要把中华传统文化中的优秀作品作为美育课程的主干,以培养社区居民正确而健康的审美观念。

第二部分为第四章至第八章,详细介绍了"指尖上的中华文化"社区美育课程体系,包含指尖上的传统文化、指尖上的非遗文化、指尖上的红色文化、指尖上的邻里文化、指尖上的地域文化等内容,挖掘整合社区居民耳熟能详或与生活密切相关的传统文化相关素材,精心设计与之相适应的指尖上的手工艺、指尖上的绘画等艺术创作形式,建构社区的传统文化美育体系,促进社区审美教育健康、和谐发展。课程的主要特色表现为以下几个方面。

(一)德育性

新时代社区美育在立德树人的实践中彰显其自身价值,课程根植于中华优秀传统文化的沃土,弘扬"美"的主旋律,传递"美"的正能量,培养新时代"美"的人民群众,增强人民群众对中华文化的认同感,落实立德树人的根本任务。

(二)操作性

课程可操作性强体现在三个方面:一是课程中的指尖上的技艺均采用化繁为简的设计原则,以符合社区居民的学情特点。如"指尖上的传统文化"课程在教授服饰文化美时,并不是让居民缝制汉服,而是借助拼布、卡纸、友禅纸、花边等材料进行作品的设计、拼贴等。二是居民实践创作所需要的材料简单易得。三是课程中的大部分内容已经在社区实施并开展了课程诊断，受到居民的好评。

（三）时代性

课程设计者对传统社区教学行为的成效和价值进行重新思考，比较学校美育和社区美育的异同点，构建体现时代特征且切实有效的社区美育课程体系，具体体现在教学内容与资源、教学设计与方法、教学活动与评价的时代性上。

（四）可感性

在整个美育教学活动中，作为审美主体的社区居民必须和审美客体直接接触，课程以艺术作品为中介，使社区居民感知审美客体，产生审美价值判断。美在哪里？为什么美？美的价值何在？实践证明，有效的美育教学行为必须具有强烈的"表演性"，使审美主体在审美认知发展的同时产生审美兴趣和情感体验，进而深入思考，逐步提高对审美对象的辨析力和鉴赏力。

（五）有效性

依据社区居民的参与特征、知识结构、审美倾向和实践水平，选择适合社区居民的教学内容和手段，因势利导，提升居民学习行为的可持续性和有效性。例如，课堂实践环节均采用该堂课结束即可呈现作品的、简便易操作的艺术实践项目。

（六）创造性

自由创造是美育教学的灵魂，实施社区美育课堂教学不能简单地让居民们消极、被动地接受教师的审美理论观点，而应引导他们在鉴赏美、表现美的过程中充分发挥想象力和创造力。因此，课程实践设计为老少皆宜的，鼓励居民以自己喜欢的方式大胆展现审美意向，学习审美技能技巧，与专业教师、艺术家、非遗工匠大师近距离接触，结合日常学习、工作、劳动，尝试创造美的成果。

第三部分为第九章至第十章，是社区美育的实践部分。其中，第九章梳理了常州社区美育十来年的演进历程：2009—2014年是常州社区美育的酝酿期与萌芽期，这一时期常州社区美育依靠社区教育初步形成了自身的组织体系；2015—2017年是常州社区美育的摸索期与整合期，在各级行政部门的推动、引导下，常州社区美育进一步整合、利用社会资源，推进师资队伍培养，建立信息化交流平台，探索美育课程实施形式；2018年至

今是常州社区美育的成长期与深化期，常州社区美育逐步构建了社区教育生态体系，让更多社会力量参与进来，通过打造平台、创新品牌、丰富课程内容和送教形式，赋能社区治理、推动居民素质提升。第九章还分析了常州社区美育在发展道路中遇到的问题，并从生态系统构建、课程体系建设、师资队伍培养、教学模式探索、评价体系建立等方面提出了常州社区美育问题的解决路径。第十章选取常州社区美育的四个典型项目实践案例，分析了职业教育、馆校合作对社区美育的促进作用，探讨了社区美育对乡村振兴和弱势群体保护的推进作用，希望通过常州社区美育的项目实践为其他地区提供参考借鉴。

由于时间有限，书中难免存在不妥之处，真诚希望广大读者或同行批评指正。此外，本书在撰写过程中引用了一些专家、学者的研究成果，在此谨一并致谢！

吕　颖

2023 年 8 月

# 目 录

## 第一章 美育概述 … 1
- 第一节 美育的内涵 … 2
- 第二节 家庭美育、学校美育和社会美育 … 5
- 第三节 美育与其他形式教育的关系 … 8
- 结论与启示 … 9

## 第二章 中西方美育代表思想 … 11
- 第一节 西方美育代表思想 … 12
- 第二节 我国美育代表思想 … 15
- 第三节 马克思主义美育思想 … 17
- 第四节 习近平关于美育的重要论述 … 19
- 结论与启示 … 21

## 第三章 社区美育与中华传统文化 … 24
- 第一节 社区美育及其价值意蕴 … 25
- 第二节 社区美育的实践探索 … 26
- 第三节 中华传统文化融入社区美育的现实意义 … 30

第四节 "指尖上的中华文化"社区美育课程建设构想 ………… 33
结论与启示 …………………………………………………… 36

## 第四章 指尖上的传统文化 …………………………………… 39

第一节 服饰文化美 …………………………………………… 40
第二节 名著文化美 …………………………………………… 55
第三节 节日文化美 …………………………………………… 61
第四节 汉字文化美 …………………………………………… 65
第五节 生肖文化美 …………………………………………… 72
结论与启示 …………………………………………………… 79

## 第五章 指尖上的非遗文化 …………………………………… 82

第一节 民间文学美 …………………………………………… 83
第二节 传统美术美 …………………………………………… 90
第三节 传统技艺美 …………………………………………… 97
第四节 传统武术美 …………………………………………… 113
结论与启示 …………………………………………………… 120

## 第六章 指尖上的红色文化 …………………………………… 122

第一节 红色故事美 …………………………………………… 123
第二节 红色人物美 …………………………………………… 127
第三节 红色建筑美 …………………………………………… 131
结论与启示 …………………………………………………… 136

## 第七章 指尖上的邻里文化 …………………………………… 138

第一节 自然美 ………………………………………………… 139
第二节 生活美 ………………………………………………… 148
第三节 人情美 ………………………………………………… 152
结论与启示 …………………………………………………… 158

## 第八章 指尖上的地域文化 …………………………………… 160

第一节 饮食文化美 …………………………………………… 161

第二节　民俗文化美 …………………………………… 166
　　第三节　名人文化美 …………………………………… 181
　　第四节　建筑名居美 …………………………………… 186
　　结论与启示 ……………………………………………… 192

# 第九章　社区美育建设的常州实践 …………………… 194
　　第一节　常州市社区美育的发展进程 ………………… 195
　　第二节　常州市社区美育的发展困境 ………………… 198
　　第三节　常州市社区美育的实践经验 ………………… 201
　　结论与启示 ……………………………………………… 208

# 第十章　常州市社区美育项目实践案例 ……………… 210
　　第一节　职业教育助力社区美育 ……………………… 211
　　　　　　——以江苏城乡建设职业学院社区教育品牌团队项目为例
　　第二节　馆校合作助推社区美育 ……………………… 215
　　　　　　——以常州市社区教育馆校合作项目为例
　　第三节　社区美育赋能乡村振兴 ……………………… 217
　　　　　　——以前黄社区教育中心社区美育基地项目为例
　　第四节　社区美育扶助弱势群体 ……………………… 219
　　　　　　——以"爱相汇"残疾人手工创业项目为例
　　结论与启示 ……………………………………………… 222

# 第一章

# 美育概述

　　美是人类永恒的追求，美可以传达积极、美好、正向的情绪体验，达到美化人们心灵、行为、语言、体态，提高人们道德与智慧水平的目的。那么什么是美，什么是美育，就是我们首先要回答的问题。本章在结合众多学者观点的基础上，界定"美"和"美育"的概念，同时分析美育的特征和本质。党的二十大报告提出，我国要培养德智体美劳全面发展的社会主义建设者和接班人，作为"五育"中的重要一环，美育与其他"四育"既有区别，又有联系，需要我们加深认识。就美育自身而言，按照美育实施的不同领域和不同阶段，可以分为家庭美育、学校美育和社会美育，三者的定位和所承担的功能虽然各不相同，但是又相互促进、相辅相成，共同构成完整的美育体系。厘清上述问题，将有助于我们深化对美和美育的理解，为研究社区美育奠定基础。

## 第一节 美育的内涵

美育由"美"和"育"构成,要界定美育的内涵,首先得分析清楚什么是"美",从古希腊时代至今,美的本质问题一直是美学领域最困难、最深奥的问题之一。

### 一、美的概念

1750 年,德国著名哲学家鲍姆嘉通首次提出将"美学"独立出来建设学科体系,正式拉开了研究美的序幕。纵观对美的研究,主要集中在几对矛盾上:是唯物还是唯心,是理性还是感性,是客观还是主观。部分学者认为美是唯物的、理性的、客观的。比如,鲍姆嘉通就认为美是理性客观的,美在于理性客观的完善;狄德罗坚持美学唯物主义,提出"美是关系";俄国的车尔尼雪夫斯基提出"美是生活",将美从理念拉回现实,肯定了现实生活中美的存在;马克思认为"美是人的本质力量的感性显现""美必须以事物的自然属性作为物质基础,但美之所以为美,关键还在于这些自然属性同人类社会生活的联系",肯定了美是可以被创造的。部分学者认为美是唯心的、感性的、主观的。比如,黑格尔认为"美就是理念的感性显现";康德认为美是主观的,在《判断力批判》中,康德提出:"自然如果看起来像艺术一样,那么它就是美的;艺术如果看起来像自然一样,那么它就是美的。"部分学者则认为美是主观与客观的统一,是感性和理性的统一。比如,席勒认为,在感受美的时候,产生着素材与(理性的)形式的实际的统一和交替,这种结合过程就是感性与思维、感性与意志相协调的过程;杜威认为,美就是多样性中的统一,个人的经验通过美可以得到圆满。

综上,我们认为美是感性和理性的交织,是主观与客观的统一。从马克思的观点中我们不难发现:美就是能够使人产生积极的情感体验,继而促使人的精神发生积极变化的事物属性。这里的事物属性是理性的、客观的,因为美是依赖于事物而存在的,当事物不存在时,它能够表现出来的个性美也就随之消失。而积极的情感体验和精神变化则是主观的、感性的,积极的情感体验表现为情感愉悦、身心轻松等,积极的精神变化是指人产生对审美对象的喜爱之情,产生对美好生活的憧憬,精神得到振奋,心中生成某种信念,等等。

积极性是区分美与丑的根本标准。如果一件事物或一种行为在被人们认知之后，能使人的情感和精神发生积极变化，那么它就是美的；反之，如果一件事物或一种行为能使人的情感或精神发生消极变化，那么它就是丑的。美与丑相比较而存在、相斗争而发展。美是随着社会实践的发展而不断发展的，永恒的、绝对的美是根本不存在的。

## 二、美育的概念

如果将美作为客观的能激发积极情绪和变化的事物属性，那么美育的概念可以表述为：以这类具有美属性的事物为媒介，面向一定的教育对象，施加教化和影响的过程。如果将美视为主体通过审美活动主观感受到的积极体验，那么美育就是美感教育、审美教育，是运用美学理论指导人们在发现美、欣赏美、创造美的实践活动中形成正确的审美观念和审美方法，提高人们的审美情趣、审美能力的过程。

## 三、美育的特征

### （一）过程性

美育的一个重要特征是它的过程性。首先，美育的过程性是由审美活动的感性特征及其价值实现的过程决定的。个性情感的创造性表现与升华是一个情感生命的伸展和更新过程，这种过程的特征在于，受主体内部情感需要的驱动与定向，其目的即此过程本身。其次，美育过程性的意义在于受教育者的积极投入、参与和创造。实现美育目的的审美体验活动过程本身是主体能动创造的过程，不仅运用物质媒介的创作（如绘画、演戏、音乐演唱和演奏等）是创造活动，对各种审美对象的欣赏也是积极的创造活动，没有个体富于个性化的创造便没有真正的审美对象，也就无审美活动可言。

### （二）全面性

美育过程涉及受教育者整体人格的各个方面，具有全面性的特征。不过，美育的全面性并不是指美育可以独自担负起促进个性全面发展的任务，而是指美育在促进个性审美发展的过程中，内在地包含着对个性心理功能与意识的全面开发，并使它们处于相互协调平衡的状态。

首先，美育以感性为基点，又涉及理性方面。审美知觉、审美表现和审美体悟不脱离感性形式，但感性形式本身又渗透着理性内涵。审美理智作为一种理性功能，以非压抑性的形态给审美表现赋予秩序，成为审美创造力与欣赏力的内在组成部分。其次，美育的主要领域是心理方面，但又

涉及生理方面。从儿童绘画能力的发展过程可以看到"生理的成长",从幼儿在纸上偶然地涂涂画画,到对线条的控制,再到造型上表现出更精致和更细微的变化,清楚地表明了绘画活动中运动神经和运动肌的发展,以及它们与视觉的协调。再次,美育促进个体情感发展,同时也提升社会交互水平。比如个体性的艺术鉴赏,受到来自作品的社会意识影响,以个体为对象的艺术创作,只有赋予它社会角色后才能表现得更生动,集体性的艺术活动,需要个体之间的协作配合,才能促进社会交流。就此意义而言,审美表现既是个性化的表现,也是一种社会性的交流对话。最后,美育不仅在意识层面产生作用,在无意识层面也产生作用。英国美学家赫伯特·里德在一所中学吃惊地发现,几百名少儿创作的"心意画"绝大多数呈现出类似曼荼罗的图案。这些学生以前并不知晓曼荼罗,也不受任何暗示,没有任何样板。然而,在近20年的时间里,来自不同班级和年级的学生画的"心意画"绝大多数呈现出与曼荼罗相似的主题。里德由此得出结论:综合过程发生于儿童内心,它体现出"无意识在寻求一种原型的秩序,这种秩序不是个人的,却又与感觉器官本身的生理结构相关联"。他的分析进一步揭示了美育对无意识的解放作用。

（三）趣味性

美育的趣味性是指美育过程对受教育者应具有的吸引力,使他们始终对审美的创作与欣赏保持浓厚的兴趣。从主体方面看,美育的趣味性源自美育过程对个性差异的充分尊重,在这里,尊重是一种积极的意义,它意味着满足每个受教育者的个性、情感、生活的需要,鼓励学生个性和独创性的充分发展。从对象方面看,美育的趣味性来自美育的感性形象,美育过程始终伴随着生动可感的形象,始终伴随着对生命形象的体验。审美对象是具体可感的感性形象,它不是物质实在,亦非逻辑概念。中国美学中"不着一字,尽得风流""不涉理路,不落言筌""羚羊挂角,无迹可求"等语,均生动描述了艺术美的形象性、非概念性特征。审美的形象性要求美育过程从教材到活动、从教师的指导到活动环境都具有形象性的特征,并且美育的形象性并不仅仅意味着形象的具体可感,而且意味着对形象的情感意蕴的体验与悟解。

四、美育的本质

（一）美育的本质在于全面地培养人

美育是按照"美的规律"塑造理想人格的教育,因此,美育的本质在于全面地培养人。人的全面发展是马克思主义的最高人格理想和价值目标，对当今中国来说，也就是要培养"有理想、有道德、有文化、有纪律"的社会主义事业建设者与接班人，使科学精神与人文精神在个人身上和谐统一。人的全面发展与完善人格塑造是辩证统一的，没有人的全面发展，就谈不上完善人格塑造，人的全面发展是完善人格塑造的前提与基础，同时，完善人格塑造又会有力地促进人的全面发展，因为完善人格塑造本身就体现着人的全面发展的要求和愿望。而且，完善的人格在社会生活中起着示范作用，从而促进社会文明的进步。美育在教育中的作用就在于它不仅可以净化人的情感，提高人的思维能力，而且可以促进人的心理结构的调节，将道德、知识等转化为人的一种精神素质，形成完善的人格。

（二）美育是人类实现自我发展的重要途径之一

美育作为一种教育活动，是全面教育的一个组成部分，也是人类实现自我发展需要的重要途径之一。美育与其他教育活动一样，根本目的都在于培养人，使人在精神上获得解放与自由，把人从物质世界的束缚中解脱出来，上升到精神的理想境界，培养人对美的热爱，从而进入一种顺应自然、与天地同体的和谐境界。美育通过感情调整身心，使人能够充分发挥出自身的本质力量，使自己内在的人格和外在的形象都充实，从而感受到生活的乐趣，树立对生活的崇高目标，既有理智又有情感，既有物质生活又有精神生活，既有工作能力又善于生活和娱乐。

（三）美育是培养全面和谐发展的人的教育

美育在培养人敏锐的审美能力、高尚的审美情趣、完善的现代人格，正确处理当今社会人与人、人与社会、人与自然的关系，全面提高人的基本素质，促进人的全面和谐发展等方面，具有其他学科教育无法替代的优势，相对其他学科教育而言，美育是培养全面和谐发展的人的教育。

## 第二节　家庭美育、学校美育和社会美育

根据应用领域和实施环境，以及人一生中接受教育影响的先后次序，可以将美育分为家庭美育、学校美育和社会美育。其中家庭美育是美育的起点，学校美育是美育的核心，社会美育是美育的泛化。此三者紧密联系、相辅相成，承担人一生不同阶段的美育任务，共同构成社会完整的美

育体系。

## 一、家庭美育

家庭美育是美育的起点，父母是孩子最早的教师。一个人最早接受美育，是从家庭开始的，胎儿在母腹之中尚未出生之时，就已经开始接受美育了。例如，为了启蒙胎儿的感官发育，准父母会利用优美的声乐和器乐进行胎教。习近平总书记指出："广大家庭都要重言传、重身教，教知识、育品德，身体力行、耳濡目染，帮助孩子扣好人生的第一粒扣子。"家庭美育是"扣好第一粒扣子"的重要法宝，可以帮助孩子树立正确的审美观，激发审美情感。比如，父母指导孩子绘画，制作手工艺作品，带孩子观看戏剧，参观艺术展览，通过艺术品自身体现的价值，以及艺术家生平和美学风格的介绍等，教育孩子什么是真善美，引导孩子发现美、欣赏美、爱上美、创造美，进而树立正确的世界观、人生观、价值观。

## 二、学校美育

学校美育是美育的重点。学校是从家庭到社会的中间环节，它对学生施行有计划、有组织的系统教育，是对学生影响最大的教育场所，也是学生美学素养生成的关键教育场所。比起家庭美育和社会美育，学校美育的时间更有保证、条件更加优越、课程更加系统、效果更加明显。学校美育作为推进我国高质量教育体系建设的一个重要方式和有效途径，在贯彻落实立德树人的各项根本任务和积极推动学生全面发展方面发挥着至关重要的作用，也是提高学生审美能力和树立正确价值观的主要渠道。2020年中共中央办公厅、国务院办公厅印发的《关于全面加强和改进新时代学校美育工作的意见》对新时代美育工作的指导思想、工作原则、主要目标、具体措施等提出了总体要求，进一步凸显了党和国家对学校美育工作的重视。

## 三、社会美育

社会美育是美育的泛化，是美育面向大众，满足大众艺术需求的必然选择。学者刘凤梧认为，社会美育就是通过对社会上各种自然文物、文学艺术、影剧音乐、绘画雕塑、园林建筑、优美环境等的欣赏感受，从形象直觉来认识客观世界，并在改造客观世界的过程中树立正确的审美观点、培养创造美的能力、陶冶高尚的道德情操、涵育热爱一切美好事物的感情的教育。与家庭美育和学校美育相比，社会美育具有更加广阔的范围和鲜明的特点。社会美育的对象是全体社会公民，实施主体可以是各级学校教师，也可以是社会名家、非遗传承人、技艺特长者等，采用的美育内容可以是大、中、小各级学校的艺术课程，也可以是各类博物馆、美术馆、图书馆、文化产业相关企业等社会资源的成果。由于社区（村）是我国城市和乡村治理体系的基本单位，它是以居住职能划分的，以社区（村）为范围进行的社区教育是社会教育的主要形式，因此，社区美育相应地就成为社会美育的关键一环，相关内容将在本书第三章进行详细分析。

**四、家庭美育、学校美育和社会美育三者之间的关系**

首先，家庭美育是社会美育的组成部分和特殊形态。社会是由家庭组成的，家庭是社会的细胞，家庭美育也是社会美育的组成部分，特别之处在于，家庭美育的实施范围主要在家庭内部，范围较小，且相对固定，多为家长向子女实施，而社会美育的实施范围则比较灵活，可以以区和街道为范围，也可以以社区和村为范围，美育的实施主体和实施对象也不固定，因此，家庭美育是社会美育的一种特殊形态，社会美育的成熟和发展离不开每个家庭的支持与配合。

其次，学校美育是社会美育的发展基础和动力源泉。由于对学校美育的重视，学校美育相关的师资队伍、美育资源配套齐全，在教学改革、科学研究等方面也有着丰富的理论和实践经验。社会美育的发展和创新有赖于学校美育的发展和创新，要继承和发扬学校美育过程中的宝贵经验、教学模式等，结合社会美育对象和本地区的特色文化和资源，开发适合居民、满足社会要求的美育课程，积极探索优秀的社会美育模式。

最后，社会美育促进家庭美育和学校美育实施。第一，家庭美育和学校美育在实施过程中，需要依托各类艺术场馆、艺术企业、实践基地等社会资源，需要借助本土艺术和文化内容，而这些资源和内容通过社会美育得到更好的整合，优质的社会美育资源将促进家庭美育和学校美育的发展；第二，无论是作为家庭的成员还是作为学校的学生，每个公民都是社区群体的一员，他们或参与社区组织的面向家长的美育活动，或参与社区组织的面向青少年的课外美育活动，使社会美育与家庭美育、学校美育互补、共融、相互促进，家长能够更好地实施家庭美育，学生能够更好地理解和认同学校美育。

## 第三节　美育与其他形式教育的关系

党的二十大报告指出：落实立德树人根本任务，培养德智体美劳全面发展的社会主义建设者和接班人，坚持以人民为中心发展教育，加快建设高质量教育体系，发展素质教育，促进教育公平。美育与其他"四育"一起再次被写入报告，体现了新时代我国人才培养的一贯性和继承性，再次凸显了美育在培养全面发展的人的过程中的重要作用。其实美育不仅包括审美教育，还包括情操教育和心灵教育，且与德育、智育、体育、劳育相辅相成、相互促进。厘清它们之间的关系，有助于我们更好地认识美育的作用和价值，更科学地实施美育。

### 一、美育与德育的关系

德育和美育是社会主义教育体系的重要组成部分，两者之间既有联系又有区别。德育旨在塑造受教育者的政治思想和道德品质，美育则主要培养受教育者的审美观点和审美能力。德育和美育之间有着相互影响、相互渗透、相互作用的辩证关系，德是美的灵魂，美能促进德的养成。

### 二、美育与智育的关系

人的认知能力与审美能力的相互关联、相互促进决定了美育与智育之间存在着必然的联系。智育是美育的基础，没有智育，也就无法进行美育，智力是构成个体审美能力的重要因素之一。美育对智育具有促进作用，美育能培养学习兴趣，增长知识，对于促进个体创造性思维能力的发展具有不可低估的作用。

### 三、美育与体育的关系

如果说美育与德育的关系是美与善的结合，美育与智育的关系是美与真的结合，那么美育与体育的关系就是美与健的结合。体育的目的在于锻炼，以增强人们的身体素质，提高人们的健康水平。在体育中，运动健儿们精湛的技巧、矫健的形体、勇敢善战的精神，无不闪烁着美的光辉。美育属于精神意识教育，体育属于生理体质教育。

### 四、美育与劳育的关系

劳育中渗透了美育。马克思说"劳动创造了美"，深刻地说明了劳育和美育紧密不可分的内在联系。例如，学生参加植树造林的公益活动，通过劳动，不仅培养了劳动观念、学会了植树的技能，同时还创造了城市绿化的自然景观美，受到了美育的熏陶。

美育中渗透了劳动教育。美是到处都有的，爱美之心人皆有之。因此，每个人每一天都会自觉或不自觉地在创造美，特别是在生活领域里。例如，每名学生都有机会美化或装修自己的居室或某些场所，这就需要考虑如何合理布局、如何陈设装饰，才能显现出居室或场所的风格美、特色美、时代美，而思考和实践的过程，正是接受美育的过程。完成这一过程就需要自己开动脑筋，按美的要求设计和规划，这也是一种脑力劳动，同时还可能需要采购材料、动手操作等必要的体力劳动，因此，学生在这个过程中也受到劳动教育，培养了自己的劳动观念和技能。以劳育美，以美育劳，劳育和美育是不可分离的。

"五育"是可以独立进行的，是相互不能替代的，但又不是孤立的，是相互依存、相互渗透、相辅相成的。德、智、体、劳"四育"中包含着美育，美育既可以通过德、智、体、劳"四育"表现出来，又可以促进德、智、体、劳"四育"的深入发展。只有认识它们之间的关系并身体力行，才能促进个体的全面发展。

## 【结论与启示】

美是感性和理性的交织，是主观与客观的统一。从马克思的观点中，我们不难发现：美就是能够使人产生积极的情感体验，继而促使人的精神发生积极变化的事物属性。美育是以这类具有美的属性的事物为媒介，面向一定的教育对象，施加教化和影响的过程。如果将美视为主体通过审美活动主观感受到的积极体验，那么美育就是美感教育、审美教育，是运用美学理论指导人们在发现美、欣赏美、创造美的实践活动中形成正确的审美观念和审美方法，从而提高人们的审美水平、审美能力的过程。美育具有过程性、全面性和趣味性的特征。美育的本质在于全面地培养人，美育是人类实现自我发展的重要途径之一，也是培养全面和谐发展的人的教育。

根据应用领域和实施环境，以及人的一生中接受教育影响的先后次序，可以将美育分为家庭美育、学校美育和社会美育。其中家庭美育是美育的起点，学校美育是美育的核心，社会美育是美育的泛化。此三者紧密联系、相辅相成，承担人一生不同阶段的美育任务，共同构成社会完整的

美育体系。家庭美育是社会美育的组成部分和特殊形态，学校美育是社会美育的发展基础和动力源泉，同时社会美育促进家庭美育和学校美育实施。

德、智、体、美、劳"五育"并举是党的二十大报告提出的人才培养要求，他们独立进行，不能被替代，但"五育"不是孤立的，而是相互依存、相互渗透、相辅相成的。德、智、体、劳"四育"中都包含着美育，美可以辅德，美可以促智，美可以健体，美可以助劳，美育可以促进德、智、体、劳"四育"的深入发展。以美育人，针对的是整个人，再次肯定了美育学科的独立性和重要性。

## 参考文献

[1] 米盖尔·杜夫海纳. 美学与哲学 [M]. 孙非，译. 北京：中国社会科学出版社，1985.

[2] 刘凤梧. 社会美育初探 [J]. 教育科学，1988（1）：44-46，53.

[3] 蒋孔阳. 美学新论 [M]. 北京：人民文学出版社，1993.

[4] 薛富兴. 美育小议 [J]. 湖南社会科学，2005（1）：9-12.

[5] 张正江. 中华人民共和国美育的命运 [D]. 上海：华东师范大学，2006.

[6] 刘晓峰. 和谐社会呼唤社区美育：对美育进入社区的思考 [J]. 和田师范专科学校学报（汉文综合版），2006（5）：206-207.

[7] 曾繁仁. 美育十五讲 [M]. 北京：北京大学出版社，2012.

[8] 杜卫. 美育论 [M]. 2版. 北京：教育科学出版社，2014.

[9] 杨河，教育部高等学校社会科学发展研究中心与吉林大学. 中国美育年鉴（2013）[M]. 北京：北京大学出版社，2014.

[10] 美育学刊杂志社，美育与文化传播协同创新中心. 中国美育发展报告（2011—2015）[M]. 上海：上海三联书店，2016.

[11] 习近平. 习近平谈治国理政：第二卷 [M]. 北京：外文出版社，2017.

# 第二章

# 中西方美育代表思想

无论是西方还是中国，无论是古代还是现代，均涌现出一大批学者，对美育进行过经典、系统的阐述，全面把握其中的思想脉络和精神实质有助于我们形成审美思想教育理论体系。马克思主义美育观通过继承和改革人类历史上的美育思想遗产而诞生，并对美育思想的发展做出了革命性的理论贡献，它是经典美育理论和唯物主义理论的有机融合，是我国美育体系建设的理论源泉。习近平总书记在继承马克思主义美育思想和我国优秀中国共产党人美育思想的基础上，形成了习近平关于美育的重要论述，它是马克思主义美育思想中国化的集中体现，是马克思主义美育观与中国实际相结合、与时代发展相契合的最新成果，是中国特色社会主义现代化美育体系建设的实践和方法论指南。本章节将全面梳理中西方美育代表思想，进而重点分析马克思主义美育思想和习近平关于美育的重要论述，旨在进一步厘清美育的内涵和实施方略。

# 第一节 西方美育代表思想

## 一、鲍姆嘉通的美育思想

鲍姆嘉通（A. G. Baumgarten），被誉为"美学之父"。1735年，他在博士论文《诗的哲学默想录》（又名《关于诗的哲学沉思》）中提出了"感性学"的概念，他称之为"知觉的科学或感性学"。他的美育思想主要包括以下三个方面。

第一，首次提出"美学即感性学"。鲍姆嘉通充分论证了感性认识对理性认识来说所具有的独立性。他在《形而上学》一书中用"幻想"取代了沃尔夫提出的"想象"，并用洞察力、预见力、判断力、预感力和命名力扩展了沃尔夫的理论序列。所以"感性认识"就不再是"认识能力的低级部分"，而是独立的"低级认识能力"了。由此，作为感性学的"美学"就与逻辑学、伦理学区分开来，走向了学科独立之路。这就是人们将鲍姆嘉通称作"美学之父"的主要原因。

第二，提出美学的内涵在于"感性认识的完善"。鲍姆嘉通不仅提出美学即感性学、美育即感性教育的重要命题，而且提出美学的内涵在于"感性认识的完善"，从而揭示了美育所特有的感性与理性、经验与知识、模糊性与明晰性共存，但总体上倾向于感性、经验性与模糊性的内在特性。

第三，提出"理性类似思维"的概念。在《形而上学》中，鲍姆嘉通认为"理性类似思维"包括认识事物一致性的低级能力、认识事物差异性的低级能力、感官的记忆力、创作能力、判断力、预感力、命名力等。这种"理性类似思维"不同于凭借逻辑与概念推理的感性直觉能力，但同样能把握好事物的一致性、差异性、历史性、关联性及其他某些特性，起到类似理性的作用。他将这种"理性类似思维"看得很重，其整个"美学即感性学"的论述都是以此为根基的。

## 二、康德的美育思想

康德（Immanuel Kant），德国哲学家、作家，德国古典哲学创始人。他的哲学既调和了唯物主义与唯心主义，又调和了经验论与唯理论，其哲学主要代表作为三大批判——《纯粹理性批判》《实践理性批判》《判断力批判》，分别对应探讨认知论（真）、伦理学（善）、美学（美）的问题。

《判断力批判》中对美学问题的探讨是建立在人的情感能力基础上的，康德严格且系统地为审美划出了一个独特的领域，即人类心意里的一个特殊的状态——情绪。康德认为，情感是感性的，人的审美能力即鉴赏力，鉴赏力的特点是一种反思的判断力，是从特殊的东西反思主体的先天的普遍性，并且在这样的反思判断中，人的各种认识能力，如直观能力、想象能力、知性能力都能处于一种协调状态之中，人在欣赏对象的时候，将所有认识能力投入感性特质中。鉴赏力是人的一种高级能力，审美判断力批判就是要研究人的鉴赏力和人的高级能力何以可能的问题。康德认为，在心灵认识机能、情感及欲求机能当中，认识机能是悟性立法；而欲求机能是理性先验立法，而愉快情绪介于认识和欲求机能之间，成为悟性到理性过程的桥梁。因此，审美判断力沟通了感性与理性，使真善美相统一。

### 三、席勒的美育思想

席勒（J. C. F. von Schiller），资产阶级启蒙运动时期伟大的文学家和美学家。他在人类历史上第一个提出"美育"的概念并加以全面深刻的阐释，并且第一个以美育理论为武器，深刻地批判资本主义制度分裂人性的弊端。同时，他还明确地将美育界定为"情感教育"，为后世人文主义美学的发展奠定了理论基础。

（一）美育的内涵——"情感"和"自由"

席勒所说的"自由"有着十分丰富的含义。它不同于认识论哲学中的自由是对必然的把握，也不同于理性独断论的理性无限膨胀的自由，而是力倡超越实在、必然与理性的一种审美的、关系性的自由，是一种情感愉悦的"心境"，是人性解放的自由，也是通过审美走向人性之完整。席勒美育理论的自由观同康德美学的自由观密切相关，但又区别于康德。康德的自由观局限于精神领域，是一种想象力与知性力、理性力的自由协调，而席勒美育理论的自由观更侧重于现实人生，追求一种人性完整、政治解放的人生自由。

（二）美育的作用——沟通感性和理性的中介

席勒认为，美育的特殊作用是通过建构一个情感的、审美的王国，使之成为沟通感性与理性、自然与人文、知识与道德之中介。席勒指出："要使感性的人成为理性的人除了首先使他成为有审美的人，没有其他途径。"这就使美育成为由自然之人成长为理性之人的必由之途，是对康德自然向人生成的观念的继承与发展。这正是席勒关于美育作用的"中介

论",成为席勒整个美育理论的核心环节,解决了整个审美之谜。

(三)美育的手段——美的艺术

席勒认为,美育所凭借的手段是美的艺术,因此,从某种意义上说,美育就是艺术教育。美的艺术之所以是美育的主要手段,是因为艺术的性质。席勒指出,艺术的根本属性是表现的自由。艺术美是一种克服了质料的形式美,也是一种无知性概念束缚的想象力的自由驰骋,所以只有艺术美才能成为以自由为内涵的美育的主要手段。

### 四、黑格尔的美育思想

黑格尔(G. W. F. Hegel),德国19世纪唯心主义哲学的代表人物之一、德国古典哲学的代表人物之一。黑格尔在有生之年未能书写有关美学的著作,只留下在海德堡大学上课时的美学讲稿,以此为依据,在黑格尔去世后其学生代为出版了《美学》三卷本著作。黑格尔的美学思想除探寻美的本质等根基问题以外,最重要的就是探讨艺术与人的发展历程关系,这也是其美育思想的体现。

黑格尔的美育思想一方面来自康德的古典美学中的自由必然关系下的主观理性的结合,另一方面则源于席勒的历史统一关系下的美与现实的结合。在这两个基础之上,黑格尔把美的范围扩大到了整个人类活动,把美育的广泛性带进了人类生活与艺术的鉴赏和创造。但是这些也仅仅来源于人的主观活动,即他唯一认为的"抽象的精神的劳动",正如他所言:"在艺术中,自然的东西不再是自然的直接存在,不再是自然物,而是经过心灵渗透和影响,是经过心灵观念化了的东西。"显然,自然在他那里不过是观念的存在物。

### 五、杜威的美学思想

杜威(John Dewey),美国著名哲学家、教育家、心理学家、实用主义的集大成者,也是机能主义心理学和现代教育学的创始人之一。从1894年开始,他与他的学生们组成美国实用主义的重要学派——芝加哥学派,并产生了极大的影响。他的《艺术即经验》一书于1934年出版,集中阐释了实用主义美学思想,形成了当代最具美国特点的美学理论体系。

杜威在该书中以"艺术即经验"为核心观点,全面论述了艺术与生活、艺术与人生、艺术与科学、内容与形式等一系列重要问题,破除了西方古典美学中二元对立的思辨观点,创立了新的实用主义美学流派。他将美国资产阶级的民主观念与商业观念贯注其经验论美学之中,将艺术从高高在上的象牙塔拉向现实的社会人生，提出艺术生活化的重要命题，对于当代，特别是我国的美学与美育建设产生了重要的影响。

## 第二节　我国美育代表思想

### 一、孔子的美育思想

真正奠定我国古代美育思想基础，并大力开展美育实践的人当属我国春秋时期的大教育家、思想家孔子。作为儒家学派的创始人，孔子所确定的"乐教""诗教""礼教"的传统对后世影响很大，并奠定了我国古代教育中"礼乐相济"的思想基础。孔子的美育思想主要表现在以下三个方面。

首先，重视艺术美的感化。孔子十分重视"乐"和"艺"对人格的感化作用，认为"乐"和"艺"是人们修身必不可少的两门学问。

其次，倡导自然美的陶冶。"智者乐水，仁者乐山""浴乎沂，风乎舞雩，咏而归"，揭示了一个极为重要的事实，那就是在孔子的眼中，人所欣赏的自然，并不是同人无关的，而是同人的精神生活、人的内在情感紧密联系在一起的，这充分反映了孔子对自然美可以陶冶情操、完善人格、开阔胸襟的美育功能的认识。

最后，强调社会美的教化。孔子意在把当时西周社会强制性的行为准则"礼"通过社会美的教化，转化为人们内心的道德需求、人们生活的自觉理念，从而使社会美德的实现成为人们人格自我完善和人生价值自我实现的过程。历史事实证明，这种适合民族思维形式、根植于民族道德土壤的学说，经过千百年历史的积淀，已成为中华民族精神生活及民族性格的重要组成部分，成为国人自觉或不自觉地处理各种事务和调节各种关系的道德准则，具有强大的生命力。

### 二、孟子的美育思想

孟子也接受了孔子"仁"的思想，并以此来思考和阐述自己的美育思想。孟子不但重视个体人格的道德修养，而且十分强调个体情感和意志的力量。孟子美育思想中的理想人格，是为自己坚信的真理而斗争、绝不向邪恶势力低头、绝不向艰难困苦屈服的人格，这种人格是在艰苦磨炼下才具备的。

### 三、荀子的美育思想

荀子在著作《乐论》中说："夫乐者，乐也，人情之所必不免也，故人不能无乐""夫声乐之入人也深，其化人也速"。这些观点对塑造中华民族美的心理结构起了极其重要的作用。在《劝学》中，他提出了君子修养的说法："君子知夫不全不粹之不足以为美也。"意思是，只有以"全""粹"的标准来加强学习，掌握大量文化知识，不断提高品德修养，才能成为美的人物。

由于儒家思想在我国长达两千多年的封建社会中占据主导地位，因此，以孔子为代表所开创的美育思想，经孟子续其绪，荀子集其成，形成了思想独特、理论宗整、影响巨大的儒家美育思想。

### 四、蔡元培"以美育代宗教"的美育思想

辛亥革命后，美育被明确地纳入教育方针，更全面、更深刻地论述美育，提倡美育的是蔡元培，他的美育思想主要有四个方面：第一，将美育列为教育方针之一，这是中国美育史上的创举；第二，阐述了美育的定义——美育者，应用美学理论于教育，以陶养感情为目的者也；第三，提出了著名的"以美育代宗教"说；第四，提出了实施美育的具体方案——美育的起点为建立胎教院和孕婴院，以及在学校和社会中实施美育。总之，他认为美育应普及于全社会、全民众，贯穿每个人的一生。

### 五、王国维"无用之用"的美育思想

近代中国，第一次将美育置于教育学角度论述的是著名学者、思想家王国维。首先，他将美育与德育、智育、体育相提并论，明确提出美育的重要性；其次，王国维对美育的性质和功能有精辟的论述，认为美育即情育是也；最后，他指出美育的主要手段是文学艺术，认为艺术最神圣、最尊贵，可以像宗教一样深深影响人们的精神世界。王国维接受了康德的审美思想，认为审美是无功利、无利害的活动；同时，他又接受了道家哲学中的"无为"思想，因此，他十分重视艺术美的特殊作用，即"无用之用"，认为美育可以陶冶人的情操，提升人的品格，使人更加全面地发展。

### 六、丰子恺培植"艺术心"、保持"童心"的美育思想

丰子恺，画家、美术与音乐教育家，他认为拥有一颗童心非常重要，因为童心可以让人感到社会平和纯净，人与人之间纯真而友善。童心与艺术的心是相互贯通且相辅相成的，拥有童心就拥有走进艺术的"绝缘的眼"，拥有童心也使得同情心更为宽广，同时艺术的心能始终维持和呵护

童心，爱和美与童心相互促进、相互升华。丰子恺创作了大量赞美与表现儿童生活的散文和漫画，不断表现和演绎着他美育思想中的童心，他这些富有童心的作品常常触动我们内心深处最美好的感觉，让我们感受到真诚、善良和幸福。

### 七、朱光潜"人生艺术化"的美育思想

朱光潜，当代著名美学家、文艺理论家、教育家。朱光潜的美学思想以人文主义为核心，他认为，生命力的激发和表现不仅是美育最具特殊性的功能，而且是"人生的艺术化"这一命题的精神实质所在，"人生的艺术化"是朱光潜最重要的理论之一。"引读者由艺术走入人生，又将人生纳入艺术之中"，既是朱光潜美学研究的根本宗旨，也是他的美育理论的根本宗旨。作为人生的一种最高境界，艺术化的人生是真、善、美的高度融合，也是由人的生命史构成的一件艺术品。

## 第三节 马克思主义美育思想

### 一、马克思主义美育思想的理论基础

马克思主义美育思想的理论来源是十分广泛的，几乎涵盖了所有哲学、美学、文艺学、教育学的优秀成果。其中最主要的理论来源便是德国的古典主义及英、法空想社会主义哲学家的美育思想，也就是上文提到的鲍姆嘉通、康德、席勒、黑格尔，以及唯物美育的提出者——费尔巴哈，空想社会主义的代表——圣西门、欧文、傅里叶等的美育思想。

马克思主义美育思想以马克思主义美学理论为基础，是美学理论与社会实践相结合的成果，体现着美的哲学。马克思主义美学主张美由人类实践活动创造，强调人的主观能动性。与此同时，它注意到主观与客观、精神与物质的辩证统一：第一，人所获得的美感以客观对象为基础，美感不会凭空而来，必然需要一定的客体与介质，继而通过它们使主体获得美的感受；第二，感受者本身的审美能力也起到很大作用，只有具备了一定的审美主体条件，且客观存在感受形式的能力，美的存在才具有实际意义，即发挥主观能动性的客观条件。人的劳动创造了人文世界，培养出审美所必需的价值属性，每个人都根据自己的状态参与并居住在美的体验中，通过沉思来实现自由，激发对世界的情感感知，达到自由状态。

## 二、马克思主义美育思想的基本内容

作为马克思主义美育思想的开创先驱,马克思与恩格斯带给后人的并不是系统的美育基础理论,也不是美育建设的方式、方法、机制等行动指南,他们所给予后世马克思主义者的是进行美育研究所需的哲学的普遍性基础理论与实践的一般性建设方法。从马克思和恩格斯的经典著作中,我们可以归纳总结出以下内容。

(一)美育实现人的全面发展

一方面,美育通过审美形象促使人产生新的生命需要,从而促进人的各方面能力的发展。在对审美形象进行感受和欣赏的过程中,人的感觉器官受到刺激,感受逐渐丰富,如耳朵逐渐能够欣赏音乐的旋律,眼睛慢慢能够感受美的形式,这些感觉是人确认自己为人的重要判断因素。正如马克思所说,"艺术对象创造出懂得艺术和能够欣赏美的大众"。另一方面,美育能够帮助人们用艺术的方式从整体上更好地认识世界,从精神层面促进人的全面发展。作为美育最重要的内容之一,艺术的创作和欣赏过程能够帮助人们更好地认识整个世界,提高自身的实践创造和审美能力。第一,艺术作为人的创造物,是人的本质对象化的体现,反映了人对客观世界的认识;第二,艺术作为人们欣赏的审美对象,具有独特性,能够以情动人、以美感人,愉悦人的精神,提高人的审美感受能力。

(二)美育促进客观世界的改造

马克思指出,"人也按照美的规律来构造",换句话说:人类在劳动实践过程中,按照客观世界不同事物的规律性,结合人们富有个性的目的和愿望来改造世界,不仅能引起客观世界外在形态的变化,还能实现自己的本质力量,并把这一本质力量自由地转化为能够令人愉悦和观赏的形象。人该如何按照美的规律构建更加美好的客观世界?首先,尊重和掌握客观规律是前提。一方面,要尊重自然规律,动物与自然相处是出于本能,人却可以认识到自然规律,在掌握自然规律的基础上更好地与自然相处。另一方面,要尊重并掌握社会规律。社会规律不是一成不变的既定规律,而是在人类发展过程中不断形成的,美的规律便是一种社会规律,与人的社会生活息息相关,掌握社会规律是发现和运用美的规律的重要前提。其次,要发挥人的本质力量。马克思认为,人的本质从人与动物的区别来看是劳动,从人与人的关系来说是一切社会关系的总和,从人自身发展的角度来说是人的自身需求。因此,可以认为人的本质是在一定社会关系下自由自觉的劳动。

(三) 美育推动劳动实践的发展

一方面,美育能够在一定程度上缓解劳动的"异化"现象。所谓"异化",就是在劳动中"不是自由地发挥自己的体力和智力,而是使自己的肉体受折磨、精神遭摧残"的现象。由于美育的审美对象不具功利性,人在审美活动中能够使自身的情感与生理机能处于一种和谐放松的状态,享受到精神层面的愉悦,而且审美对象具有强烈的感染性,通常能够在感情上引起人的共鸣,激发人享受生活、热爱生活的热情,因此,美育能够缓解劳动的"异化"现象,帮助人们更好地实现自己的本质力量。另一方面,美育能够促进人的全面发展,并在一定程度上反作用于劳动生产力。由于实施美育的主体具有主观能动性,因此,美育不仅并不完全受人类劳动所创造的社会经济基础的制约,甚至还会在某些阶段高于当时的社会经济水平超前繁荣,并在一定程度上反作用于社会经济基础,促进其发展。

## 第四节 习近平关于美育的重要论述

如果说马克思主义美育思想是一棵参天大树,那么习近平关于美育的重要论述就是这棵参天大树上的新枝干,习近平关于美育的重要论述是马克思主义美育思想中国化的最新成果。从习近平近几年的一系列报告、讲话、论述、回信中可以发现,他汲取了马克思主义经典学者有关美育的诸多思想观点,继承了历代中国共产党人的美育观,弘扬了中华优秀传统文化中的美育思想,并立足"以美育人、以美化人、以美培元"的目标需求,从美育方针、美育目的、美育宗旨、美育原则、美育内容五个方面论述了与美育相关的新观点、新论断,为中国特色社会主义现代化美育体系的构建及美育内容的创新发展注入了新的内容。

### 一、美育的方针、目的、宗旨和原则

弘扬全民美育的美育方针。习近平总书记认为,人民既是历史的创造者,也是历史的见证者。在他看来,弘扬全民美育的美育方针,使广大群众对美育的真正价值和深刻内涵能够有充分的认识与了解,可以促使广大群众自觉地增强审美意识,进而树立牢固的理想和信仰。他认为,美育问题不仅仅是青年人的事情,也应该是全社会都关注的重要问题。

坚持提高审美能力的美育目的。随着社会的发展，人们随时面临各种思想的挑战，运用怎样的形式与思想去引导人们树立正确的价值观是我们党和国家必须思考的问题。树立正确的价值观是广大群众日常生活、工作和学习的前提，这也是我们每个人在成长道路中必须做的，就这一点而言，审美能力的提高对于广大群众来说尤为重要。

崇尚以美育德的美育宗旨。人们在各阶段的成长离不开自身素质的提高，既包括自身各方面能力的提高，又包括自身思想道德素质的提高，以美育德成为提升人们思想道德素质的一个重要途径。当今社会思想多元化，国外思想与国内思想交织碰撞，在这种形势下，习近平总书记从战略全局出发，提出了崇尚以美育德的美育宗旨，为我国美育工作指明了方向。

遵循去伪存真的美育原则。中华优秀的传统文化及历任领导人的重要理论和思想，是中华民族在国际上得以发展的精神食粮，也是在国际竞争中立于不败之地的重要支撑。习近平总书记清楚地认识到中华优秀传统文化和历任领导人关于美育的论述对我国美育的作用，他提出挖掘中华优秀传统文化，遵循去伪存真的美育原则，充分鉴别和吸收西方美育思想，为我国美育理论赋予新的内涵，使我国优秀美育理念与当今社会发展相协调，从而增强全体人民的文化自信，这也是美育工作的努力方向。

**二、习近平关于生态美的重要论述**

习近平总书记所倡导的生态审美教育，立足于建设"美丽中国"的伟大实践。一方面，他立足中国国情，从人与生态环境的关系出发，提出"既要绿水青山，又要金山银山"，"绿水青山"是生态美，"金山银山"是百姓富，二者是有机统一的。他呼吁广大人民在追求美好生活的同时，也要为子孙后代留下美丽的生存家园，重在解决人与自然和谐统一发展的问题。另一方面，生态审美教育归根到底还是为了民生大计，满足人民精神上对自然风光和文化瑰宝的审美需求。良好生态环境是最公平的公共产品，是最普惠的民生福祉。习近平总书记把保护生态放在改善民生的突出位置，其最终目的是建设"美丽中国"，为民造福，为民谋利，实现人类社会的永续发展。

**三、习近平关于文艺美的重要论述**

2023年6月2日，习近平总书记在北京出席文化传承发展座谈会时强调："在新的起点上继续推动文化繁荣、建设文化强国、建设中华民族现代文明，是我们在新时代新的文化使命。"因此，要坚定文化自信、担当使命，奋发有为、共同努力，创造属于我们这个时代的新文化，建设中华民族现代文明。在新的时代条件下，习近平总书记倡导人民群众在优秀文学艺术的陶冶下，培育高尚的审美情趣，触动内心深处最温柔、最善良的本性品质，升华审美情感，完善人格塑造。首先，文艺审美教育是人民的审美教育。广大文艺工作者要坚持以人民为中心的创作原则，要注重以新时代"最美人物"作为文艺创作的审美理想，以人民群众的审美需求为出发点和落脚点，让人民从文艺作品中感受人与自然、人与社会、人与人之间的喜怒哀乐和真情大爱。其次，文艺审美教育要以传递社会主义核心价值观为核心观念，在道路自信、理论自信、制度自信、文化自信下创造出新时代的中国精神和中国力量，引领社会朝着积极、健康、正能量的方向发展，提高新时代中国人民的文明素养。最后，文艺审美活动要使人民群众充分了解中华优秀传统文化和时代文化中的审美意蕴，对我国优秀传统文化产生出由衷的认同感、归属感和自豪感。

**四、习近平关于社会美育的重要论述**

习近平总书记倡导的社会审美教育主要包含两方面内容。一是在社会美育机构或场所进行的审美教育。社会成员在这些美育机构或场所进行观赏有助于提高对美的认知和理解，同时经过美的陶冶和浸润，培养社会成员的审美情趣和审美风格，升华精神境界。二是社会风气所涵养的审美氛围。社会风气涵养的社会审美教育以全体社会成员为审美对象，以社会成员所创造出的最美风尚为审美内容，以"接住地气、增加地气、灌注生气"为原则，以传播健康正能量、营造社会新风气为旨归。主要途径是对社会大环境进行管理规划、对高尚社会风气进行引导营造、对良好社会道德进行宣传弘扬等，其中最重要的途径就是加强和创新社区美育工作，通过组织各类百姓喜闻乐见的活动，潜移默化地影响社区百姓的审美价值观，提升社会整体的审美认知和审美能力，推动社会朝着美好和谐的方向发展。

# 【结论与启示】

通过本章节对中西方美育代表思想的分析，我们对美育从何而来、美育为何重要、美育如何实施等问题有了更深的了解和认识，德国哲学家鲍

姆嘉通、席勒等，我国教育家孔子、孟子、荀子、蔡元培等的美育思想成为其中的瑰宝。

作为西方美育思想的集大成者，马克思主义美育思想以其深刻的理论内涵和普适价值，成为指导我国美育建设的思想和理论源泉，其中美育促进人的全面发展、促进客观世界改造、推动劳动实践发展等思想，要求我们进一步关注美育的重要作用，全面发挥其培养时代新人、提升劳动效率、改造客观世界的功能。

习近平关于美育的重要论述是马克思主义美育思想中国化的最新成果，主要体现为习近平总书记关于生态文明、文化艺术、审美教育等方面的系列报告、讲话、论述、回信。习近平总书记对生态美育、文艺美育和社会美育的重要论述，将指引我们更好地建设新时代中国特色社会主义美育体系。下一章节我们将在此基础上，以马克思主义美育思想和习近平关于美育的重要论述为指导，聚焦社会美育中的社区美育，详细分析和探讨其实践路径。

## 参考文献

[1] 邱嵘. 我国近代美育思想及其启示 [D]. 兰州：西北师范大学，2001.

[2] 马克思，恩格斯. 马克思恩格斯论文学与艺术：上 [M]. 陆梅林，辑注. 北京：人民文学出版社，2002.

[3] 肖晓玛. 杜威美育思想研究 [D]. 南京：南京师范大学，2008.

[4] 曾繁仁. 美育十五讲 [M]. 北京：北京大学出版社，2012.

[5] 杜卫. 美育论 [M]. 2版. 北京：教育科学出版社，2014.

[6] 中共中央宣传部. 习近平总书记系列重要讲话读本 [M]. 北京：学习出版社，2014.

[7] 席勒. 美育书简：德汉对照 [M]. 徐恒醇，译. 北京：社会科学文献出版社，2016.

[8] 曾繁仁，刘彦顺. 中国美育思想通史：当代卷 [M]. 济南：山东人民出版社，2017.

[9] 程远. 马克思主义美育观与当代中国美育建设 [D]. 北京：北京交通大学，2018.

[10] 蔡元培. 以美育代宗教：蔡元培论人生 [M]. 北京：北京大学

出版社，2020.

[11] 习近平. 习近平谈治国理政：第三卷 [M]. 北京：外文出版社，2020.

[12] 程新宇. 习近平关于美育的重要论述研究 [D]. 济南：山东大学，2021.

[13] 姜珊. 马克思主义美育观中国化的当代困境与反思研究 [D]. 青岛：青岛科技大学，2021.

[14] 唐玲丽. 马克思美育思想及其当代意义研究 [D]. 泉州：华侨大学，2021.

[15] 刘琪. 习近平美育观研究 [D]. 成都：电子科技大学，2022.

# 第三章

# 社区美育与中华传统文化

　　根据美育的应用领域，可以将它分为学校美育、家庭美育和社会美育三个部分。随着城市和乡村社区治理模式的完善，社区美育已经成为社会美育的重要组成部分，同时也是学校美育和家庭美育的有益补充。基于经典美育理论、马克思主义美育思想和习近平关于美育的重要论述，以及中华优秀传统文化自身所蕴含的历史价值和美学特质，中华传统文化理应成为美育实施的深厚土壤和精神之源。以中华传统文化为内核，以不同文化主题为载体，以多样的艺术形式为手段，将中华传统文化与社区美育深度有机融合，既可以提升社区美育的品质和效果，提升社区居民的审美水平和美学素养，又可以扩大中华传统文化的传播范围，增强文化自觉和文化自信。

　　本章节将重点对社区美育及其价值意蕴进行分析，在回顾其历史演变的基础上，探讨当前的探索实践及存在问题，由此提出"中华传统文化融入社区美育"这一解决方案。为说明方案的科学性，本章节在梳理前文具有代表性的美育思想基础上，进一步探究中华传统文化的脉络和底蕴，阐明其价值所在，最终提出以"指尖上的中华文化"系列社区美育课程建设为重点的实践路径，以期为社区美育的改革与创新提供参考和借鉴。

## 第一节 社区美育及其价值意蕴

### 一、社区美育的概念

从美育类型看,社区美育是社会美育的重要组成部分,与学校美育、家庭美育一起构成完整的美育体系;从教育维度看,社区美育是社区教育的重要环节,与社区德育、社区智育、社区体育、社区劳育一起构成完整的社区教育体系。根据国家标准及目前国内外专家对社区教育概念的共识,结合20世纪90年代以来各级党委、政府及有关部门,各级各类教育机构的社区教育实践经验,我们认为,社区教育是指在各级党委、政府统筹领导下,由各级教育行政部门及其他有关部门结合各自职能协同实施,充分整合一定区域内的文化、教育和培训资源,引导社区各类人群广泛而自觉参与的终身教育与学习的活动过程。

基于社区美育是社区教育的一个重要组成部分,我们提出:社区美育是指在各级党委、政府统筹领导下,由各级教育行政部门及其他有关部门组织实施,充分利用文化艺术资源,以情感和审美教育为核心,以形象为主要媒介,以实现社区居民全面发展、促进区域经济和社会发展为目的而进行的终身教育活动。它与社区教育一样具有特定的区域性、对象的广泛性、资源的整合性、目标的多重性、内容形式的灵活性等基本特征。随着社区美育探索的深入,有学者提出设立"社区美育学",并就该学科的概念、性质、研究对象与范围、研究任务与方法等做出了深入探讨,学界对社区美育的重视进一步加深。

### 二、社区美育的价值意蕴

社区美育是美育在社区层面的应用和实施,因此,美育的价值和功能同样适用于社区美育,但是由于实施环境、实施对象、实施方法等的特殊性,社区美育的价值和功能也具有特殊性。正确认识社区美育的价值,是我们开展各项社区美育工作的基础,有助于我们进一步提高重视程度,有的放矢地落实美育任务。

(一)社区美育是居民审美能力提升的催化剂

人的物质世界与精神世界的发展状况经常处于不平衡的状态,社区美育可以微观地观照物质世界与精神世界不平衡、不协调的关系。通过举办审美实践活动,运用不同的形式将审美的客体呈现在社区居民的面前,吸

引他们参与活动。在参与活动的过程中，人们逐渐受到艺术的熏陶和感染，逐渐提升自身的审美能力和创造能力，从而在情感上引起共鸣，并以审美的方式重拾精神的完整性，构建精神世界发展的内在动力，使个人的人格得到全面的发展。

（二）社区美育是文化和社区建设的助推器

当前，学校是我国审美教育最主要的场所，但是学校美育往往基于经典理论和课程标准，脱离了所在区域的现实环境，存在着"千校一面"的问题，不能有效地结合当地特色，尤其在传承我国优秀民间艺术方面缺乏有效的方式。社区美育是学校美育的重要补充，社区在开展美育实践活动过程中，能结合当地浓厚而独特的文化特色，对弘扬我国的优秀传统文化起推动作用，有利于我国多民族多样化的优秀传统文化的共同繁荣。除此之外，社区美育实践活动体验和参与平台的搭建，不仅能够帮助社区居民形成良好的邻里关系，给所在区域居民营造舒适的生活空间，无形中也增加了人们的归属感和邻里之间的认同感，从而增强社区凝聚力，促进社会和谐，为实现社会自治奠定基础。

（三）社区美育是审美教育大众化的金钥匙

我国的美育一直以艺术教育为主，既没有普遍性，也没有生活化。对于大众而言，主要是通过在校期间学习相关课程接受艺术教育，且艺术教育对大多数人而言并没有真正地发挥作用。社区美育能够把美育扩展到社会基层，人人可以享受到社区的教育资源，能更好地实现全民学习和终身学习。社区通过整合当地资源，或利用现有资源开展活动，让活动更贴近生活，实现其教育的作用。通过社区举办层次突出、形式多样、类型丰富的美育活动，营造浓郁的学习氛围，不仅对提高居民的整体文化素质有巨大的推动作用，而且对构建终身美育体系和形成学习型社会也有着极大的促进作用。社区美育不仅有利于资源的再分配，而且也是实现美育大众化的重要途径和实现教育公平的重要保障。

## 第二节 社区美育的实践探索

### 一、社区美育的历史发展

在20世纪初的美国，杜威提出了"学校是社会的基础"的思想，随之又提出了"社区教育"（Community Education）这一概念。1902年，杜威在美国建立两年制社区学院开展社区教育。社区教育架起了学校与社会教育之间的桥梁，能够让社区居民拥有更多的学习场所，为社区美育的实施与发展奠定了良好的基础，有助于实现人的终身教育。

20世纪30年代，以我国教育家晏阳初、梁漱溟和陶行知等为代表的学者真正开展社区美育活动，他们将现代教育与农村社会改造相结合，对社区美育做了有益的尝试，探索了一条崭新的社区美育之路。

第二次世界大战后，日本建立综合性教育文化设施——公民馆，服务于市町村的居民，通过广泛开展农业、工业、经济、教育、文化、娱乐等活动，满足居民的各种需求，其中就包括学习与传承日本艺术和文化，全面提高居民的学识素养、丰富居民的文化内涵、提升居民的福利待遇。日本社会教育学家小川利夫曾说："日本社会教育的历史就是公民馆的历史。"从儿童到老人，公民馆在其终身教育中发挥着极其重要的作用。在第二次世界大战后的德国，社会工作者掀起了"邻里之家"运动，遍布全国的"邻里之家"社区服务中心为儿童、青少年、老年人和其他需要帮助的人提供生活服务和文化娱乐活动，其中就包括时装表演、儿童杂技、儿童戏剧、音乐会、电影、讲座等艺术教育活动。

20世纪60年代，欧美国家掀起了终身教育论的国际教育思潮，并产生了广泛影响。我国也随着该教育思潮的传播兴起了社区、家庭和学校三者相结合的社区教育模式，社区教育稳步推进，社区美育活动呈逐年增加的趋势。

20世纪90年代以后，我国社区教育的各项活动在不断拓展与深化，民间自发组织机构、政府或企业组织的社区美育活动都在如火如荼地开展。

**二、社区美育的实践探索**

进入21世纪，特别是党的十八大以来，我国各地社区教育对社区美育的探索力度逐步加大，部分地区依托各自优势，从宏观、微观等角度推进美育进社区，社区美育的探索实践趋于丰富，并涌现出了一批成果。

宏观方面，政府部门出台支持社区美育的政策文件，做好顶层设计和服务，为社区美育的发展提供良好的制度环境。比如2019年3月20日，浙江省政府印发《浙江省未来社区建设试点工作方案》（以下简称《方案》），率先推出中国版的未来社区综合建设模式，积极打造美好、和谐、生态、便捷、向善的新时代中国社区。《方案》表明，社区美育活动能够

在一定程度上满足终身学习的目标，居民在接受美的社会教育中，不仅提升个体的审美素养，还增强社区居民的凝聚力和幸福感。通过构建学校、家庭、社区三位一体的美育生态育人体系，构建高校公共艺术教育与社区美育的良性互动关系，强化移动互联网美育功能，拓展社区美育发展时空等多种方式，进一步打造社区美育特色。

2020年，中共中央办公厅、国务院办公厅印发《关于全面加强和改进新时代学校美育工作的意见》（以下简称《意见》），这是继2015年9月15日国务院办公厅印发《关于全面加强和改进学校美育工作的意见》之后出台的第二个国家层面的美育文件。五年出台两个国家级文件，充分表明党中央、国务院对学校美育工作的高度重视。社区美育作为学校美育的延伸，是中国特色现代化美育体系的重要组成，其重要意义也随之被凸显出来。

微观方面，各基层社区依托本土优势，整合各类美育资源，推出贴近百姓、趣味生动的社区美育场景和作品，为社区美育的落地提供丰富案例。比如，北京市朝阳区呼家楼街道建设的社区流动美术馆，以室内与室外两种形式营造浓厚的审美氛围，提高居民的审美能力，居民在社区就可以欣赏艺术名作。这种方式可以把平时看似高深的各种艺术，通过平易近人的形式输送到居民日常生活中。杭州市下城区社区学院的"武林银杏"老年学堂深入挖掘民间艺术资源，依托名家工作室，积极开发以民间艺术为主题的教学资源，如"爱护地球绿色生活——精油皂制作新课程体验""爱如其花，经久不凋——永生花饰品制作新课程体验""不忘师恩，喜迎中秋——拓印制作新课程体验""悠悠重阳情，浓浓文化蕴——活字印刷新课程体验"等，使老年居民受到正面教化，产生文化认同感，进一步提升社区美育活动的参与度。浙江省天台县民间组织自发开办"天台度过"讲堂，积极开设体验课程，融入中国传统手工艺文化和天台山本土传统文化，体现了天台山和合文化理念。一年时间内"天台度过"讲堂集中组织了200多场活动，受众在1万人以上。讲堂在进行活动的同时宣传和推广了天台山传统文化，不仅给当地群众带来了极大的社区认同感和审美教育，也增进了社区群众之间的交流。

江苏省常州开放大学作为常州地区社区教育的龙头，每年发布社区教育精品课程汇编供社区选择。其中艺术类课程以其形式多样、内容丰富，趣味性、互动性、操作性强，受到广大社区居民的喜爱，成为开展社区美育的重要资源。2018—2022年，常州社区教育创意美术类课程的选课门次呈现出逐年递增的趋势，从98门次增长至295门次，增长率超过200%，累计达930门次；同时占所有课程中的比重有所增加，创意美术类课程由原先的7.28%增长至27.01%，占比超过1/4。值得注意的是，即便在选课总次数降低的2020年，创意美术类课程也几乎未受影响，保持了稳步增长的态势，这也从另一个侧面反映了该地区美育的受欢迎程度和对美育的重视程度。

重庆市沙坪坝区虎溪街道积极整合利用辖区高校资源，推进校地合作，寻求智力支持，把大学教育融入当地实践、融入社区教育，共同探索把美育导入社区、导入城市，提升城市的文化气质、社区的美育品质的道路。2023年6月1日，"空间与地方：中国社区美育行动计划"展览在虎溪街道开幕。展览吸引了包括四川美术学院、西安美术学院、中国美术学院、云南大学、上海大学等在内的11所高校，以及"32+N"个社区参与，集中展示了福建、陕西、江苏、重庆、上海等省、市32个社区及多个网络社区的美育项目实践成果。该展览作为"中国社区美育行动计划"的一部分，已经连续举办三届，同时该计划还定期邀请政府部门、高校、社区管理人员和专家举办专题研讨会，分享社区美育的最新理论和实践成果，推动社区美育工作高质量发展。

**三、社区美育存在的问题**

党的十八大以来，随着国家和各级政府对社区教育认识的不断加深，大量的财力、物力、人力投入其中，社区美育的建设取得了长足进步，内容和形式不断创新，群众的参与度较大提升，为社会美育体系建设做出了应有的贡献。但不可否认，由于地区发展不平衡，各地对社区美育的组织和实施还存在诸多问题，制约着居民审美素养、价值观念的塑造，主要有以下几个方面的问题：

第一，对社区美育的重视程度有待进一步提升，部分社区管理者和社区居民还未意识到发展美育对社区建设的重要性，相比于其他形式的社区教育，社区美育的地位还不突出，其价值和功能还未能有效体现。

第二，社区美育的载体建设还有待进一步加强，部分地区未能有效整合当地的传统文化和各类新兴文化资源，在环境创设、活动组织、横向合作等方面缺乏创新和拓展。

第三，社区美育的资源建设还有待进一步完善，目前的美育资源中，

主题分散的课程资源较多，成体系的较少；面向学校的课程资源较多，服务社区的较少；同时，资源的形态也有待丰富。

第四，社区美育的课程设计还有待进一步规范，需要基于美学、教育学、心理学等学科的理论进行科学的设计，并通过"实践—完善—再实践"的路径不断打磨，形成优质课程群。

为此，我们倡导以马克思主义和习近平关于美育的重要论述为指导，以中华传统文化为核心，全面整合开放大学、普通高校、社区、社会组织、企业等多方资源，建设成全面的课程资源体系，探索符合美育规律、适合社区居民的课程模式，同时在社区美育的实践中反复修正和完善，不断提高课程建设的科学性和有效性，为全国社区美育提供范例和借鉴。

## 第三节 中华传统文化融入社区美育的现实意义

### 一、中华传统文化的概念

传统文化是某种文明演化而汇集成的反映民族特质和风貌的民族文化，是民族历史上各种思想文化、观念形态的总体表征。包括一个民族历代相传的价值观、认识论、方法体系、生活方式、思维习惯，是结构较为完整的精神体系。传统文化是对应于当代文化、外来文化的一种统称，世界各国、各民族都有自己的传统文化。

中国的传统文化，依据中国历史大系表顺序，经历了史前时期的有巢氏、燧人氏、伏羲氏、炎帝（神农氏）、黄帝（轩辕氏）、尧、舜、禹等时代，到夏朝建立，之后绵延发展。

### 二、中华传统文化的类型

中华传统文化以儒、佛、道三家文化为主流，包括思想、文字、语言等。中华传统文化的范围广泛，在发展过程中逐渐丰富。最初的主要表现形式是"六艺"，即礼、乐、射、御、书、数。后来由于社会经济的发展，人们在生活富足之后又衍生出武术、曲艺、棋类、节日、民俗等。中华传统文化，根植于中华，发展在中华，是民族历史上的道德传承、各种文化思想交融、精神观念形成的总和。中华传统文化不仅思想深邃圆融，内容广博，更重要的是，儒家、佛家、道家三家文化高扬道德，为国人提供了立身处世的行为规范，以及最终的精神归宿。儒家以仁义教化为核心，道学以顺应自然为核心，佛学以慈悲、大爱为核心，强调"诸恶莫作，众善奉行"。

虽然中外学者尚不能对中华传统文化的种类得出统一的定论，其中除多维视野的原因之外，还有语言学角度的客观原因，但根据不同标准，还是可以将其分为不同类型，主要包括以下几种：

第一，从时间角度上讲，分为原始文化、古代文化、近代文化、现代文化。

第二，从空间角度上讲，分为东方文化、西方文化。

第三，从地理角度上讲，分为海洋文化、大陆文化。

第四，从社会层面上讲，分为贵族文化、平民文化；官方文化、民间文化；主流文化、边缘文化。

第五，从社会功用上讲，分为名号文化、礼仪文化、制度文化、服饰文化、校园文化、企业文化。

第六，从内在逻辑层次上讲，分为物态文化、心态文化、行为文化、制度文化。

第七，从经济形态上讲，分为牧猎文化、渔盐文化；农业文化、工业文化、商业文化。

### 三、中华传统文化的特点

1. 世代相传

中国的传统文化在某些短暂的历史时期内有所中断，在不同的历史时期或多或少有所改变，但是大体上没有中断过，总的来说变化不大。

2. 民族特色

中国的传统文化是中华民族特有的，与世界上其他民族的文化不同，其显著特点是：以儒、佛[1]、道为代表的文化，共同支撑、相互融合。

3. 历史悠久

中国传统文化中的儒家文化有两千余年的历史。

4. 博大精深

"博大"是说中国传统文化的广度，宽大广博；"精深"是说中国传统文化的深度，高深莫测。

---

[1] 佛教产生于古代印度，传入中国后，经过长期演化，佛教同中国儒家文化和道家文化融合发展，最终形成了具有中国特色的佛教文化。

**四、中华传统文化融入社区美育的现实意义**

习近平总书记强调,我们要将优秀传统文化和现实相结合,辩证地发展和继承。可以说,继承和发展中华优秀传统文化是习近平总书记一再强调的话题。很多承载着中华传统文化的工艺作品,为社区居民带来良好的审美和制作体验。中华传统文化中蕴含的很多积极因素,如人与自然的统一、以人为本、仁义礼智信、以和为贵、尊老爱幼、乐于助人、勇于奉献等,也将对社区居民产生有益的教化,为更好培育和践行社会主义核心价值观奠定基础。

(一) 中华传统文化融入社区美育有助于促进文化传承和发展

各民族文化的差异性,是那些民族所处的地理环境、所从事的物质生存方式、所建立的社会组织形态的多样性造成。可见,传统艺术与文化具有鲜明的民族性,社区作为区域文化共同体是美育落实的载体,也是传承中国传统文化的基层前线。社区居民通过参与各类艺术鉴赏、文化体验、名家讲座等活动,受到中华传统文化中物质遗产和精神特质的滋养。部分技艺则通过现代化的加工和创作,得到时代化的发展,从而进一步丰富中华传统文化宝库。

(二) 中华传统文化融入社区美育有助于增加与坚定文化价值和自信

中华传统文化作为我国人民精神活动的结晶,凝聚着中华民族对世界和生命的历史认知和现实感受,凝结着中华民族最为深层的精神追求和行为准则,能在社区产生巨大的正能量。当前,多元文化,特别是西方文化的冲击和渗透,导致中国本土的一些文化创造在这一过程中逐步沦落为西方文化语言和价值理念的附属品,有的社区居民甚至产生了中华传统文化的"认同危机",中华传统文化的价值和自信亟待重塑。新时代的文化建设就是要溯源中华传统文化这一灵魂和力量之源,通过积极引导、典型引路、言传身教,使中华优秀传统文化在社区居民的心中生根、发芽、成长、结果。

(三) 中华传统文化融入社区美育有助于促进个人和社会发展

社区民众学习中华优秀传统文化,不但能够培养艺术精神和道德情操,而且能够获得个人幸福感和价值感的提升。通过艺术展演、欣赏活动,人们的审美欲望得以满足,获得精神的享受和审美的愉悦,促进心灵的放松,体验生活的完满。德国哲学大师谢林说:只有传统文化和审美的创造,才是唯一战胜生命焦虑的力量和对生命的最终慰藉。丰富的社区美育活动更加深了居民之间的交流,促进了彼此的理解和认同,增强了社区的凝聚力,对和谐社会建设起到积极的推动作用。

## 第四节 "指尖上的中华文化"社区美育课程建设构想

根据杜威美育思想中的"做中学""学中做"理念,以及马克思主义和习近平关于美育的重要论述中关于劳动和实践作用的重要论述,我们认为实施艺术创意课程是开展社区美育的合理形式,而且其互动性和趣味性强,成果可感,同时兼具艺术和审美价值,能迅速吸引不同年龄层次的居民。因此,深度融入中华传统文化,打造"指尖上的中华文化"艺术创意课程体系,是实施社区美育的理想路径。

**一、"指尖上的中华文化"课程体系建设原则**

立足社区原则。课程及其开发不是针对整个市、区或者街道,而是立足社区和村,以服务特定社区范围的居民、提高社区居民的审美素养和生活质量为宗旨,确立"社区本位"的美育课程开发原则,尽可能做到"小而美"。从社区的实际状况出发,因地制宜开展课程开发与设计,有机融入和巧妙呈现社区的特色与社区的文化,如红色文化、神话传说、名人名家等。

服务个体原则。以人为本是社区美育的核心要求,这主要体现在:第一,社区美育旨在提升居民的幸福感,因此,课程内容必然要从居民的实际需要出发,切实调动其主动性、积极性,体现真实的生活和美好的愿景;第二,社区美育应根据不同年龄、不同职业、不同层次居民的实际情况,科学开发,统筹安排,合理选择相关课程内容;第三,社区美育的迭代更新权在居民,其课程的开设与退出,应该充分听取社区居民的意见和建议,结合流行的艺术形式,反映最新的道德风尚,实现艺术性与时代性的统一。

循序渐进原则。由于艺术类学科普遍具有内在的逻辑性和层次性,因而在适当的时候可以考虑开设系列进阶课程。该原则要求在课程设置中先引入初级课程和一般课程,等大部分居民掌握之后,再根据需要拓展到中级甚至高级课程。递进的方式可以是手工形式的进阶,比如初级课程可以安排布艺、纸艺、黏土制作技艺等低难度课程,中高级课程可以设置创意绘画、创意礼品等综合艺术课程；递进的方式也可以是课程内容的进阶，比如同样是制作玫瑰，初级课程采用简单的折纸教学，而中高级课程可以选用其他材料进行创作。

## 二、组建"指尖上的技艺"社区美育课程团队

队伍建设是实施社区美育的基础，高素质的实施团队将有助于提升社区美育资源建设和课程实施水平，提升社区美育的品质，有助于打造社区特色和亮点。在开放大学艺术专业负责人牵头下，普通高校和中小学艺术教师、艺术名家、社区工作者联合成立"指尖上的技艺"社区美育团队，负责整合多方资源，共同打造"指尖"类美育课程体系。

团队以审美教育为研究方向，以社区居民文化艺术审美能力提升为主要目标，以"社区美育：指尖上的中华文化"课程体系建设为重要载体，弘扬与传播中华优秀传统文化和地方非遗文化，将设计融入生活美学，实现学科育人、传承民族精神。团队以"名师团队引领，课程特色突出，教学设计优化，工作室品牌彰显，社区居民文化艺术审美力提升"为目标，从精选、培养、激励、文化四个方面开展团队建设，形成具有共同价值观、共同行为准则和创造性思维模式的团队文化。团队精选有专业特长、师德高尚、乐于奉献、言出必行的专兼职教师为核心成员，组建以主持人为核心层，以核心成员、课程评估团队、专家指导团队为紧密层，以吸引到的其他社区工作者、文化产业从业者为松散层的组织结构，辐射团队建设成果。

团队通过集体备课打磨教学技能，通过个性研修精进教学技能，通过示范观摩交流教学技能，使团队成员尽快适应社区教育工作。团队建设的愿景为：师德规范出样板、社区美育出精品、课题研究出成果、项目建设出特色。建立长期的激励机制，包括规章制度，以增强团队成员的自我驱动力，为核心成员制订发展计划，为全体成员建立发展档案，以便更好地进行考核评估。

## 三、构建"社区美育：指尖上的中华文化"课程体系

团队坚持挖掘中国传统文化的各类艺术形式和载体中所蕴含的课程思政元素，坚持知识传授、技能培养、价值引领的有机统一，全面构建"社区美育：指尖上的中华文化"课程体系。（图3-1）

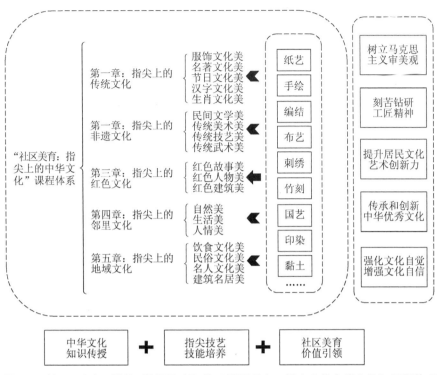

图 3-1　基于"知识+技能+课程思政"的"社区美育：指尖上的中华文化"课程体系

该课程主要包括指尖上的传统文化、指尖上的非遗文化、指尖上的红色文化、指尖上的邻里文化、指尖上的地域文化五个一级类目和服饰文化美、民间文学美、红色故事美、自然美、饮食文化美等十九个二级类目，融入纸艺、手绘、编结等多种艺术技法，采用画龙点睛式、专题嵌入式和资源支撑式三种课程思政教学方式，使社区居民在艺术体验和创作中潜移默化地接受中华传统文化的熏陶和浸润，树立马克思主义审美观，培养刻苦钻研的工匠精神，提升自身的文化艺术创新力，达到传承和创新中华优秀传统文化、强化文化自觉、增强文化自信的目的。

### 四、凝练"社区美育：指尖上的中华文化"教学模式

传统社区教育课程以讲座式为主，大部分居民表示，他们实际上在讲座式的课堂中不容易投入，尤其当课程内容和他们的生活关系不大时，更是感觉一堂课结束后毫无收获。为了更好地贴近社区实际场景，教者以"美"为主线，采用"五步创新教学模式"（图3-2），即第一步，情景设置导入美；第二步，平等对话探寻美；第三步，探究实践体验美；第四

步,展示交流提炼美;第五步,巩固延伸拓展美。整个教学过程贯穿体验式教学,在课程中精心设置恰当、实用,贴近生活、贴近居民的指尖上的艺术创作环节,且所选实践教学中的艺术形式的难度和适应性,符合深化中华优秀传统文化理论内容的需要,一节课结束即有社区居民亲手创作的艺术作品呈现。这样的教学模式不仅使社区居民获得学习的成就感,而且充分调动了他们的学习积极性和能动性。

如《指尖上的非遗文化:艺术皮影》课程,教师先讲授皮影的诞生历史,介绍皮影的制作工艺流程,带领居民欣赏皮影戏,最后指导居民亲手体验皮影制作和皮影戏表演,按照"说皮影—赏皮影—做皮影—演皮影"的顺序,通过指尖上的创作深化社区居民对中华非遗文化艺术皮影的认知。实践证明,这种让社区居民"走近""走进""走心"的教学模式受到热捧,并取得了较好的教学反响,具备较大的可推广价值。

图 3-2 社区美育课程"五步创新教学模式"

# 【结论与启示】

社区美育是指在各级党委政府统筹领导下,由各级教育行政部门及有关部门组织实施,充分利用文化艺术资源,以情感和审美教育为核心,以艺术内容为主要手段,以实现社区居民全面发展、促进区域经济和社会发展为目的而进行的终身教育活动。社区美育是社会美育的重要组成部分,也是学校美育的延伸,具备丰富的价值意蕴。20 世纪以来,随着社区教育的发展,社区美育的发展和探索日益丰富。党的十八大以来,国家和地方在宏观上出台政策，各地区在微观上展开探索，社区美育取得了一定成果，但也存在认识不足、载体有限、资源不够、设计不佳等问题。鉴于中华传统文化内涵丰富、本土性强，将它融入社区美育的现实意义愈加凸显，由此提出建设"社区美育：指尖上的中华文化"课程体系的构想，进而探讨具体的实践路径，包括坚持建设原则、组建课程团队，构建课程体系、创新教学模式等，以期为传承中华传统文化、坚定居民文化自信、提升个人素养和促进社会和谐做出应有的贡献。

从下一章节开始，我们将详细介绍"社区美育：指尖上的中华文化"课程体系中每个一级类目课程中各二级类目课程的课程目标、课程准备、课程学习、艺术体验、展示交流、巩固延伸、课程评价等具体内容，为社区美育的实施提供可参考、可复制、易上手的方案。

## 参考文献

[1] 刘晓峰. 和谐社会呼唤社区美育：对美育进入社区的思考 [J]. 和田师范专科学校学报（汉文综合版），2006（5）：206-207.

[2] 白冰. 中国传统文化艺术在社区美育中的发展策略 [J]. 中国成人教育，2015（12）：57-58.

[3] 吕颖，赵朦. 常州市社区教育艺术类课程开发的对策研究 [J]. 常州信息职业技术学院学报，2016（1）：63-66.

[4] 徐文泽. 关于构建我国社区美育学的几点思考 [J]. 广东开放大学学报，2018（5）：1-6.

[5] 钱旭初，蔡廷伟. 社区教育课程观与课程体系的构建：基于社区教育的文化特征 [J]. 成人教育，2018（8）：39-43.

[6] 赵冰林. 基于社区的社会美育实践研究：以天台山文化讲堂为例 [D]. 杭州：中国美术学院，2019.

[7] 岳海玲. 综合美育课程建构研究 [D]. 成都：四川师范大学，2019.

[8] 卢懿. 基于"未来社区"场景的社区美育价值和实现路径初探 [J]. 美育学刊，2020（3）：37-43.

[9] 王少华. 试论中华传统文化进社区的价值 [J]. 当代继续教育，2020（3）：67-72.

[10] 郭声健.《关于全面加强和改进新时代学校美育工作的意见》：

一部新时代学校美育改革发展的纲领性文件［J］.美育学刊，2021（1）：1-7.

［11］徐征.基于"有机共同体"的社区美育策略研究［J］.当代美术，2021（3）：14-18，13.

［12］余燕.社区美育的教学特点与模式探究：以杭州市下城区老年学堂为例［J］.大众文艺，2021（9）：17-18.

［13］李川.以"馆区合作"推动社区美育的策略探讨［J］.艺术评鉴，2021（11）：186-188.

［14］胡晨晨.新时代社区美育的价值意蕴与实践探索［J］.吉林艺术学院学报，2022（2）：18-23.

［15］韩月.利用地方传统艺术打造特色社区美育的发展策略：以兴宁版画为例［J］.美与时代（中），2022（5）：114-116.

［16］重庆日报.全国11所高校联手、32+N个社区参与"空间与地方：中国社区美育行动计划"展览在渝开展［EB/OL］.（2023-06-02）［2023-07-10］.https：//baijiahao.baidu.com/s？id=1767599057836341705.

# 第四章

# 指尖上的传统文化

中华民族是一个具有5 000多年悠久历史和文化的伟大民族，在长期的认识世界和改造世界的实践过程中创造、发展，形成了无比光辉灿烂的文化。中华文化实际上就是中华民族的文化，是5 000多年来中华民族在发展过程中创造的对人类有伟大贡献的文化，它既是地理概念，也是文化概念，地理概念是指中国的版图，文化概念是指整个中华儿女的精神家园。简而言之，中华优秀传统文化是中华民族文化的精粹，是中华民族精神的主轴和最可贵的精神财富。

2023年6月2日，习近平在文化传承发展座谈会上指出："中国式现代化赋予中华文明以现代力量，中华文明赋予中国式现代化以深厚底蕴。"这一重要论述，凸显了中华优秀传统文化对中国人精神的塑造力和影响力。中华优秀传统文化内涵丰富，气象万千，本章节内容包括服饰文化美、名著文化美、节日文化美、汉字文化美、生肖文化美五部分内容，将中华传统文化中优秀的、有价值的文化资源传授给社区居民，结合剪纸、刺绣、绘画、布艺、纸艺、花艺等多样的指尖技艺，采用理论加实践的方式进一步丰富社区美育的形式和内容，将体现中华民族"根"和"魂"的文化传统与社区居民的文化需求相融合。

## 第一节　服饰文化美

### 任务一："拼布饰界"

拼布（Patchwork、Piecing、Quilting），源于各国人民为了抵御寒冷求生存的努力行为，既是人们在物资匮乏时期对材料的尊重，也是对美的热爱，是记录生活并赋予生活以意义的一种方式，是服饰文化的重要内容。

#### 一、任务描述

生活中总有很多人默默地传承着祖辈留下的美好，中国拼布艺术可以说是中华民族传承千年的女红技艺之一。它通过剪、缝、绣、贴、挑、拔、拼、缠、衲、叠、折、镶等手工或机缝工艺，将不同花色的零碎布片拼接在一起，制作布艺装饰用品、服饰用品及其他生活用品，也可以说是以"针"为笔、以"线"为墨、以"布"为宣，描画人们生活中"布艺饰界"的艺术设计。本节将带领社区居民一起了解中国传统拼布的历史与发展，掌握中国传统贴布绣技法并进行贴布绣的设计应用。

#### 二、任务目标

① 了解中国传统拼布的历史与发展。

② 掌握中国传统贴布绣技法并进行贴布绣的设计应用。

③ 学习各种手工拼布技巧要点，提升手缝基本功，并培养拼布的创意思维、创新设计与创作能力。

#### 三、任务准备

拼布材料包、拼布作品、剪刀等制作工具、熨斗等熨烫工具、图片、PPT等教学资源。

#### 四、任务学习

（一）情境设置　导入美

拼布是一种民间传统艺术，具有悠久的历史。拼布艺术蕴含着深厚的文化底蕴，在世界缤纷多彩的传统手工艺史上留下了浓墨重彩的一笔，值得我们挖掘、探究、传承与发扬。教师结合拼布画向居民讲解作品特色。

（二）平等对话　探寻美

中国拼布是中华服饰文化的重要内容，服饰文化和人民群众的生活实际密切相关。中国古代拼布是一种魅力无穷的传统民间手工艺，先民们将零碎的布头、破旧的衣服进行再利用，以"拼"的趣味性表现生活的自然与纯朴之美，既具实用性又具艺术性。我国古代拼布根植于女红，以民间手工的形式存在和发展着，通过母女相传的方式世代流传，社会普及性较高，在漫长的历史中，诞生了丰富的文化和技艺故事。

1. 先秦的拼布雏形

在我国，编结和缝缀的技艺最早产生在旧石器时代晚期，拼接成为一种既简单又实用的工艺技能，商朝的束腰带服饰已经有了拼布技艺的雏形。关于拼布服饰的文献，最早可以追溯到春秋时期的故事《戏彩娱亲》。故事中老莱子"着五彩斑斓衣，婴儿戏舞于亲侧"，后人多将这五彩斑斓衣视为"百衲衣"。《戏彩娱亲》讲述了老莱子穿五色彩衣只为博父母开心的孝行，感天动地的孝心值得敬重。该典故在民间广泛传播，且历史相当悠久，非常适合作为案例在社区美育课堂中进行讲解。

中国民间习惯将拼布称为"百衲"，百衲的"百"含义丰富，包括布片多样、色彩丰富、题材广泛等；"衲"有用密针缝缀、精致之意。新疆且末县扎滚鲁克一号墓地出土的春秋战国儿童套头拼布衣裙实物，色彩搭配和谐统一，用红、浅黄、褐等几种颜色的毛布拼对缝制而成，下摆两侧各缀缝一块三角形毛布。该裙衣基本保存完整，虽历经千百年的沧桑，却依然充满时尚感，和当下的流行款式如出一辙，可见古代且末人的审美水平之高。

2. 西晋的百结衣

西晋是中国历史上短暂的大一统王朝，初期农业繁荣，后期贵族生活奢靡、政治腐化，外不能抵御夷狄，内不能安抚民生。百姓为了克服生活贫困和御寒布品的匮乏，将旧布料和衣物进行裁剪、拼接、缝补。王隐在《晋书》中提到董京"时乞于市，得残碎缯絮，辄结为衣以自覆。号曰百结衣"。由此可见，百结衣多为儿童和乞丐穿着，由于古代社会等级森严，服装选择也受到等级限制，加上物资不充裕，乞丐和贫民极少穿完整布片做成的衣服。

3. 隋唐五代的拼布

经历了较长时期的战乱，隋朝一统天下，有了稳定的政治基础后，国家的经济开始欣欣向荣，民众生活日渐富裕，各个产业发展了起来。唐朝为我国封建社会的巅峰时期，纺织业发展迅速，服饰与妆容方面成就辉煌，而拼布手工艺术也在此期间达到繁盛。

(1) 百衲衣

唐代白居易《戏赠萧处士、清禅师》诗云:"三杯嵬峨忘机客,百衲头陀任运僧。"敦煌千佛洞出土的唐朝、五代时期变文等说明文学资料专集《敦煌变文·维摩诘经讲经文》中有载:"巧裁缝,能绣补,刺成盘凤须甘雨,个个能装百衲衣,师兄收取天宫女。"宋代苏轼在《石塔戒衣铭》中写道:"云何此法衣,补缉成百衲。"百衲衣不仅现身于大量文献中,也作为佛教的文物出现,"百衲"与佛教文化有着千丝万缕的联系。在敦煌文献《双恩记》"……或有身披百衲,袈裟上点点云生"中,"衲"指山水衲袍,这是一种在袈裟方块内刺缀山水纹样的僧服。佛教僧侣集世人丢弃的零碎布帛,收拾斗缀为法衣,也有称慈悲服、无上衣、离尘服、解脱服者,意指僧侣脱离尘世不贪欲之意念,非常明确地说明了百衲衣与佛教千丝万缕的联系。

(2) 水田衣

唐代是水田衣的萌芽期,唐代诗人范灯在《状江南·季夏》一诗中写道:"蚊蚋成雷泽,袈裟作水田。"唐彦谦《西明寺威公盆池新稻》云:"得地又生金象界,结根仍对水田衣。"王维在《过卢四员外宅看饭僧共题七韵》中写道:"乞饭从香积,裁衣学水田。"从各类诗文中可以看出水田衣与百衲衣之间的关联性。盛唐妇女喜欢争奇斗艳、推陈出新,拼布因其独特的形式被妇女们喜爱。水田衣的制作注意匀称,各种锦缎料都先裁成长方形,然后会有规律地编排缝制成衣,因而也频频出现在唐代女子的服饰中。

(3) 间色裙

间色裙是襦裙的一种,在以风流人物著称的魏晋南北朝盛行,既是平民百姓的日常着装,也是贵族妇女宴居出行的常服,曳地五尺是间色裙的常用标准,宽大的袖口缀有不同颜色的袖贴,条纹间色长裙在视觉上很有跳跃感。隋朝时间色裙的布条数量开始增加到12条,裙子长度也变长。初唐时的间色裙色彩还不够丰富,一般由2~3种颜色的布拼接而成,布条的宽度最初比较宽,一般是黄与红、绿与红搭配,随着时间的推移,间色裙条纹逐渐由粗变细密,色彩丰富,以大红间以他色为主。

盛唐妇女服饰色彩艳丽,面料质地上乘、做工精巧,极尽奢华之事。在五代词人孙光宪的《思帝乡·如何》中,"六幅罗裙窣地,微行曳碧波"描绘的就是唐朝女子身穿六幅罗裙穿行于大街小巷的场景,此时的裙子是由六幅布片拼接而成，裙子上至腰间甚至到腋下，下摆及地甚至拖出一截，大户人家女子的裙子最多达十二幅布片，这样的裙子十分盛行。

4. 元代的百衲绸片

元朝在建立之初，曾掳掠各地大量技艺高超的手工艺人，所以在服饰制作工艺上相当成熟，如有的百衲绸片在左向对角线的上下两侧各用了三种不同颜色的布片，其中下部中间用了一块蓝底织金的面料，格外醒目，从视觉上打破了对称，却又不失美感，有如黄金分割线一般，将人们的视线转移到这个焦点上，恰到好处。最有代表性的元代百衲绸片出自西藏，现为香港万玉堂所藏，西藏保留了元明清时期的大量丝绸纺织品，而且多数保存在寺庙中。

5. 明清时期的拼布

（1）水田衣

水田衣是采用拼布工艺制作女装的典型代表，诞生于唐代，兴盛于明清时期。《红楼梦》中的妙玉穿的就是水田衣。曹雪芹写她："只见妙玉头带妙常髻，身上穿一件月白素绸袄儿，外罩一件水田青缎镶边长背心，拴着秋香色的丝绦，腰下系一条淡墨画的白绫裙，手执麈尾念珠，跟着一个侍儿，飘飘拽拽的走来。"此处的"水田"指的是一种独特的衣物式样，这种衣物并非完整面料剪裁制成，而是取多块碎布拼在一起制作，拼凑的碎布看起来像民间一块块的水田，故被称为"水田衣"。

明清时期，百衲道袍与袈裟一样，大大区别于早期用废弃衣料制成的百衲服装，已经拥有了设计和制作上的美学理念。如故宫博物院藏的清代拼色缎"卐"字纹道姑衣，这件清代戏曲用的道姑衣，衣身用绿色和雪青色缎拼成两色方格，在方格内，以石青和肉粉色缎做"卐"字纹。从拼布技巧、颜色搭配上来说，这件戏衣一点不逊色于当代的众多拼布作品，足可见古人的心灵手巧和艺术修养。

水田衣之所以在明末开始流行，与当时社会的发展息息相关。明朝末年服饰方面的阶级差异已逐渐变得不明显，人们开始追求服饰的美观，形状各异、不规则拼接的水田衣最为流行，更有人在水田衣每一片布上都刺绣纹样，更显得花哨富贵。有的富贵家庭为了制作水田衣，不惜将一块完整面料剪碎，水田衣的受欢迎程度由此可见一斑。除中国本土之外，水田衣风格的服饰也传到了深受明代文化影响的日本、朝鲜等国，可以说，水田衣所具有的独特的面料拼凑式样已经成为东方传统服饰中一个经典的

元素。

(2) 云肩和围涎

云肩与围涎都是颈部的一种装饰价值与实用价值兼具的饰品，是从挂肩、披肩、围肩等围饰相互借鉴发展而来的。元代的云肩在明代新的服饰制度中得以保留，明初贵族将它作为奢华的一个符号而加以沿用，它具有防护衣领不沾发油的实际功用，更有削肩而助于实现清瘦、纤弱的审美效果，于是由贵族走向平民，成为汉族女性的常用配饰。云肩正如其名，如云彩围绕在女子肩头，是明清女子身上最耀眼的装饰之一。云肩也是一件丝绣的艺术品，心思精巧的绣娘们将她们关于美和吉祥的想象倾注于云肩，彩锦裁就、金线织成。除云形之外，还有莲花形、如意形、蝙蝠形、宝瓶形、柳叶形的绚丽云肩争奇斗艳，每片还绣有花草鸟鱼、戏义故事的图案，锦片层层交叠，焕发出彩虹般的光彩，亦方亦圆中有着对称均衡之美。云肩发展到清代最为盛行，到晚清民国时期，云肩普及，围涎应运而生。围涎与云肩有着密不可分的关系，可以说围涎直接来源于云肩。围涎是避免幼儿口水或食物玷污衣服而戴于衣服外层的装饰物，稍大些的孩童由于贪玩调皮，为避免外衣磨损，更多是考虑其实用功能，此时的围涎由多层面料缝衲而成，形态多为简单抹角的方形、圆形等。

(3) 富贵衣

富贵衣是戏曲表演中的戏服，戏剧中扮演贫士、乞丐一类人物的衣饰，俗称海青，又名道袍、穷衣。全身黑色，破褶，上面缀有很多杂色小三角尖块、方块和圆块，表示破败不堪。传统戏曲剧目中有着这样的规律：穿此衣的穷困书生，通过苦读，金榜题名，富贵显达。故此衣被称作富贵衣，表达了当时人们通过自身努力得到美好生活的愿望。

6. 民国时期的拼布

民国以后，水田衣虽已不为妇女们穿用，但是出现了新的着装人群——孩子。大人为孩子祈求吉祥，会向亲戚邻居索要一些小布块或旧衣服，然后将这些零碎布头缝制成小孩的衣服或被子，称为"百家衣"和"百衲被"，表达人们希望能够获取百家保护、护佑孩童平安的祝福。

作为日常必需的百家衣和百衲被，其追求吉利的步伐从未停歇，用五彩斑斓的棉布进行拼接，以动物图案做装饰的儿童坎肩，花样繁多，手艺细致，且碎布色彩都比较鲜艳，其中最好有蓝、紫二色，蓝色寓意辟邪纳吉，紫色寓意多子多福。而富贵人家要求更为复杂，如布料最好来自与

"沉""成""留"谐音的"陈"姓、"程"姓、"刘"姓人家,以更好地实现孩子成材成人的心愿;有的人家甚至希望获取长寿老人寿衣的边角料来拼接,以护佑孩子健康长寿。在民国时期,有用橄榄形的各色小绸布缝接而成的百家衣,非喜庆日不能穿,这样的百家衣就由常服演变为吉服。

7. 近现代拼布

20世纪,拼布艺术在亚洲迅速发展并流行起来,中国目前从事拼布艺术创作的艺术家大概有三类:一是受到日本和美国拼布体系影响,以日系图谱拼布和美式拼布为创作基础的拼布艺术家;二是挖掘拼布在中国古代的传统、技法及文化,并将之融汇于自身创作中的设计师们;三是以艺术学院的拼布创作和拼布研究为基础,结合当代国际艺术与设计风格进行拼布创作,开辟出一条新的具有中国特色的拼布艺术之路的艺术家。

(三)探究实践 体验美

通过中国传统贴布绣技法实践,与社区居民共同体验指尖上的服饰文化美。

1. 传统贴布绣技法的特点

清末时期,沈寿在《雪宧绣谱》中详述了贴布绣的制作技巧:贴布绣又称补花针绣,略有浮雕般的立体感,按图案所需的质感、色彩选取面料,将面料剪成各种相宜造型,黏贴在底布上,组成图样后以锁针手缝法将图样固定。在现代拼布艺术设计中,中国传统的贴布绣是比较常用的一种技艺,适合表现具象图形。

2. 传统贴布绣的材料与工具

① 针:普通绣花针。

② 线:普通绣花线或专用拼布线。

③ 布料:配色大方适宜的中厚棉、麻、丝绸、绫等布料均可,经纬中密度组织。

④ 辅料:单面胶黏衬,转印纸、绘图纸等。

⑤ 笔:划粉、铅笔、水溶笔或热消笔。

⑥ 其他:尺子与剪刀各一把,珠针备用。

3. 传统贴布绣的工艺步骤

以《国色天香》贴布绣为例,教师示范后居民分组自主实践。

第一步:将纸形拓图到底布上。

第二步:按纸形轮廓进行分解,将先染布剪出花瓣、花叶(注意要留出缝份）。

第三步：沿着缝份边沿折一下，然后按照从下往上的顺序依次贴布缝合。

第四步：表布贴布完成后，将底布两片平针缝合，中间处留出3厘米翻口。

第五步：贴布的表布和底布正面相叠，沿着表布贴缝的线迹平针缝合一圈。

第六步：沿着边沿剪去缝份留出0.3厘米，注意在角度大的地方，剪出牙口，方便翻缝。

第七步：利用底布中间3厘米的翻口部分，翻出整体花形。

第八步：整理花形，熨烫完成作品。

（四）展示交流　提炼美

传统贴布绣图案以蜿蜒曲线变化为主，菱角造型到位，视觉效果繁杂丰富，但绣法简单，图案以块面为主，是一种将其他布料剪贴并绣缝在另一块布料上的拼布刺绣形式。一块布经过画样裁剪出造型后，或加以刺绣，再装饰于主布；或将许多特定造型的小块布衔接在一起。每一幅拼布作品都如画一般拥有强有力的语言，充满厚重的历史感和丰富的文化内涵。

师生开展多元评价，居民交流心得，展示作品。（图4-1）

图4-1　服饰文化美——"国色天香"拼布作品实践

（五）巩固延伸　拓展美

学习欣赏大师拼布作品，学会构图、用色的技法及对辅料的使用。

现如今，拼布是国际流行的时尚艺术，引起不少学者着手探究，也吸引了越来越多的人进入这个DIY（自己动手）领域进行创作，"拼布"成为都市时尚艺术和休闲文化的代名词。拼布艺术设计就如时尚基因，在原有基本遗传单位导入鲜活的拼布艺术细胞，就可以以改变其遗传特性，获得新作和新产品。传统拼布艺术通过社区美育课程回归生活，在居民手上生生不息，在穿针引线中代代相传，也让居民通过在美丽的布面上飞针走线，发挥创意，完成一件件唯美的布艺品，获得愉悦的艺术体验感和设计成就感，制造出浪漫的"布艺饰界"。

### 五、任务评价

请在符合自己实际情况的框格内打"√"，数字越大代表符合程度越高。

| 评价维度 | 评价内容 | 自评等级 ||||| 
|---|---|---|---|---|---|---|
| | | 1 | 2 | 3 | 4 | 5 |
| 学习主动性 | 能主动开展知识学习，积极参与课堂实践 | | | | | |
| 理解能力 | 了解中国传统拼布的历史与发展，掌握各种手缝拼布的技法 | | | | | |
| 实践能力 | 学会中国传统贴布绣技法，并能够将所学知识有意义地运用 | | | | | |
| 拓展能力 | 能收集和整理相关信息，不断拓展知识 | | | | | |
| 审美能力 | 能够感受美、欣赏美、创造美，感受多种美的形式，提升审美境界 | | | | | |

## 任务二："仕女·簪花"

唐朝是中国古代所有朝代中国力最鼎盛的时期之一，强盛的大唐王朝，是中国历史上浓墨重彩的一笔，无论是疆域面积还是政经文史，唐朝留给后人的想象都是壮美、浪漫、豪放和充满活力的。这一时期的服饰特点是开放、华丽，追求人体美，同时由于统治者对宽松政治氛围的营造和对各少数民族及异国文化所持的包容心态，此时期的服饰异彩纷呈，正是这样一种开放包容的唐朝服饰审美文化，用它独特的魅力将中国文化成功传播到了世界各地。

## 一、任务描述

唐代的妇女服饰以其众多的款式、艳丽的色调、创新的装饰手法、典雅华美的风格,成为唐文化的重要标志。《簪花仕女图》是目前全世界范围内唯一认定的唐代仕女画传世孤本,是典型的唐代仕女画标本型作品,画中描写的是唐代贵族妇女的日常生活。

《簪花仕女图》宫女们的纱衣长裙和发髻是当时的盛装,高髻上簪大牡丹、下插茉莉花的宫女们,在黑发的衬托下,显得雅洁、明丽。人物的画法以游丝描为主,行笔轻细柔媚,匀力平和,特别是在色彩的点缀下成功地展示出纱罗和肌肤的质感。画家将手臂上的轻纱敷染成淡色,深于露肤而淡于纱,恰到好处地再现了滑如凝脂的肌肤和透明的薄纱,传达出柔和、恬静的美感。从出土的大批中晚唐时期的陶俑来看,画中仕女的服饰真实地反映了当时的女性时装文化。本节通过赏析《簪花仕女图》了解晚唐时期的仕女服、妆、饰,并指导社区居民用泥塑制作唐代仕女作品。

## 二、任务目标

① 了解中国唐代服、妆、饰文化,感受精湛的工艺,体会吉祥纹饰表达的美好寓意。

② 用泥塑制作唐代仕女作品,培养社区居民的审美及动手能力。

③ 激发居民热爱民族服饰艺术,形成良好的审美素养,提升民族自豪感。

## 三、任务准备

《簪花仕女图》范画、各种唐风饰品、PPT、彩色胶泥、彩色卡纸、铜丝、串珠等其他易得辅料。

## 四、任务学习

(一)情境设置　导入美

赏析2020年在上海举办的中国古代装束复原秀,以问题为导向,引入唐代周昉绘制的粗绢本设色画——《簪花仕女图》,带领居民们一起赏析唐代仕女的服、妆、饰。

(二)平等对话　探寻美

展示《簪花仕女图》完整画面,讲解整幅作品描绘的内容。周昉的《簪花仕女图》是一幅180厘米乘以46厘米的长卷,是周昉贵族人物画的代表,同时也体现出唐代贵族仕女养尊处优、无所事事、游戏于花蝶鹤犬之间的生活情态。

画中展现了六位衣着艳丽的贵族妇女及其侍女于春夏之交赏花游园的情景。画作不设背景，以工笔重彩绘仕女五人、女侍一人，另有小狗、白鹤及辛夷花点缀其间。全图六个人物的主次、远近安排巧妙，景物衬托少而精。两只小狗、一只白鹤、一株辛夷花，使原本显得孤立的人物产生了左右呼应、前后联系的关系。半罩半露的透明织衫，使人物形象显得丰腴而华贵。用笔和线条细劲有神，流动多姿，浓丽的设色、头发的勾染、面部的晕色、衣着的装饰，都极尽工巧之能事，较好地表现了贵族妇女细腻柔嫩的肌肤和丝织物的纹饰。

在这幅作品中，她们的服饰、饰品很美，精致的妆容及丰腴的体态也都很美，让我们透过《簪花仕女图》去看一看中国唐代的服、妆、饰。

1. 服装美

画中所描绘的仕女多着大袖纱罗长裙、披帛长裙。罗衫上以抽丝的方式做了很多的花纹，若隐若现，搭配一条暗红色的花纹披帛，很好地展现了女子丰腴的体态。这是当时女子非常重要的服饰，制裙多为丝织品，高度至掩胸，外披纱帛；衣衫轻薄且透明，肌肤若隐若现，雍容而妩媚。《全唐诗》收录有"慢束罗裙半露胸""半胸酥嫩白云绕"之语，描述的就是这种装束。相对其他阶段封建社会中严重受到封建礼教束缚的广大妇女，以及"笑不露齿""站不倚门""行不露面"的清规戒律，这种半袒胸式着装显然体现了唐代妇女仍保留着未被封建礼教枷锁束缚的天性，大胆追求美，也从侧面反映了当时社会思想的开放，及人的自我意识的解放，同时也显示着大唐盛世的富贵繁荣。

画中的仕女服装上出现最多的是红色，她们喜欢穿着艳丽的长裙，红色尤其流行，白居易曾写诗曰："移舟木兰棹，行酒石榴裙。"所以唐朝服装的特点是色彩浓艳、高贵华丽。

2. 妆容美

唐代妇女化妆总共分为以下七个步骤：

第一步：敷铅粉——用铅粉将脸涂白。

第二步：抹胭脂——在两边脸颊上涂上红色胭脂，可淡可浓、白里透红。

第三步：画黛眉——在唐代，对眉毛的推崇达到顶峰，唐代女子很注重眉形的设计，各种眉形都是将原有眉毛拔去，而后再进行绘制，时而粗短，时而细长，时而飞扬，时而低垂。《簪花仕女图》中女子眉毛的形状

是唐代典型的桂叶阔眉，即眉形类似桂树的叶子。江采萍《谢赐珍珠》"桂叶双眉久不描，残妆和泪污红绡"和元稹《有所教》"莫画长眉画短眉"指的都是桂叶眉，这种眉妆非常有特色，眉形似蛾翅，眉梢向上倾，眉色晕染不厚重而是浓淡有度，宛若墨蝶飞舞。

第四步：贴花钿——贴上或者画上花钿做装饰，花钿是眉宇之间以金、银、玉翠制成的彩花子装饰，是当时面妆中必不可少的，色彩非常艳丽，款式十分丰富。

第五步：描斜红——于面颊太阳穴处，以胭脂染绘两道红色的月牙形纹饰。

第六步：点画靥——施于面颊两侧酒窝处的一种妆饰，可使妆容更显娇艳。

第七步：涂唇脂——在唐代女子的妆容中，点唇是非常重要的步骤。《簪花仕女图》中的贵妇都是樱桃小嘴，这种是点唇的画法，常常先用白粉打底，覆盖原来的唇色，然后再用唇脂点画唇形，让人产生一种嘴唇看似很小的错觉。这种手法与审美跟现代极为不同，当时是以娇小浓艳为主要特点，且变化多端。"樱桃樊素口"则被时人认为是最理想的美。唐代点唇的手法非常多，与现代美妆博主们所研究的数量不相上下，光是晚唐三十几年的时间，点唇的样式就出现过十多种。

细节的不同，带来了很多不同的妆容，清淡的妆称为"白妆"，化得比较浓的妆称为"红妆"，额头和脸颊上涂黄色做装饰的叫"额黄妆"，在太阳穴位置画上月亮花朵形状的称为"斜红妆"。"红妆"又分为"醉酒妆""桃花妆""飞霞妆""檀粉妆"。脸颊上涂得红红的，像喝醉了酒一样的称为"醉酒妆"；脸颊上淡施胭脂，像粉嫩的桃花的称为"桃花妆"；比桃花妆再淡一些的叫"飞霞妆"；还有"檀粉妆"，是将胭脂和粉混在一起，涂在面部，整个面部都是淡淡的粉色，接近于现代的裸妆。"斜红妆"源于魏文帝的妃子，她误撞水晶屏风导致脸颊上有血痕而显得更加楚楚动人。"斜红妆"展现了唐代贵妇的风韵妖娆之姿和唐代审美的另类大胆，可见女性的妆容变化与整个时代发展息息相关。

3. 饰品美

仕女们头上插着海棠花发簪、金步摇，脖子上有金质云团纹项圈，饰品的种类非常多，包括发饰、耳饰、项饰、腕饰、戒指等。

（1）发饰

早在新石器时期，我国就出现了发簪，当时称为"笄"。它有两种功能，一为安发，二为固冠。男子插笄用来固定冠帽；女子15周岁的时候插笄，行及笄礼，是允许出嫁的成人礼。随着政治经济的发展，发簪的款式从简单朴素逐渐过渡到精美华丽。唐朝出现的钗、步摇、梳等款式，是女子非常喜爱的饰品。

教师通过图片引导居民欣赏唐朝的金镶玉步摇，步摇上有垂珠，步则动摇也。步摇多以金、玉石镶嵌垒丝而成，做成了蝴蝶、凤凰等的造型，插在妇女的发髻上，一步一摇，尽显美感与动感。

簪包括短发簪、长发簪、扁簪。在古代，男女皆可佩戴簪，罪犯不许戴簪，妃子犯错也要退簪，簪代表着等级地位。双股或者多股的称为"钗"，钗一般成对出现，插在双鬟作为装饰。

### 趣味问答

提问：在这支簪的顶端有一个特殊的设计，是什么呢？

回答：是一个挖耳勺，这支簪称为"一丈青"，它是一支耳挖簪，不仅可以用来装饰、固发，闲暇时还可拿来挖耳朵，古人的设计很有创意！

（2）耳饰

耳饰在新石器时代就出现了。玉玦是开口的环状装饰物，一般是祭祀神灵的时候佩戴的，它并不是普通的装饰物。战国以后，出现了耳珰，佩戴耳珰者需要在耳朵上打洞。儒家认为，身体发肤受之父母，不可损毁。随着儒家思想的推行，穿耳之风就逐渐没落了。到了唐朝，穿耳风气被废止，在《簪花仕女图》中仕女们都戴了精美的发饰，但是没有耳饰。到宋代之后，上至后妃下至普通的女子都会穿耳戴环，耳饰成为非常普遍的饰品。耳饰一般分为两种，一种叫耳环，是环状的装饰物；一种是耳坠，下面有精美的坠饰。它们都以金、银、玉石镶嵌、垒丝、雕刻、琢玉而成，耳饰是当时体现美的重要饰品。

（3）项饰

早在旧石器时期就出现了串饰，即用玉石与兽骨等串联而成的项链。

清朝之前以串饰为主，清朝开始有带发扣和坠饰的项链。当时信奉佛教，在念珠的基础上发展出了朝珠，朝珠是皇帝、大臣及后妃们经常佩戴的饰物。

项圈上面一般会挂长命锁或者如意给孩子佩戴，可以驱凶避邪保平安。此外还有长命锁，上面刻着不同图案。民间传说求拜麒麟者可得子，所以麒麟送子图案代表的是祈子、祈福；莲花童子寓意长命百岁；还有牡丹等吉祥花草纹饰，寓意生活富贵富足。古人认为用长命锁可以将孩子的命锁住，帮他驱凶避邪。

（4）腕饰

早期的腕饰以玉石、陶泥等制作，有圆形、方形、筒形等形状。随着政治经济的发展，到唐朝的时候，由于丝绸之路的开放和西域文化的引进，出现了环环相扣的臂钏，也叫跳脱。《簪花仕女图》里有位仕女穿着雍容典雅的服饰，戴着精美的饰品，尤其是手臂上环环相扣的金臂钏，显得非常富贵。到明代才真正出现了"手镯"这一名词，当时特别流行宝石镶嵌的手镯。手镯一般分为两类：一种是开口型的，可以调整大小；一种是封闭型的。

### 趣味问答

提问：手镯上面有很多精美的坠饰，上面都有些什么？

回答：寿桃、铃铛、长命锁，还有一枚官印。官印代表的是步步高升，寿桃代表的是长命百岁、福寿绵长。

（5）戒指

戒指早在4 000年前就已经出现了，到秦汉时期，戒指已经普遍作为定情信物。戒指一般分为三种，有开口活口型的、封闭型的和镶嵌型的。

### 趣味问答

提问：莲花和鱼代表什么？

回答：莲花和鱼代表的是年年有余，生活富足。

提问：青蛙代表什么？

回答：青蛙在水里繁殖力非常旺盛，所以它代表的是儿孙满堂。

提问：鸭子代表什么？

回答：鸭子的"鸭"左边有个"甲"字，古代的科举制度设有三甲，高中一甲者为状元，所以鸭子的寓意是高中状元，代表的是前程远大。

大家可以看到古人在财富寿命、儿孙等方面运用这样隐晦的方式去表达自己美好的愿望，非常用心，也很有智慧！

从饰品精湛的工艺、丰富的种类、多种多样的材质及它们的美好寓意中，我们可以感受到古人深厚的文化底蕴和超凡的智慧创造力，从小饰品见到了大智慧，让我们为他们点赞！

(三) 探究实践　体验美

欣赏完唐代仕女的服、妆、饰，居民在教师的指导下用泥塑制作一件唐代仕女作品，以更深刻地体会唐代服饰文化的精美。

第一步：将黏土调制成咖啡色，擀薄片做底，在木板底面涂上白乳胶，把擀好的黏土贴在底板上，用剪刀剪去多余的黏土。

第二步：选取适量的肉色黏土，搓一个大大的长水滴作为仕女的身体，将之贴在底板上，先做出丰腴的上身，简单做出下半身，因为身体会被衣服包住，所以不用做得太仔细。

第三步：调出肉色黏土制作仕女的面部，用工具压出眼窝的位置，搓一个小水滴做鼻子，用牙签或者其他尖头的工具挑出嘴巴，用黑色的黏土做出大大的发髻。根据每个仕女形象的不同，制作不同的簪花。还可以用金色的黏土制作各种饰品。

第四步：将黏土调成自己喜欢的颜色并将之擀成薄片，用丙烯马克笔画出合适的装饰图案，贴在刚做好的仕女身体上，先把衣服全部做好，再黏上胳膊和手。

第五步：用肉色黏土搓两个长条做成胳膊和手，用剪刀剪出五个手指，还可以用色粉将手指尖画成浅浅的粉色做美甲。

第六步：整体调整衣服和手臂的关系，用金色丙烯笔画上项链，或者用金色黏土制作一些饰品进行装饰，一个唐代仕女黏土作品就完成了。

(四) 展示交流　提炼美

《簪花仕女图》代表了唐代仕女画的最高成就，在这幅画作中，周昉以精湛的绘画语言、独特的艺术形式展现了唐代贵妇的闲适生活,以及盛唐时代繁荣、自信、富足、大气的精神风貌,为后世仕女画创作树立了典范。周昉笔下的女子形象丰满圆润,服制配饰及佩扇侍女、仙鹤、爱犬、蝴蝶等形象,都颇能显示出盛世中的女性美及雍容华贵的大唐风度。

师生开展多元评价,居民交流心得,展示作品。(图 4-2)

图 4-2 服饰文化美——"仕女·簪花"泥塑作品实践

(五)巩固延伸 拓展美

唐朝服饰个性鲜明,在发展过程中不仅没有脱离传统的民族特点,还在此基础上加强借鉴与创新,大胆地接受外来元素,开创了唐朝乃至中国古代服饰发展的繁荣局面,是现代服饰设计需要学习和借鉴的地方。

唐朝服饰美体现着"天人合一"的哲学理念,并且逐渐被世界所认识和接纳,对世界服饰文化有着深远的影响。随着时代的进步与发展,世界各国在不断丰富自身的文化体系,不仅挖掘传统文化特色,还对彼此的民族文化精华进行接纳与吸收。中国传统文化在世界具有一定的影响力,受到国际时尚界的关注与重视,唐代服饰文化作为我国民族特色代表之一,对中华文明具有重要意义,其不断提升的国际影响力鼓舞我们继承前人智慧,创造新的文化辉煌。

**五、任务评价**

请在符合自己实际情况的框格内打"√",数字越大代表符合程度越高。

| 评价维度 | 评价内容 | 自评等级 | | | | |
|---|---|---|---|---|---|---|
| | | 1 | 2 | 3 | 4 | 5 |
| 学习主动性 | 能主动开展知识学习,积极参与课堂实践 | | | | | |
| 理解能力 | 了解中国唐代服、妆、饰文化,感受精湛的工艺,体会吉祥纹饰表达的美好寓意 | | | | | |
| 实践能力 | 用泥塑制作一件唐代仕女作品,并能够将所学知识进行有意义的运用 | | | | | |
| 拓展能力 | 能收集和整理相关信息,不断拓展知识 | | | | | |
| 审美能力 | 能够感受美、欣赏美、创造美,感受多种美的形式,提升审美境界 | | | | | |

## 第二节 名著文化美

### 任务:四大名著人物审美

有学者认为:经得起时间的考验,在各个时代都难掩光芒,并拥有特定时代特征的书籍才可以被称为名著。也有学者在此基础上对名著与普通书籍进行了辨析,提出:普通书籍具有一定的时代局限性,它面对的不是所有时代、所有地域的人类面对的根本问题,不具备名著所拥有的普遍性,名著则可以跨越时代与地域,它是人类共同的智慧,是所有时代各个地域的人们共同颂扬的作品,对于普通书籍,人们只读一遍就能洞悉无遗,但名著却是启迪智慧永不枯竭的泉源。整理学者们的观点后,笔者认为所谓"名著"不仅是拥有特定时代特征的书籍,也是具有普遍性特点的文明瑰宝,并可以跨越时间与地域,为人类提供共同性问题的答案。

#### 一、任务描述

四大名著是中华民族的文化瑰宝,其中的人物纷繁满目。让我们一起来学习名著知识,提炼名著中的经典人物特征,运用友禅纸进行指尖创作,进一步了解中国经典名著,并培养读写结合的阅读习惯。

#### 二、任务目标

① 了解中国名著的类型,分析四大名著中典型人物的审美形象。
② 能够提炼名著中的经典人物特征,运用友禅纸进行指尖创作。

③ 了解中国经典名著，培养读写结合的阅读习惯。

**三、任务准备**

书籍、图片、PPT等教学资源。

**四、任务学习**

（一）情境设置　导入美

从古至今，先辈们用文字记录着他们对自然、社会和人生的深刻感悟与宝贵体验，为人们留下了丰富的文学作品，这些作品拥有强大的时空穿透能力，历久弥新。你既可以在《史记》中感受中国古代历史的典雅厚重，又可以在小说《平凡的世界》中瞥见中国当代城乡社会的波澜壮阔，还可以在小说《射雕英雄传》中感受武侠江湖的快意纵横与爱恨情仇。教师用四大名著电视剧海报导入本课。

（二）平等对话　探寻美

1. 中国名著的类型

中国名著主要包括公案小说、神怪小说、演义小说、侠义小说、野史小说、世情小说、讽刺小说、言情小说、玄幻小说等。

（1）明清之前的作品

如：西汉·刘向《列女传》；晋·干宝《搜神记》；宋·李昉、扈蒙、李穆等《太平广记》；南北朝·刘义庆《世说新语》；唐·元稹《莺莺传》。

（2）明清小说

如：吴承恩《西游记》；罗贯中《三国演义》；施耐庵《水浒传》；兰陵笑笑生《金瓶梅》；冯梦龙《醒世恒言》；蒲松龄《聊斋志异》；曹雪芹、高鹗《红楼梦》；吴敬梓《儒林外史》。

（3）清末及民国小说

如：金松岑、曾朴《孽海花》；刘鹗《老残游记》；李伯元《官场现形记》。

（4）近现代小说

如：巴金《家》《春》《秋》《雾》《雨》《电》《寒夜》；林语堂《京华烟云》；茅盾《子夜》。

（5）现当代小说

如：罗广斌、杨益言《红岩》；阿来《尘埃落定》；路遥《平凡的世界》；余华《活着》《许三观卖血记》。

（6）当代经典爱情名著

如：霍达《穆斯林的葬礼》；王安忆《长恨歌》。

（7）中国四大名著

《西游记》《红楼梦》《水浒传》《三国演义》。

（8）中国四大奇书

《三国演义》《水浒传》《西游记》《金瓶梅》。

2. 四大名著中典型人物形象的审美感知与分析

（1）孙悟空的率真、顽皮、狂傲

俗话说得好，老虎不在家，猴子称大王。《西游记》中的孙悟空斩妖除魔、顽皮捣蛋、桀骜不驯，淋漓尽致地展现了猴子的"真""顽""狂"，在喜气洋洋的闹腾中透露了其生命的本真。

（2）林冲的隐忍、愤怒、心狠

豹子是世界上最神秘、最令人敬畏的动物之一，它们集速度、力量和爆发于一身。在《水浒传》中，也有一个和豹子习性极其相近的人物——豹子头林冲。他长相不凡，"豹头环眼，燕颔虎须"，武艺高强，乃东京十万禁军教头，能轻松打败洪教头；他隐忍守拙，面对高衙内等人的步步紧逼，却忍住怒火；他怒发冲冠，于山神庙剑指陆虞候，杀人杀得狠彻。但受到文化及性格的限制，出于对权威的畏惧，他不得不一直隐忍，而在山神庙手刃仇敌，是林冲斩除心中畏惧，匡扶心中正义的一次壮举，这些描写和情节立体展现了一个隐忍、愤怒、心狠的人物审美形象。

（3）林黛玉的纯真无邪、多愁善感、风流婉转

竹性直，黛玉有着竹一般不偏不倚的正直；竹坚贞，即便是在万物萧索的秋冬也依然翠绿如新，黛玉就好似群芳之外那片孤高的寂寞林。竹中有名品湘妃竹，传说娥皇和女英哭舜帝，日日面对奔流的湘江，扶竹哭泣，眼睛哭出了血，她们的眼泪滴在湘江边的翠竹上，化作泪斑经久不褪，后人称之为"湘妃竹"，也称"斑竹"。黛玉有湘妃竹的多愁敏感，人们观赏湘妃竹时，驰骋想象，便能看到在竹影婆娑的潇湘馆中，一个敏感多愁、风流婉转的少女在暗夜哀婉叹息。

（4）诸葛亮的神性、洁净、忠肝

龙是中国汉族的民族图腾。千百年来，龙凝聚并积淀了中华民族深厚的传统文化。龙能显能隐，能细能巨，能短能长，呼风唤雨，恩泽万物。先民把龙视为主宰雨水之神和人民的保护神，这就是将为蜀汉复兴而操劳

的诸葛亮称作卧龙的原因。龙的精神图腾属性淋漓尽致地外显于诸葛亮这个文学形象中。

3. 四大名著中典型人物的审美形象

(1) 孙悟空的审美形象

从原型的角度看,孙悟空这一审美形象有"本土说""外来说""混同说"三种主要说法,还有研究者从《大唐三藏取经诗话》中的猴行者、《二郎神锁齐天大圣》中的齐天大圣、《西游记平话》中的孙悟空等正面或负面的形象探寻孙悟空的原型。

从审美赏析的角度看,研究者多从孙悟空的内在特质出发进行探索,如狂傲、爱自由等。

(2) 林冲的审美形象

从原型的角度看,现有研究多从元代讲史话本、元杂剧、明代传奇、清代小说中开展研究。

从审美赏析的角度看,部分研究尝试分析林冲命运的悲剧之美,大多数研究是从林冲命运的转折点来探究其英雄之美。

(3) 林黛玉的审美形象

关于林黛玉的审美形象历来有颇多的研究。从原型的角度看,现有的研究主要从构成人物的诗化意象、自然意象和神话原型意象三个方面进行。

从审美赏析的角度看,有以"情"为主线的研究。例如,张蓉通过林黛玉"情情"的自然之美、极致之美和悲剧之美来对黛玉的"情情"之美加以阐释。还有以"形"作为切入口的研究。例如,赵苗总结了林黛玉的各种"形"态,诸如喜、怒、泣、睡、懒、病等,作者用短短几字便勾勒出了一个生动的审美形象。此外,还有从内在性格的角度探究黛玉审美形象的,较为典型的描绘有聪慧、孤高、真诚、冰清玉洁等。

(4) 诸葛亮的审美形象

从原型的角度看,研究者大多是从历史文本中研究诸葛亮其人的。

从审美赏析的角度看,有关诸葛亮的审美研究大多从其品格切入,认为他是忠贞的楷模、罕见的能臣、智慧的化身,并且多与"悲剧""崇高"相关联。

综合以上四个典型人物审美形象的相关研究可知,原型层面的研究多是从神话传说、历史文本、话本小说等中找寻,审美层面的研究大多指向了人物的品格，文化层面的研究离不开中国儒家与道家文化。

（三）探究实践　体验美

四大名著承载着无数文化精华，在浩瀚如烟的古典小说领域中，四大名著如同四座屹立不倒的高山，无论沧海桑田如何变幻，其伟岸身姿始终不被湮灭。其中的人物更是纷繁满目，无数经典形象走进了老百姓的心中。

根据教学的需要，本课选取社区居民较为熟悉的名著《红楼梦》，提炼名著中的经典人物特征进行设计，运用友禅纸进行指尖上的折纸创作，促使居民体悟人物审美形象，在此基础上深入溯源其文化，以促进审美的深化。

该折纸创作以名著《红楼梦》中的十二金钗为设计主题，刻画了李纨课子、秦可卿春困、妙玉奉茶、林黛玉葬花、贾元春归省、巧姐余庆、薛宝钗扑蝶、贾探春迎春、贾迎春宿命、王熙凤弄权、史湘云眠药、贾惜春作画等经典人物形象及其经典片段。可根据人物的姿态，选择自己喜欢的友禅纸依次折出相应人物的上衣下裙，剪出人物的脸部造型粘贴到卡纸上（可大大降低绘画的难度），用黑色签字笔描绘人物的五官，最后用水彩笔画出发饰等装饰部分。通过创意书签的实践，提高学习者的动手能力、色彩搭配能力、创新创造能力。（图4-3）

图4-3　名著文化美——金陵十二钗创意书签作品实践

### （四）展示交流　提炼美

"文章如花,思想如果,历史是干,经典是根。读了诗文会辞章,读了诸子会思想,读了正史知得失,读了经典有信仰。"四大名著是中国文学史中的经典作品,也是世界宝贵的文化遗产。它们有着极高的文学水平和艺术成就,细致的人物刻画和所蕴含的深刻思想都为历代读者称道,其中的故事、场景、人物已经深深地影响了中国人的思想观念和价值取向。师生开展多元评价,居民交流心得。

### （五）巩固延伸　拓展美

孙悟空神通广大,诸葛亮神机妙算,林冲英雄盖世,林妹妹多愁善感。他们都栩栩如生,活在我们身边,活在我们心里,扎了根,沁了魂。正因为你与我对他们都如此熟悉、如此亲切,我们才把彼此视为同胞,自认为是中华民族的子孙,龙的传人。

一个民族的自我认同,并不仅仅因为生活在共同的疆域,形成命运的共同体,还在于彼此共同体会和传承的文化。四大名著不仅仅是四本书,还具有极高的文学价值,是中华民族文化传承的一部分,更是传统文化的瑰宝,是中国人的精神家园。基于此,我们要充分认识名著阅读的重要性,提高学习主动性,科学阅读,培养读写结合的阅读好习惯。

## 五、任务评价

请在符合自己实际情况的框格内打"√",数字越大代表符合程度越高。

| 评价维度 | 评价内容 | 自评等级 | | | | |
|---|---|---|---|---|---|---|
| | | 1 | 2 | 3 | 4 | 5 |
| 学习主动性 | 能主动开展知识学习,积极参与课堂实践 | | | | | |
| 理解能力 | 了解中国名著的类型,了解中国经典名著作品,分析四大名著中典型人物审美形象 | | | | | |
| 实践能力 | 能够提炼名著中的经典人物特征,并进行设计,运用友禅纸进行指尖创作 | | | | | |
| 拓展能力 | 认识名著阅读的重要性,不断拓展知识 | | | | | |
| 审美能力 | 能够感受美、欣赏美、创造美,感受多种美的形式,提升审美境界 | | | | | |

# 第三节 节日文化美

## 任务：端午话香囊

农历五月初五是中国传统的端午节，端午节与春节、清明节、中秋节并称中国四大传统节日。从端午节几千年的历史演变来看，防疫祛病、避邪驱瘟是端午节的原始主题。在端午节期间佩香囊，是老百姓喜爱的一项民俗活动。

香囊又名香包、香袋、香荷包等。据文献记载，我国古代民俗中佩戴香囊历史悠久，至少可以上溯到战国时期，屈原《离骚》中有"扈江蓠与辟芷兮，纫秋兰以为佩"之句，意思是把装满香草的佩帏戴在身上。这说明香包早在屈子所处的战国时代就已是一种饰物了。《红楼梦》中宝玉与黛玉之间的一次"闹别扭"便是由送香包引发的，在古代其他作品中也不乏这类描述，说明香囊在我国历史中有着很多的记载。香囊文化作为中华传统文化中的重要部分，承载了大量的文化信息，也反映了不同时期人们的审美观和民族传统。

### 一、任务描述

端午节已入选国家级非物质文化遗产民俗类项目目录，端午节佩香囊、吃粽子、划龙舟等民俗活动将一并传承下去。独特的香囊文化，在中华传统文化之中占有重要的一席之地，本节将带领社区居民了解香囊的历史演变、香囊的种类、香囊的民俗文化，并学习香囊的制作工艺。

### 二、任务目标

① 了解香囊的历史演变、香囊的种类、香囊的民俗文化。
② 掌握中国传统节日节气，历史渊源及节日的相关介绍。
③ 学会端午香囊的制作工艺，能够进行香囊的指尖创作。

### 三、任务准备

香囊材料包（布料、中草药、挂绳）、香囊成品、剪刀等制作工具、熨斗等熨烫工具、PPT等教学资源。

### 四、任务学习

（一）情境设置　导入美

"五彩香囊襟前戴，姑娘娃娃逗人爱"，香囊是将香草的粉末放置在刺

绣精美的荷包、枕头、兜肚、坎夹、针扎等物件中制成的,以防病保健、避邪祛恶、装饰衣着,已被列入国家非物质文化遗产名录,独特的香囊文化,在中华传统文化之中占有重要的一席之地。教师讲解并展示香囊的成品。

(二) 平等对话　探寻美

1. 香囊的历史溯源

香囊在我国有着悠久的历史,春秋时期,香囊称作"衿缨",意思是在腰间挂上香囊。战国时期,香囊称作"帏",寓意把一切的美好都装进佩帏里,戴在身上。汉代,香囊称作"容臭",即香料的意思。宋代,香囊的制作技法已经相当精湛,各类不同材质的香囊相继出现。元明时期,香囊是当时佩戴和馈赠之佳品。清代,香囊花样繁多,应用更为广泛。近代,香囊多是在端午求吉祈福、驱恶避邪的物件。

香囊的起源其实还有很多种说法。例如,认为香囊是岐黄故里的人文杰作,人们带在身边可以防疫驱虫;再如,认为香囊是避邪物,也作为古时妇女常用的针插物件等。随着时代的发展,香囊逐渐成为一种装饰品和吉祥物。

教师展示中国各个历史时期的香囊造型,讲解对应的文化含义。

2. 香囊的功能与分类

(1) 刺绣香囊

中国古代传统香囊主要有着驱邪避凶、祈福馈赠、爱情信物的作用,并兼具薰香和储物的功能。香囊还可以用来装烟草、眼镜、香扇、玉坠、剪刀、镜心、钱等物品,不仅可满足日用之需,还展示着主人的审美情趣。还有一类香囊包装有挥发性的中草药,可放置于蚊帐内、洗手间内,以去除异味。这类香囊在古代也是皇帝赠送给大臣的一类特别礼物。

(2) 金属香囊

金属香囊是唐代开始使用的一种用于盛放香料的器物,运用镂空、鎏金、捶揲等工艺制作而成,一般呈球形,故也称香球,通常具有里、中、外三层结构,装饰华丽。金属香囊在古代常被宫廷女眷置于袖中,用作暖手,也可以放在床上熏被,其中的镂空雕刻精美细腻,是古代社会的思想观念、宗教信仰在香囊上的集中体现。

(3) 玉质香囊

玉质香囊是古人生活中常见的工艺品,玉石细腻通透,加以镂空雕刻，十分精致。玉质香囊器体中空，可放置鲜花、香料等物，可挂在腰间或悬挂在家具之上。

（4）木质香囊

在古代，皇亲国戚、达官显贵的家中都会使用材质名贵、工艺精湛的木质香囊。木质香囊由名贵的沉香木、黑檀木、紫檀木、黄花梨、胡桃木等雕制而成，小巧玲珑，图案丰富。

3. 香囊与习俗

中国各地都有不同的使用香囊的习俗，特别是东西南北不同少数民族，有着独具特色的香囊制作工艺及佩戴方式，孕育出了丰富多彩的香囊民俗文化。

（1）云贵地区

"射荷包"是云南一带广为流传的娱乐活动，姑娘们将象征吉祥幸福的谷子、珠子及硬币放入自己精心绣制的荷包中，然后挂于树梢上，小伙子若是能射下这香荷包，便可获得酒水等奖赏。

"索要香囊"是贵州布依族人民在新婚之夜闹洞房时的习俗，寓意新娘会早生贵子。

（2）西北地区

"抢荷包"是陕西一带特有的习俗。端午节前，姑娘们用彩色的布和线缝制各式香囊，配以彩穗和香料，在端午当天佩戴于自己胸前最显眼的地方。如有小伙子趁其不备抢去，姑娘就会因为自己的手艺受到异性的欣赏而自豪，有望促成一段婚姻。

（3）潮汕地区

最早的潮州人把香囊作为男女的爱情信物，后来应用的范围逐渐扩大，连衣服、房间、器物等表面也装饰制作精细、绣工精美的香囊。

（三）探究实践　体验美

在每年的端午节活动中，或者在社区组织的传统民俗体验活动中，制作香包一直是颇受居民欢迎的项目，这对弘扬中华优秀传统文化起到了很好的作用。中国人千百年在端午节期间防疫防病、驱邪求福的观念没有变，制作香囊的手艺因此被完美地保存了下来，而且越做越好，一起动手制作一款自己喜爱的香囊吧！

教师介绍需要用到的材料，重点介绍所放香料：香囊内多放雄黄、艾叶等中草药香料，用其他纯香料的香囊也不少。

第一步：先将布料反面对折，用针线缝好底部的边缘。

第二步：用挂绳串好木珠（旋转更易穿孔），穿过刚才缝好的布料中间，将另外一条边缝好。

第三步：打好结剪断线后将香包的布袋翻过来，调整好木珠。

第四步：装好中草药。

第五步：再对折成三角包，将底边布边向内折，用藏针手法缝起来收好边，一个好看的香包就做好了。

教师示范，居民分组自主实践。

（四）展示交流　提炼美

香囊的种类繁多，寓意丰富，香囊文化传承已久，在其材料类型、制作工艺、美学特征上都能发现中国传统文化思想的痕迹。作为极小的艺术门类，它凭借鲜明的艺术特色被世人钟爱。形形色色的香囊，注入了人们真挚的情感和美好的寄托，所以它需要我们给予更多的关注，不仅关注传承，还应该从材料到制作工艺都加以保护和发扬，使中国传统文化的理念在现代的生活中得到更多呈现。

师生开展多元评价，居民交流心得，展示作品。（图4-4）

图4-4　节日文化美——端午香囊作品实践

（五）巩固延伸　拓展美

端午节互赠香袋的习俗源远流长，小小的香囊，用真心与真情绣制而成，其所凝聚的是一片深情，更寄托着对现在与将来的憧憬和祝福。香囊之美，在其形，在其绣，在其纹，在其色。

按照端午的传统文化内涵，设计出五款形象独特的香囊。五福香囊，琉璃珠和吊穗配色按中国传统五色来设计，可缀于腰间，随着步伐轻轻摇摆。五色的织锦，描绘着对幸福与美好的祈愿。无论是窈窕淑女、翩翩君子，还是白头老妪、垂髫小孩，都能找到合宜的香囊。香囊按照传统荷包两片布料缝合的方式制作，可变换出各种繁杂样式，每款香囊都有其独特寓意，每款香囊都展现着中国端午节日的传统内涵，每个细节都可体现中华传统文化之美。

### 五、任务评价

请在符合自己实际情况的框格内打"√"，数字越大代表符合程度越高。

| 评价维度 | 评价内容 | 自评等级 | | | | |
| --- | --- | --- | --- | --- | --- | --- |
| | | 1 | 2 | 3 | 4 | 5 |
| 学习主动性 | 能主动开展知识学习，积极参与课堂实践 | | | | | |
| 理解能力 | 掌握香囊文化的历史演变、内涵价值等 | | | | | |
| 实践能力 | 学会香囊的制作工艺，并能够将所学知识进行有意义运用 | | | | | |
| 拓展能力 | 能收集和整理相关信息，不断拓展知识 | | | | | |
| 审美能力 | 能够感受美、欣赏美、创造美，感受到多种美的形式，提升了审美境界 | | | | | |

## 第四节　汉字文化美

### 任务：墨趣书法

书法艺术是中华民族的文化瑰宝。书法是在写字的基础上，经过艺术沉淀和提升形成的一种独特的汉字艺术形式。书法家在运用书写技法的基础上抒情达意，书写时融入自己的情感与学识涵养，在字的用笔、结体、章法等外在形式之上，流露出内在的意趣、气韵，给人以流动、和谐、自然的艺术美感。

书法艺术历史悠久，内涵丰富，博大精深，人们在书法中可以得到审美的享受、思想的启迪、心灵的静谧。中国人把汉字书写升华为艺术，这在世界上是独一无二的。

## 一、任务描述

汉字是中华民族独特智慧的体现，汉字书写是专门的艺术，它将实用书写赋予技法规范和审美内涵，是实用价值与艺术价值相结合的产物。书法艺术利用汉字形式来表现丰富多变的审美意趣，体现了中华民族特有的审美习惯，侧面反映了中华民族几千年的文明史。书法在技巧原则上的严格性和情感表现上的丰富性，是中国传统艺术精神的体现。本节将引导社区居民学习汉字的起源、汉字的发展演变史、汉字的造字方法，了解书法在传统文化中的地位，学会结合书法不同的书体（楷书、行书、隶书），学会"美"字的书写。

## 二、任务目标

① 了解、熟悉汉字起源和书法产生的过程，以及书法在中国传统文化中的地位。

② 通过体验、讲述和探究性学习，激发居民的学习兴趣。通过书写实践增强对书法的认识。

③ 明白书法是中华文化独有的现象，从而增强民族自豪感，加深爱国情结，并逐步形成热爱书法艺术、正确对待传统文化的审美态度。

## 三、任务准备

多媒体课件、书法作品、毛笔、练习纸、墨、毛毡等。

## 四、任务学习

（一）情境设置　导入美

欣赏书法作品《兰亭序》，居民谈感受并讨论文字对我们生活的影响，体验文字的艺术魅力。

教师引导居民得出结论：文字作为信息表达的基本元素，每时每刻、无处不在地影响着我们的生活。

可插入游戏环节，让居民观察图片，猜猜图中文字表示什么意思。

（二）平等对话　探寻美

1. 汉字的起源

（1）结绳说

原始社会，均分食物，我们的祖先最先用绳结的多少和大小记录信息。

（2）图画说

图画可以看作象形文字的最初形式。

（3）仓颉造字说

从历史唯物主义的角度看，经过人民长期摸索、反复试用、逐渐完善起来的约定俗成的汉字体系，绝不会是以一人之力能创造出来的，仓颉就是他们的杰出代表。

2. 汉字的发展演变史

汉字是目前世界上唯一传承至今的古老文字，为传播和传承华夏文明做出了特别重要的贡献。在汉字产生至今的漫漫历史长河中，其笔画、字体也在不断演变，并由此产生了不同意境和气韵的汉字书法作品，为世人所景仰和膜拜。

（1）甲骨文

殷商后期的甲骨文被普遍认为是汉字的第一种形式，其象形程度高且一字多体，笔画不定。

（2）金文

金文指刻于青铜器上的文字，也叫钟鼎文，盛行于西周。与甲骨文相比，金文更加形象，生动逼真，浑厚自然。

（3）小篆

秦始皇统一六国后实行"书同文，车同轨"等政策，并命丞相李斯在秦国原来通行的大篆基础上进一步简化汉字，并取消其他六国的异体字，统一全国的汉字形式，大篆简化后的字体就是小篆。

（4）隶书

隶书分秦隶（古隶）和汉隶（今隶），汉隶相传为秦末程邈化繁为简而作，改变了汉字的字形和笔画，使其更易于书写，成为古今汉字的分水岭，也为后来发展出来的楷书、草书、行书奠定了基础。

（5）草书

草书起始于汉代，早期可以被称为"草率的隶书"，即为了赶时间而草草写下的汉字，后来随着时间的推移，逐渐发展成为新的书法艺术风格。

（6）楷书

楷书字形方正，横平竖直，非常规范，可为楷模，故名"楷"。萌芽于汉朝，唐代达到鼎盛，我们耳熟能详的"柳体""颜体"等都是唐代楷书书法的代表。千百年来，楷书一直是汉字的标准字，其后的宋体、黑体等都属于楷书。

（7）行书

行书是介于楷书和草书之间的一种字体，既弥补了楷书写字慢的缺点，又补足了草书难辨认的缺点，成为广受人们喜爱的字体之一。行书书法的代表人物有王羲之、王献之父子。

3. 汉字的创造

汉字起源于象形文字，至今仍然保留了象形文字的特点。汉字的造字法有六种：象形、指事、会意、形声、转注、假借。许慎在《说文解字·叙》中对象形、指事、会意、形声、转注、假借有这样的解释：

象形者，画成其物，随体诘诎，日、月是也；

指事者，视而可识，察而见意，上、下是也；

会意者，比类合谊，以见指㧑，武、信是也；

形声者，以事为名，取譬相成，江、河是也；

转注者，建类一首，同意相受，考、老是也；

假借者，本无其字，依声托事，令、长是也。

这里对象形、指事、会意、形声逐一展开介绍。

（1）象形

象形是一种取物之外形的造字方法，指通过描绘客观事物的形态来表达字义。"象形"被称为"六书之首"，是最古老、最原始的造字方法。这种造字法简单，但客观事物多而复杂，有些难以用象形描绘，所以这种造字法存在很大的局限性。

（2）指事

指事是一种抽象的造字法，当没有或不方便用具体形象画出来时，就用一种抽象的符号来表示。大多数指事字是在象形字的基础上添加、减少笔画或符号。如"小"字，用三点来表示细小的事物。

（3）会意

会意是一种由两个独体字的形式和意义组合起来合成一个字的造字方法。如"信"是"人"和"言"的组合，"明"是"日"和"月"的组合。

（4）形声

形声指通过形旁（又叫形符）和声旁（又叫声符）来表达字义。例：

姐：女表意，且表声，姐姐。

架：木表意，加表声，木制的放置物品的用具。

躲：身表意，朵表声，表示把身子藏起来。

悟：心表意，吾表声，心中明白。

4. 汉字的发展与书法艺术的关系

汉字的发展为书法的发展提供了条件和表现的空间，汉字书法的价值包括实用价值和审美价值两个方面。实用价值体现在甲骨、青铜、石碑、书籍、公文、佛经、书信、手稿等的功用上；审美价值体现在其书写技巧、审美意趣、装裱形式上。

5. 书法在传统文化中的地位

在中国的传统文化中，书法艺术占有十分重要的位置，与文学、绘画、戏剧、音乐等艺术门类不同，书法是中华文化独有的现象。世界各民族虽然都有自己的文字，但只有中国的汉字能够从实用书写发展成一门独立的艺术形式。具体而言：

① 书法代表了中华民族艺术的核心精华。

② 书法已成为中外文化交流的重要内容。

③ 书法是创作者审美趣味的重要体现，为世界艺术增添了光辉的一页。

④ 汉字本身就蕴含了中国文化，体现了人民的智慧。

（三）探究实践　体会美

了解了汉字的起源与发展史，我们不禁为世界上唯一传承至今的古老文字——汉字而感到骄傲和自豪，作为古今文字分水岭的汉隶和传承一千多年仍然被人广泛使用的楷书更是书法艺术中的璀璨明珠，值得我们认真鉴赏、学习、临摹。书法是使用特定的工具材料（文房四宝：笔、墨、纸、砚）通过对汉字进行创造性书写、艺术化加工来表现作者抽象审美意趣的一门艺术形式。

在实践环节，教授居民用楷书、行书、隶书三种书体书写"社区美育"一词中的"美"字，横平竖直，从上到下，从左到右，先里边后外边。要求书写标准、规范、美观、大方，讲求整体的秩序美。

1. 楷书书写要领

第一笔是点，暗挑点有点笔意即可，第二笔与第一笔相互呼应，三横画间距基本相等，撇画起笔不在横画中间，而是略靠左，捺画起笔从轻到重，最后书写点和小短撇，其笔势与撇、捺基本平行。整个字要稍显平高，撇、捺要舒展。

2. 行书书写要领

两点笔断意连，顺势书写横画，由细到粗，两横注意间距，撇画左下行笔，笔尖上绕书写捺画，连接最后两个笔画点和撇，收笔快速出尖。

3. 隶书书写要领

两点先写，要短小，下笔要略轻，横笔要细，不要太长，撇在横画中间向下，垂直过横后，向左伸长，捺笔相对要直向右下方伸展，一个直和一个弯形成对比，最后两点有收有放，笔画特点是藏锋起笔、藏锋收笔。

（四）展示交流　提炼美

居民练习用三种书体书写社区美育的"美"字，师生开展多元评价，居民交流心得，展示作品。（图4-5）

图4-5　汉字文化美——"美"的墨趣书法实践

（五）巩固延伸　拓展美

1. 苏轼《前赤壁赋》《后赤壁赋》

北宋大文豪苏轼写过两篇《赤壁赋》，后人称之为《前赤壁赋》和《后赤壁赋》，它们都是中国古代文学史上的名篇，同时也是著名的书法作品。苏轼被贬为黄州（今湖北黄冈）团练副使后，两次游览黄州附近的赤壁，写下了这两篇赋。《前赤壁赋》和《后赤壁赋》反映了苏轼这一时期的思想情感。

2. 颜真卿《祭侄文稿》

颜真卿书法墨迹《祭侄文稿》，全名为《祭侄赠赞善大夫季明文》。原作纸本，纵28.8厘米，横75.5厘米，共234字。现藏台北故宫博物院。因为此稿是颜真卿在极度悲愤的情绪下书写的，顾不得笔墨的工拙，故字随书家情绪起伏，纯粹是思想感情和平时功力的自然流露，这在整个书法史上都是不多见的，故被誉为"天下第二草书"，《祭侄文稿》是极具史料价值和艺术价值的书法作品，至为宝贵。

3. 米芾《蜀素帖》

《蜀素帖》是北宋书法家米芾的墨宝，写于北宋哲宗元祐三年（1088年），以行书写成，今藏于故宫博物院。《蜀素帖》纵27.8厘米，横270.8厘米。"蜀素"指的是四川织造的名贵绢，卷上的乌丝栏也是织出来的，可见是专供书写用的。此帖被后人誉为"中华第一美帖"，是天下十大行书名作之一。

书法，是中国5 000年的文化积淀，它创造了双重奇迹，既传承了华夏民族5 000年的文明，又创造了东方独有的书法艺术。中国书法无处不在，它已经融进国人的生活，成为中国人特有的文化情结。中国书法不仅属于中国，也属于世界，是世界宝贵文化遗产的一部分，它的传播使整个地球都飘洒出中国墨香！

五、任务评价

请在符合自己实际情况的框格内打"√"，数字越大代表符合程度越高。

| 评价维度 | 评价内容 | 自评等级 | | | | |
|---|---|---|---|---|---|---|
| | | 1 | 2 | 3 | 4 | 5 |
| 学习主动性 | 能主动开展知识学习，积极参与课堂实践 | | | | | |
| 理解能力 | 掌握汉字的起源、汉字发展历史、汉字与书法艺术的关系等 | | | | | |
| 实践能力 | 结合书法不同的书体（楷书、行书、隶书），完成"美"字的书写，并能够将所学知识进行有意义的运用 | | | | | |
| 拓展能力 | 能收集和整理相关信息，不断拓展知识 | | | | | |
| 审美能力 | 能够感受美、欣赏美、创造美，感受多种美的形式，提升审美境界 | | | | | |

# 第五节 生肖文化美

## 任务：牛文化

十二生肖文化，是从我国漫漫历史长河中沉淀下来的极为优秀的非物质文化遗产，毋庸置疑，它在我国历史文化中占据了极为重要的地位，为我国优秀的历史文化添上了浓墨重彩的一个篇章，它也影响着千家万户的日常生产实践活动。

### 一、任务描述

生肖文化是中华民族丰富的想象力、独具匠心的创造力和无限智慧的结晶，在面临外来文化的冲击和渗透时，将生肖文化与现代设计手法相结合，创造出有特色、吸引人、有意义的动物形象，可以为中国优秀民俗文化的继承、传播和延续增添新的活力。本节将带领社区居民一起了解生肖文化的由来、生肖文化的意蕴、生肖文化的影响，并设计制作一款"牛转乾坤"钥匙包。

### 二、任务目标

① 了解生肖文化的由来、生肖文化的意蕴，以及生肖文化的影响。

② 掌握十二生肖的十二种动物与十二时辰的内在联系。

③ 学会"牛转乾坤"钥匙包的制作工艺，能够进行生肖元素作品的指尖创作。

### 三、任务准备

"牛转乾坤"钥匙包材料包（无纺布、纽扣、挂绳）、钥匙包成品、剪刀等制作工具、熨斗等熨烫工具、PPT等教学资源。

### 四、任务学习

（一）情境设置 导入美

十二生肖是中华民族非物质文化中的瑰宝，是中国优秀的民俗文化，在我国历史文化中的地位可谓是根深蒂固，从古至今对于人们生活的方方面面都影响深远。但是，受到外国十二星座文化的冲击，不少年轻人已经遗忘了我们自己的十二生肖文化。作为中华儿女的我们有义务也有责任把生肖文化传承下去，并且赋予其新的生命活力，注入新的时代内涵。

我们应该在把握生肖文化的精髓后，对十二生肖形象进行再设计和再创造，以实用为前提，以艺术为导向，以实际行动投入中国生肖文化的继承与发展中，提升人们对于生肖文化的认同感和归属感。历史文化内涵丰富的生肖文化与现代设计手段的结合，一定能够创造出人们乐于接受和乐于传承的新事物。

(二) 平等对话　探寻美

1. 生肖文化的由来

关于十二生肖的起源，并没有一个准确的时间，还有待学者考证探究。根据现有的资料和文献可以做出一些初步判断，生肖文化在汉代的时候才基本形成，因为当时的社会生产力非常低下，人们不能科学地认识世界，对很多事情无法做出有理有据的科学解释，出于本能的反应，人们就会对社会生活中遇到的令他们恐惧、害怕的动物，如蛇、虎等产生敬畏之心，而对于日常生活中的牲畜，如猪、狗、牛、鸡等产生一种生存依赖感。在古代，由于没有大机器来进行生产劳动，也没有充足的肉食来果腹，鸡、马、牛、羊、猪、狗组成的"六畜"就成为人们珍惜和喜爱的动物。由此，多方面的因素共同孕育出了生肖文化。

关于十二生肖的由来众说纷纭，至今也没有一个定论。据史料记载，最早以动物来纪年的是我国古代西北部的游牧民族，这种纪年法直至今日都还在使用。常峻在《中国生肖文化》里提出，中国十二生肖是图腾崇拜与古历法十月历相交融、组合产生的。他还说："十二生肖源于远古先民的十二兽纪历法，这种纪历法又与原始动物图腾崇拜分不开。"他的说法有一定的道理，十二生肖的动物在古时候非常有可能是拿来纪历的。

据史料记载，还有一种关于生肖的说法是，生肖最初其实是用来记录时间的，古代社会生产力落后，人们时常分不清时辰，生活混乱，因此出现了记时的说法。聪明的古代天文学家把一昼夜平均分为十二个时辰（一个时辰等于两个小时），并根据身边的动物习性和生活习惯来分辨时辰且一一对应。这样既有利于记忆，又有利于人们方便简洁地分辨时辰，更能方便人们依靠动物的生物钟来安排自己的农耕作息时间，十二生肖中的十二种动物能够完整反映出一昼夜十二时辰的时态变化。具体如下。

(1) 子

夜里十一点至一点，即"子时"。子时为阴极，象征幽潜隐晦，老鼠的特征是隐匿，最喜欢藏于阴暗狭小的空间内，等到子时的时候才出来寻觅食物，所以"子"同鼠搭配，称为"子鼠"。

(2) 丑

夜里一点至三点，即"丑时"。丑属阴，牛喜欢在夜间吃草，古时候喂养牛的农户就经常在深夜挑灯喂牛，而在丑时牛已经吃足了草料，为耕田犁地做好充足的准备，所以"丑"同牛搭配，称为"丑牛"。

(3) 寅

夜里三点至五点，即"寅时"。寅为三阳，阳盛则暴。老虎经常在这个时候出没活动，它在这个时候最为凶猛，所以"寅"同虎搭配，称为"寅虎"。

(4) 卯

早晨五点至七点，即"卯时"。清晨五点之后，虽然已经到了清晨，但是月亮的光辉还映照着大地，天没有完全亮明。兔子会选择在这个时间段出窝觅食，因为这个时候的青草是带有晨露的，所以"卯"同兔搭配，称为"卯兔"。

(5) 辰

上午七点至九点，即"辰时"。龙是十二生肖中唯一虚构出来的动物，人们希望龙能保护他们，为他们带来吉祥安康。据说早晨七点至九点的时候，龙就会腾云驾雾来到人间，为大地喷洒雨水，以此来滋润万物，所以"辰"同龙搭配，称为"辰龙"。

(6) 巳

上午九点至十一点，即"巳时"。这个时间段是太阳出来、云雾散开的时间，云雾一经散开，天空即艳阳高照，大地慢慢回温，而蛇又是一种体温不恒定的物种，所以它会在这个时间点从隐蔽的草丛里爬出来晒太阳来提高自己的体温，所以"巳"同蛇搭配，称为"巳蛇"。

(7) 午

中午十一点至下午一点，即"午时"。这个时间点的太阳最大，在人们的认识里，马的性格就像烈日一样的火烈，具有一定伤害性和攻击性，马在此时间段也最为活跃，所以"午"同马搭配，称为"午马"。

(8) 未

下午一点至三点，即"未时"。此时间段里，烈日像火一样炙烤着大地，草上的露珠都被晒干，最适合羊群去吃，而此时气温也正好满足草的生长需求，所以"未"同羊搭配，称为"未羊"。

(9) 申

下午三点至五点,即"申时"。申为三阴,下午三点至五点的时候,太阳已渐渐西沉,气温慢慢降低,正适合猴群出来觅食、玩耍。而且猴子在玩耍的时候非常喜欢啼叫,声音也极为洪亮,所以"申"同猴搭配,称为"申猴"。

(10) 酉

下午五点至七点,即"酉时"。随着太阳渐渐落山,鸡开始返回自己的鸡窝睡觉,如果鸡还没有回到鸡窝,农夫就会赶鸡归巢,同一时间段重复做同一件事,就自然而然能分辨什么时候是酉时,所以"酉"同鸡搭配,称为"酉鸡"。

(11) 戌

晚上七点至九点,即"戌时"。此时的天已经渐渐黑了,由于狗的眼睛和耳朵的灵敏度都要高于人类,这个时候它们就会提高警惕,为主人家看门,以防止陌生人进入家中,所以"戌"同狗搭配,称为"戌狗"。

(12) 亥

夜里九点至十一点,即"亥时"。这个时间段,人和家禽都已经进入甜甜的梦乡,万物都安静了下来,这时候,猪也进入了深度睡眠中,同时还发出了洪亮的打鼾声,这个时候正是猪长得最快的时候,所以"亥"同猪搭配,称为"亥猪"。

总而言之,十二生肖的来源与十二时辰的排列顺序有着非常深的历史渊源,十二生肖不论是用来纪年还是用来记时,都已融入人们的日常生产生活。它诞生与发展的道路一定是复杂而曲折的,是经过漫长的岁月不断地更迭才逐渐完善并流传至今的。

2. 生肖文化的意蕴

十二生肖是一种独具特色的民俗文化,是人们智慧的结晶。一方面它是人们的精神寄托。由于不能正确地了解和认识世界,人们就对除自身以外的生物产生了崇拜之情,例如,把生肖应用在婚配嫁娶等事件上,希望夫妻能够琴瑟和鸣、生活美满。它是一个地域的文化风貌和一个国家的民俗代表之一。至今我们都有本命年之说,每十二年为一轮,每到本命年的时候,依照风俗习惯,我们都要穿上红色的衣服,戴上红色的手链和红色的头绳,寓意新的一年红红火火、平平安安、一帆风顺。另一方面,人们希望自身能够拥有或者说具备动物的某种特殊技能,如飞翔、疾跑等。东

汉王充在《论衡》中写道："以齿牙顿利，筋力优劣，动作巧便，气势勇桀。"可见，人类想把动物的特殊技能运用到自己的生活中，为自己的生活带来便利，如狗用来看门，牛用来耕地，马用来骑乘，猪羊用来食用，等等。或者说，想要获取十二生肖的"超"能力，也是人们的一种精神需求。

3. 生肖文化的影响

生肖文化不仅是一种在中国广为流传的民俗文化，而且对世界其他国家的影响也非常深远，可以说生肖文化既是中国的也是世界的。其他三大文明古国古巴比伦、古印度、古埃及，以及其他一些国家，如日本、越南、泰国、俄罗斯等，都有着自己的生肖文化。

十二生肖中的动物从古时候开始就是人们心中的神兽，其作为历史悠久的民俗文化，早已深入人心，我们祖先在它们身上寄寓了最殷切的期盼和最朴实的愿望。十二生肖在传承与发展的过程中，以诗歌、绘画、春联、剪纸、工艺品等各种的艺术形式留传。生肖文化是一个穿越历史长河的文化符号，它是一个民族的精神寄托，体现了东方大国的生活方式，承载着我们中华儿女的美好愿景，是我们中华民族的智慧结晶，这种文化已经融入十几亿中国人民的生活和理想信念之中，是我们终生不能更改的标记，也是时代留下的烙印；是我国弥足珍贵的历史文化资源，也是中华民族文化屹立于世界文化之林的特有标志。

（三）探究实践　体验美

制作一件饱含真挚祝愿与美好寓意的生肖礼物，在过年的时候送给亲友，是一件很有意义的事。师生共同用无纺布制作"牛转乾坤"钥匙包。

1. 牛年说牛

牛勤劳、忠诚、任劳任怨、踏实肯干。在原始社会，人类的动物信仰与图腾信仰中就包括了牛。传说上古时期的部落首领神农氏炎帝是牛首人身，他亲尝百草用以治病，还发明农业生产技术与工具，是华夏民族农业与医药的鼻祖。

（1）传说牛

在中国的十二生肖之中牛排名第二，这一排位也被演绎出很多有趣的故事。其中比较为人熟知的是这样一个典故：天地未开之时，混沌一片，鼠于夜半之际出来活动，将天地间的混沌状态咬出缝隙，"鼠咬天开"，所以子时属鼠。天开之后，接着要辟地，"地辟于丑"，牛耕田，是辟地之物,所以丑属牛。

(2) 艺术牛

齐白石的《柳牛图》创作于1929年,表现了牛侧头的那一瞬间。整个画面似动非动,极为高明。《春牛图》是中国古时一种用来预知当年天气、降雨量、干支、五行、农作收成等资料的图鉴。在杨柳青年画中,《春牛图》是经典作品之一,表现了人们对丰收的期望、对幸福的憧憬及对风调雨顺的祈求,也是中国民间最常见的吉祥图案之一。

(3) 钱币牛

牛代表着人们对勤劳致富、安稳丰实生活的憧憬与向往。也正因如此,在第一套人民币上,我们经常能见到牛的身影:或耕牛,或水牛;或埋首耕耘,或悠闲吃草。

(4) 文字牛

从甲骨文到金文再到楷书,牛的字形不断演变,而三角牛头和牛尾一直都是基本元素,让"牛"字极具辨识度。

(5) 诗句牛

清代袁枚的五言绝句《所见》"牧童骑黄牛,歌声振林樾。意欲捕鸣蝉,忽然闭口立",描绘了一幅林中牧童一派天真快乐的画面,表达了作者对田园风光的喜爱之情。现代文学家鲁迅《自嘲》中的"横眉冷对千夫指,俯首甘为孺子牛"则是说要怒目面对那些千夫所指的人,甘愿俯下身体为老百姓做孺子牛,表现了作者无产阶级的价值观。

(6) 军事牛

牛的功绩并不仅限于耕田辟地,牛在交通、食用、艺术甚至军事上都得到广泛运用。在军事上,相传战国齐将田单曾发明"火牛阵"战术,在齐燕交战之时在千余头牛的角上缚以兵刃,尾上缚苇,并灌油点燃,牛冲向燕军,齐军因此大败燕军,连克70余城。在交通上,早在3 000多年前的商代,王亥就发明了牛车;在晋代,牛车成为主要的交通工具和运输工具。

2. 牛年做牛

在教师的指导下用无纺布进行"牛转乾坤"钥匙包的制作。用胶水将材料包中的零部件粘牢,五官位置一一对应,用针线将牛的眼睛缝合牢固,正面完成后用平针法将正反面缝合,穿上木珠和钥匙扣完成作品的制作。

## （四）展示交流　提炼美

早在原始时代，人类的动物信仰和图腾信仰中就包括了牛。中国古代典籍《山海经》中出现了人面牛身的神灵形象。牛是任劳任怨和持久耐劳的动物，毫无抱怨地低着头耕田拉车，不用鞭策，它也能够自己勤奋劳作。牛是六畜中最为勤劳的角色之一，跟随主人"日出而作，日落而息"，在古代是人们最重要的生产力之一。

人们对于生肖牛的描述有正直淳朴、憨厚老实、任劳任怨、沉稳坚毅、勤劳朴实等。牛是辟地之物，所以人们对于牛有一种崇敬之情。在古代，牛是家庭里面的重要生产力，人们宁肯自己饿肚子也要让牛吃饱，这就足以说明牛是多么的重要。时至今日，用牛耕地的农作方式仍未绝迹，特别是在偏远的山区，由此可见，牛至今都没有完全脱离农事。

师生开展多元评价，居民交流心得，展示作品。（图4-6）

图4-6　生肖文化美——"牛转乾坤"钥匙包的作品实践

## （五）巩固延伸　拓展美

中国有上下5 000年的历史，漫漫长河中诞生了非常多的优秀传统文化，它们是千千万万中华儿女智慧与文明的结晶，是我们安居乐业的重要精神支柱。这些传统文化代表着一个民族的精神面貌和人文风俗，也是一个民族在文化、情感、精神、历史等方面的重要表现，生肖文化无疑是中华民族历史文化宝库中一块闪闪发亮的瑰宝。

十二生肖与人们的日常生活联系最为密切，它影响着人们的思想、生活、生产等。在我国古代，人们喜欢把有关生肖文化的物件摆放在家中，或随身携带，以此来祈求生活的幸福与安康。但随着社会的发展，文化在不断演变，再加上受到外来文化的冲击，中国生肖文化渐渐被一些人遗忘，并淡出了人们的生活。

我们可以以十二生肖为主题进行插画设计，立足生肖视觉形象的时代性、创新性、趣味性，设计出具有现代审美和文化价值的原创作品，为生肖文化注入新鲜的血液，融入新时代的文化力量，从而发扬生肖文化的独特精髓，实现传统文化的现代化转型，以提升生肖文化的知名度，唤醒人们内心深处的民族自豪感，实现中国生肖文化的传承与发展。

五、任务评价

请在符合自己实际情况的框格内打"√"，数字越大代表符合程度越高。

| 评价维度 | 评价内容 | 自评等级 | | | | |
|---|---|---|---|---|---|---|
| | | 1 | 2 | 3 | 4 | 5 |
| 学习主动性 | 能主动开展知识学习，积极参与课堂实践 | | | | | |
| 理解能力 | 掌握了解生肖文化的由来、生肖文化的意蕴、生肖文化的影响等 | | | | | |
| 实践能力 | 学会"牛转乾坤"钥匙包的制作工艺，并能够将所学知识有意义地运用 | | | | | |
| 拓展能力 | 能收集和整理相关信息，不断拓展知识 | | | | | |
| 审美能力 | 能够感受美、欣赏美、创造美，感受多种美的形式，提升审美境界 | | | | | |

# 【结论与启示】

中国传统文化是我们文化自信的根源，中国传统文化重道德、讲修养，兼容并蓄、和而不同，是中华文明强大包容力及顽强生命力的集中体现。优秀传统文化凝聚着中华民族自强不息的精神追求，是历久弥新的精神财富，是发展社会主义先进文化的深厚基础，是建设中华民族共有精神家园的重要支撑。

优秀文化的特质突出表现为守正创新的辩证基因、超越时代的永恒魅力和多元包容的综合禀赋，值得继承、礼敬、推广，不断发扬光大。本章节以任务的形式，传授优秀传统文化相关知识，辅以配套的拼布、泥塑、折纸、手缝、书法等技能实践，达到育人的目标，培养社区居民正确的审美理念和健康的审美情趣，树立马克思主义审美观，充分发挥美育在社区

文化建设中的有益价值与作用。

中华传统文化源远流长、博大精深，中华民族形成和发展过程中产生的各种思想文化，记载了中华民族在长期奋斗中开展的精神活动、进行的理性思维、创造的文化成果，反映了中华民族的精神追求，其中最核心的内容已经成为中华民族最基本的文化基因，对我国社会美育建设有着不可替代的作用。指尖上的传统文化内容丰富，远远不止本章节所列出的部分。比如中国传统纹样，它也是中华民族璀璨的文化艺术之一，是我们研究民族美学、民族发展史、民风民俗极有价值的依据，如宝箱花纹绚烂丰满、八达晕纹繁复纤巧、如意纹敦厚严谨、花鸟纹烂漫自然，每一种纹样背后都有着独特的文化故事，值得国人去研究和传承，它在融入社区教育课程时，既可以通过刺绣、绘画等形式去体验和表达，通过群体互相影响，促进纹样结构、色彩搭配的发展，又可以让社区居民感受中华传统文化的无穷魅力。

## 参考文献

[1] 中国文化名著（篇）20种 [J]. 华夏文化，1995（5）：65，15.

[2] 王健. 四大名著作为校本课程资源的开发和利用 [D]. 福州：福建师范大学，2005.

[3] 白冰. 中国传统文化艺术在社区美育中的发展策略 [J]. 中国成人教育，2015（12）：57-58.

[4] 张瑜. 中华优秀传统文化融入大学生思想道德教育研究 [D]. 武汉：武汉大学，2019.

[5] 李广进. 香囊 [J]. 军事文摘，2020（12）：52-55.

[6] 郝飞雪. 略说民俗文物香囊 [J]. 黄河·黄土·黄种人，2020（18）：54-55.

[7] 熊勇琳. 初中"名著导读"教学研究 [D]. 郑州：河南大学，2020.

[8] 王一淇. 关于构建我国大学名著阅读课程的研究：以赫钦斯和南京大学的探索为例 [D]. 沈阳：沈阳师范大学，2021.

[9] 中国纺织服装教育学会. 拼布艺术设计 [M]. 北京：中国纺织出版社，2022.

[10] 惠晓艳. 十二生肖在插画中的视觉形象设计与应用研究 [D].

重庆：重庆工商大学，2022.

[11] 吴紫晶. 四大名著中典型"人物审美形象"教学研究 [D]. 北京：中央民族大学，2022.

[12] 刘育红，田辉. 百衲千补 女红情深 解码"拼布成衣"技艺里的中华传统美德 [J]. 中国民族，2023（1）：58-63.

[13] 周馨怡. 云南少数民族拼布艺术研究 [J]. 工业设计，2023（1）：125-127.

## 第五章

## 指尖上的非遗文化

中国是历史悠久的文明古国，有着博大精深的中华传统文化，而以活态形式传承至今的非物质文化遗产在其中占据了重要的位置，它们既是中华民族的文化基因，也是民族生命力和创造力的重要体现。在中国历史上，非物质文化遗产是活态的，一直处在生生不息的变化之中，科技的发展为非物质文化遗产的创新发展提供了有利条件。

本章节采用任务式教学法，从民间文学美、民间美术美、传统技艺美、传统武术美四个方面将中华非遗文化中最具价值的文化资源提炼出来，结合文创的形式传授给社区居民，使祖先留下的这些文化遗产在当今再展风采、彰显价值，同时也有助于提高国家文化软实力、弘扬中华民族价值观、保护本土文化独特性。

# 第一节　民间文学美

## 任务：国风人物插画设计

民间文学类非物质文化遗产在非遗家族中占有重要地位。截至 2018 年，国务院共公布了四批国家级非物质文化遗产名录，民间文学类非物质文化遗产项目分别为 31 项、53 项、41 项和 30 项，分别占当年公布的国家级非物质文化遗产项目数量的 5.98%、10.39%、21.46%、19.60%。从总的数量来看，截至 2021 年 6 月 30 日，民间文学类非物质文化遗产共 251 项，在全国 3 610 项国家级代表性非遗项目中占比近 7%，民间文学类非遗的地位和受重视程度可见一斑。尽管如此，与其他非遗项目相比，民间文学类非遗的保护与传承情况并不乐观。

### 一、任务描述

民间文学是传统文化体系的重要组成部分，具有来自民间、影响民俗、历史悠久等特点，是宝贵的本土民间艺术和非物质文化遗产的代表，同时也承载着人民群众的记忆与智慧。本节将引导社区居民一起了解四大民间传说的文本内容、重要价值，掌握文学的美学特征，并提炼民间文学的艺术元素进行插画设计。

### 二、任务目标

① 了解国家级非物质文化遗产代表性项目中四大民间传说的文本内容、重要价值。

② 掌握文学的美学特征。

③ 能够提炼民间文学的艺术元素进行插画设计。

### 三、任务准备

图片、PPT 等教学资源。

### 四、任务学习

（一）情境设置　导入美

地方感是存在于人类文化记忆中的重要主题，地域认同和地域依恋都是地方感的基本内容，它能增强人们对地方的情感体验，也是家乡认同的基础。民间文学类非物质文化遗产作为极具地方感的文化存在，是构建区域文化记忆的重要载体，其内容涵盖民间传说、民间故事、神话、民歌、

以及民间谜语、笑话和谚语等。

民间文学类非物质文化遗产主要以语言的形式进行传播，具有典型的口头性和明显的传播性。2003年10月，联合国教科文组织第三十二届大会上通过的《保护非物质文化遗产公约》把人类非物质文化遗产划分为五大类，其中列为首类的即口头传说和表述。但随着我国城市化的快速推进，城乡居民的生活方式均发生了巨大变化，人们围在一起听老人讲故事的生活情景几乎不复存在，当下会生动讲述传说的民间故事家少之又少，计算机和互联网，尤其是智能手机的普及则几乎颠覆了传统交际方式和大众审美情趣，极大地改变了人们获取信息的内容与手段，这些均十分不利于以口头传播和当面交际为基本生存方式的民间文学类非物质文化遗产的生存。

(二) 平等对话　探寻美

中国是个历史悠久的国家，在民间蕴藏着极为丰富的民族文化遗产，最具有中国特色的是著名的《牛郎织女》《孟姜女哭长城》《梁山伯与祝英台》《白蛇传》四大民间爱情传说，它们是民间文学的经典代表。

1. 白蛇传传说（2006年第一批国家级非物质文化遗产）

浙江省杭州市白蛇传传说是我国民间文学中的一颗璀璨明珠，所塑造的白娘子、许仙、法海和小青等人物形象，表达了广大人民对人性解放的渴望，是中华民族宝贵的精神文化遗产。传说中所保留的大量古代传统习俗，使白蛇传成为我国民俗文化信息最为丰富的口头遗产之一。

白蛇传传说肇始于唐五代时期，基本成型于南宋，到元代已被文人编成杂剧和话本。明代冯梦龙编纂的拟话本《白娘子永镇雷峰塔》是该传说最早的较为完整的文本。明清至现当代，民间的口头文学与各类俗文艺的改编、搬演相互渗透、相互融合，使白蛇传最终成为故事、歌谣、宝卷、小说、演义、戏曲、弹词，以及电影、电视、动漫、舞蹈、连环画等各种文艺形式的经典题材，其影响不断扩大，最终流布全国，家喻户晓，并远播日本、朝鲜、越南、印度等许多国家。

白蛇传极大地丰富了中国民间文艺的宝库。它故事奇崛，人物生动丰满，其中的白娘子是中国艺术长廊中一个重要的典型形象。传说所反映出的南宋以来不同时期的主要社会思想、信仰与价值观及民族深层心理，有重要的历史价值。白蛇传中的民风民俗内容也极其丰富，对了解江南的风土人情有重要的参考价值。而对于这一传说主要的发生地杭州而言，白蛇传与断桥、雷峰塔及西湖等自然和文化景观形成了密不可分的关系，并使杭州具有了更为丰厚的文化内涵。

2. 梁祝传说（2006年第一批国家级非物质文化遗产）

梁山伯与祝英台传说是我国四大民间爱情传说之一，是中华文化的瑰宝。千百年来，它以提倡求知、崇尚爱情、歌颂生命生生不息的鲜明主题深深打动着人们的心灵，并以曲折动人的情节、鲜明的人物性格、奇巧的故事结构受到民众的广泛喜爱。梁祝传说和以梁祝传说为内容的其他艺术形式所展现的艺术魅力，使其成为中国民间文学艺术之林中的一朵奇葩。

梁祝传说自晋代形成以来，主要流传于宁波、上虞、杭州、宜兴、济宁、汝南等地，并向中国的各个地区、各个民族流传辐射。在流传的过程中，各地人民又不断丰富发展传说的内容，甚至还兴建了众多以梁祝传说为主题的墓碑和庙宇。此外，梁祝传说还流传到朝鲜、越南、缅甸、日本、新加坡和印度尼西亚等国家，其影响之大在中国民间传说中实属罕见。

据梁祝传说改编的越剧电影《梁山伯与祝英台》、小提琴协奏曲《梁祝》等各种艺术作品，以及由此而形成的求学、婚恋的独特风尚，构成了庞大的梁祝文化系统。

3. 孟姜女传说（2006年第一批国家级非物质文化遗产）

孟姜女传说在战国时期即见端倪，明清以来大为盛行，是各地戏曲、唱本等民俗文学作品的常见题材，主要揭露封建社会繁重的徭役和剥削，歌颂忠贞的爱情。

传说常常具有多源性特征，如河北孟姜女传说最早源于《礼记·檀弓下》所记杞梁妻的故事。至唐代，故事情节和主题思想与后来的孟姜女故事已十分接近，不过故事发生的时间由春秋时期改为秦朝，地点由齐长城变为秦长城，人物由齐国大将杞梁夫妻变为燕人杞良及其妻孟氏。到明代又多了"秦始皇逼婚"的情节，故事至此完全定型。孟姜女故事从江南松江府到北方山海关皆有流传，山海关东的凤凰山上建有贞女祠，即现今的孟姜女庙。

孟姜女传说具有广泛的群众性和民间传承性，历史演变线索清晰，思想内涵丰富，故事情节曲折动人，具有很强的艺术感染力，在历史研究及文学艺术方面具有一定的价值。可惜的是，现在的青年人中已很少有人了解孟姜女哭长城的故事，一些能够完整讲述故事并能进行民间歌谣演唱的

民间艺人日渐老去，孟姜女传说的传承面临后继无人的境况。现存于民间的相关文物、建筑遗址已经为数不多，有的已经或正在遭到严重破坏，急需投入大量资金予以保护和修葺。

4. 牛郎织女传说（2008年第二批国家级非物质文化遗产）

牛郎织女传说起源于先秦时期，是我国流传最广、影响最大的民间传说之一。千百年来，这个优美的传说一代又一代地传承下来，对民间的伦理道德和大众的文化心理产生了重要的影响。

牛郎织女传说最早出于《诗经·小雅·大东》，是对天穹中被银河隔开的商、参二星（牛郎星和织女星）的艺术想象。这一诗歌意象逐渐被后世民众拟人化，并被赋予了人文象征含义，转化成牛郎和织女的传说故事。从基本内容和思想倾向看，牛郎织女传说展示了我国农耕文明下男耕女织的社会结构和封建宗法制度下婚姻不自由的社会状况。牛郎织女的爱情悲剧得到民众的广泛同情，这成为传说传播和衍生的动力，也推动了"七夕"乞巧风俗的形成。民众常常把传说中的主人公认定为自己身边的真实人物，把事件发生的地点认定为本地域，由此出现了许多相关的历史遗迹（如织女庙、织女洞、牛郎庄等），陕西西安、山东沂源、山西和顺等地都有牛郎织女传说的相关遗址。在现代化进程中，牛郎织女传说的传播逐渐式微，急需加大保护力度，使这一民族文化瑰宝能够继续传承下去。

中国丰富多样的人物传说，除民间文艺学本身的学科意义之外，还具有其他方面的重要价值。

① 文学价值，传说作为文学普及读物，流传极广，老少咸宜，而且历来是各种文学样式的创作源泉，以民间文学为题材的文学作品多种多样；同时，通过文学形式的传播，又扩大了民间传说的影响，丰富了传说的内容，研究其中相辅相成的关系，对繁荣文学艺术具有重要意义。

② 美学价值，民间文学中的人物形象作为一个审美符号，在中华民族审美史上占据独一无二的地位，值得从美学角度进行深入研究。

③ 认识价值与史学价值，民间文学依附于历史文化而产生，这种民间诠释对研究中国历史有重要参照价值。

④ 人文价值，传说褒扬真善美，崇尚英雄主义和献身精神，对弘扬优秀的人文精神有积极意义。

(三) 探究实践　体验美

在教师的指导下,以民间文学为主题进行插画设计,基本步骤如下。

1. 明确设计主题

主题是插画设计的创意基础和表现前提,以民间文学为主题的插画设计通常以文学作品中的人物形象为中心,居民设计师需要熟悉文学作品的内容,通过画面主题来传递设计意图。

2. 独特的创意思路

新颖的构思是插画设计的重要因素,能思考、会创意是设计师的核心素养,设计师需要收集各种素材,并进行分析、综合、概括、筛选和加工,绝妙的创意往往取决于独特的观察视角和对原作的深度理解,当创意来源于作品,却又能超越人们的常态化思维或者能够体现文学作品内涵和精髓时,就会产生强烈的吸引力和认同感。

3. 合理的艺术表现

一幅优秀的插画作品,不仅要有好的创意,还要求设计师有娴熟的绘画技巧。首先,造型要贴切。对于文学作品中的原型人物可以进行艺术化的夸张变形使其脱离正常的比例结构,创造出让人耳目一新的形态;对于作品中的典型场景元素嵌入得当,既能烘托主题又能起到深刻的思想教育作用。其次,色彩要得体。色调一般随主题的不同而不同,或随情节的变化而变化。例如,用明亮而鲜艳的色调表达欢乐和喜悦,用灰色调表达忧郁和伤感等。

(四) 展示交流　提炼美

民间文学的美学特征体现在以下几点。

1. 形象鲜明

文学形象是文学美的重要特征。文学的创作和欣赏始终不能脱离具体的形象,它感知的是形象,研究的是形象,借以表达思维成果的也是形象。一部成功的文学作品,必须是能塑造出具体、生动、鲜明的艺术形象的。它们通过语言存在于欣赏者的想象和联想中,运用描写、叙述、比喻、暗示、象征等手法,在欣赏者的脑海中造就某种视觉形象和听觉形象,唤起具体鲜明的形象感,塑造出像牛郎、织女、孟姜女、梁山伯、祝英台等有血有肉、栩栩如生、具体鲜明的文学形象。

2. 以情动人

文学是表达作者思想感情的艺术。作者必须带着激情去写有情感的人，读者读了以后才可能受到作品中情感的激发而感动。

3. 典型生动

恩格斯曾经指出，作家应该塑造"典型环境中的典型人物"。文学的典型性原则，要求作品有典型人物形象、典型的社会环境和真实的细节。

作者能否成功塑造出典型，取决于他的世界观、他对现实生活熟悉和理解的程度，以及他所掌握的艺术方法、艺术技巧等。典型形象来自现实生活，又比现实生活中的更高大、更鲜明、更生动，更有集中性和普遍性，能给人留下难忘的印象，起到深刻认识社会的作用和思想教育作用。

4. 题材丰富

文学的题材丰富是因为文学是借助语言来塑造形象的，而语言艺术的形象可以不受时间和空间的限制，从多方面、多角度来表现社会生活的发展过程。有的文学作品可以叙述某月、某年甚至某个时代的生活故事，有的作品从古代写到现代，有的作品从现实世界写到幻想的王国，因此，可选择的题材是丰富多样的。

师生开展多元评价，居民交流心得，展示作品。（图5-1）

图5-1　民间文学美——国风人物插画设计

（五）巩固延伸　拓展美

1. 刘三姐歌谣（2006年第一批国家级非物质文化遗产）

"如今广西成歌海，都是三姐亲口传。"广西民间认为，"歌圩"是刘三姐传歌才形成的，刘三姐是歌圩普遍形成的重要标志。歌圩的歌就是刘三姐的歌，刘三姐被广西民间视为"歌仙"，宜州刘三姐歌谣是最有代表性的，宜州因此被认为是刘三姐的故乡。

刘三姐歌谣大体分为生活歌、生产歌、爱情歌、仪式歌、谜语歌、故事歌及创世古歌七大类，它具有以歌代言的诗性特点和鲜明的民族性，传承比较完整，歌谣种类丰富多样，传播广泛。刘三姐歌谣在全国乃至全世界都产生了深远的影响，展示了中华民族民间传统艺术活态文化的魅力。它不仅具有见证民族历史和表达思想情感的文化史研究价值，还具有民族学、人类学、社会学、美学等方面的研究价值。

2. 阿诗玛（2006年第一批国家级非物质文化遗产）

《阿诗玛》是流传于云南省石林彝族自治县彝族支系撒尼人的叙事长诗。它使用口传诗体语言，讲述或演唱阿诗玛的故事。阿诗玛不屈不挠地同强权势力做斗争的故事，揭示了光明终将战胜黑暗、善美终将战胜丑恶、自由终将战胜压迫与禁锢的人类理想，反映了彝族撒尼人"断得弯不得"的民族性格和民族精神。

《阿诗玛》最早是用撒尼彝语创作的，是撒尼族人民经过千锤百炼形成的集体智慧结晶，具有广泛的群众性。《阿诗玛》自20世纪50年代初被有关刊物发表汉文整理本以来，被翻译成英、法、德、西、俄、日、韩等多种语言在海外流传，在日本还被改编成广播剧、歌舞剧、儿童剧等艺术形式。在国内，《阿诗玛》被改编成电影及京剧、滇剧、歌剧、舞剧、撒尼剧等在各地上演。中国第一部彩色宽银幕立体声音乐歌舞片《阿诗玛》，于1982年获西班牙桑坦德第一届国际音乐最佳舞蹈片奖。

同其他口头文学和非物质文化遗产一样，近20年来，受现代化和城市化的影响，以口头传承为主的民间传说受到了前所未有的冲击。原有的口头传承人相继去世，年轻一代不愿接续，传承面临着断代的危险，急需抢救和采取相应的保护措施来使这一优秀的文化传统得以绵延。

**五、任务评价**

请在符合自己实际情况的框格内打"√"，数字越大代表符合程度越高。

| 评价维度 | 评价内容 | 自评等级 | | | | |
|---|---|---|---|---|---|---|
| | | 1 | 2 | 3 | 4 | 5 |
| 学习主动性 | 能主动开展知识学习，积极参与课堂实践 | | | | | |
| 理解能力 | 了解四大民间传说的文本内容、重要价值，掌握文学的美学特征 | | | | | |
| 实践能力 | 能够提炼民间文学中的艺术元素进行插画设计，并能够将所学知识进行有意义的运用 | | | | | |
| 拓展能力 | 能收集和整理相关信息，不断拓展知识 | | | | | |
| 审美能力 | 能够感受美、欣赏美、创造美，感受多种美的形式，提升审美境界 | | | | | |

## 第二节 传统美术美

### 任务一：木刻版画

木刻是在木板上刻出反向图像，再印在纸上欣赏的一种版画艺术。版画，是中国美术的一个重要门类。木刻版画独特的刀味与木味使它在中国文化艺术史上具有独特的艺术价值与地位。据史料记载，我国的木刻版画有着上千年的历史，早在唐宋时期就出现了木刻版画的原始形态。明清时期的民间木刻年画更是异军突起，江苏苏州桃花坞、天津杨柳青、山东潍坊杨家埠的木刻年画并称中国三大民间木刻年画。

在鲁迅先生的热切关怀和亲自教导下，新兴木刻版画作为20世纪中国艺术的排头兵，掀起了一阵崭新的革命美术创作潮流，在20世纪30年代前半期取得了迅猛发展。新兴木刻版画从它诞生那天起就深受马克思主义思想影响，关注民生，直面人生，贴近生活，和中华民族的解放事业紧密联系，与广大人民群众的命运血肉相连。那时，版画家是以艺术家和革命战士的双重身份出现在历史舞台上，木刻版画艺术成为革命战斗的武器，在思想教育战线上发挥了巨大的作用。这一潮流以上海为先锋，席卷全国，开启了中国艺术的现代化之路。

#### 一、任务描述

版画具有特定的工艺性、技术性和规范性，每一道制作程序又都具有广泛的，有时又是不可预测的制作效果和操作方式，这种灵活的、变化的艺术处理手段是其他画种所不可比拟的。一个笔痕、一种腐蚀肌理、一次材质变化、一层叠压、一遍印刷都能给居民带来无限的灵感，深深地启发和带动居民创新思维的流露和扩展。在数次反复的实践过程中，居民会深深地体会到版画无穷的艺术表现力和感染力，用自己的灵魂、身心去体验，在实践中激发对版画的创作热情，提升艺术鉴赏能力和艺术处理能力。

二、任务目标

① 通过版画教学，了解版画艺术的发展历程和我国传统版画的艺术特色。

② 通过创作实践，学习木刻版画的造型方法，掌握黑白木刻版画的制作过程，有创意地设计并制作黑白木刻作品。

③ 通过欣赏木版画作品，体悟版画的独特艺术美，提高居民的艺术欣赏能力，同时继承和发扬新兴木刻版画的革命传统。

三、任务准备

版画图片、多媒体课件、木刻板、木刻刀、黑色版画油墨、滚轮、木蘑菇、印纸。

四、任务学习

(一) 情境设置　导入美

过年时在门上张贴门神年画，是中国的传统风俗习惯，这种批量生产的古代年画就是中国传统的木刻版画，是通过画稿、刻板、印制完成的图画。

木版年画是中国历史悠久的传统民俗文化艺术形式，有着一千多年的历史。年画中门神的历史最为悠久，早在汉代就已经出现了"守门将军"的门神雏形。唐代以来佛经版画的发展和雕版技术的成熟、宋代市民文化的发展都大大促进了木版年画的繁荣，北宋时期出现了专门售卖年画的画市。而汴梁（今开封）是全国政治、经济、文化的中心，加之雕版印刷技术的成熟，刻印年画取代了手绘门神画，并且官办与民办作坊齐开，当时汴梁的年画作坊多达三百余家。道光年间，李光庭在其所著的《乡言解颐》一书中正式提出了"年画"一词，从此年画就拥有了固定含义，即木版彩色套印的、一年一换的年俗装饰品。经过近千年的发展，到了清代中晚期，民间年画达到了鼎盛阶段，全国有大大小小几十个木版年画产地。

（二）平等对话　探寻美

木刻版画是一门集绘画、刻板、印刷为一体的综合性的绘画艺术，采用不同的刻刀，通过刻、切、铲、凿、划等手段在木板上表现形象。中国是世界版画的发源地，但20世纪30年代以前的中国版画只是复制型版画，30年代初因鲁迅先生的倡导，我国才出现了创作型的版画，新兴木刻版画正式开始。新兴木刻版画和古代复制版画不仅在制作技术上有很大差异，而且在艺术功能与现实意义上也有质的区别。新兴木刻版画在创作中坚持追求真善美，以爱国主义为题材，抒写家国情怀，铸就中国精神。版画家们以刀为笔，以木为纸，记录近现代中华民族的奋斗历程，深刻诠释真善美，众多杰出版画家和无数优秀作品涌现。

（三）探究实践　体验美

认识木刻刀，了解不同的木刻刀刻印的效果：

① 斜刀：以刻线为主，刻出来的线边沿硬朗。

② 平刀：剐蹭画面做特殊效果，也可用于铲底，剔去多余部分。

③ 圆刀：可表现圆点及粗线条，刻痕边沿柔和。

④ 三角刀：勾勒主体，雕刻细线，可以进行细节刻画，丰富画面。

了解正确的木刻姿势：手握木刻刀很像拿钢笔写字，刀的运动全凭大拇指、食指及中指来控制，左手勿置于刀前。

准备材料和工具。

黑白木刻的设计与制作步骤如下：

1. 起稿

① 用简要的线稿画出你想要表现的图案。

② 可以在用墨涂黑的版面上直接用铅笔画稿，也可借助复写纸把图拷贝在版面上。

③ 注意印刷出的画面与版面在方向上是相反的，要根据画面内容考虑版向的问题。

2. 刻制

① 版上涂墨色，每刻一刀都要清楚地显示刻作效果。

② 刻作时，先用三角刀刻出木版画面上的轮廓边缘线，再交替使用圆刀，逐步刻出亮面。

③ 注意安全，用刀时左手勿置于刀前。

3. 上墨

① 挤少许油墨置于三合板上,再以滚轮来回滚动使油墨均匀地粘在滚轮上,以便在版面上均匀滚墨。

② 注意要使版面上的所有凸起部位都粘上油墨。

4. 磨印

① 把纸对准版面(为使纸与版固定位置,可使用夹子等)。

② 用木蘑菇或马莲摩擦拓印。

5. 完成

① 磨印完毕后,打开局部看一看,如果没有印实,可以局部补上油墨继续磨压,直到满意为止。

② 注意在局部滚油墨时要十分小心,不能移动纸张。

(四)展示交流 提炼美

师生开展多元评价,居民交流心得,展示作品。(图5-2)

图5-2 传统美术美——木刻版画作品实践

(五)巩固延伸 拓展美

水印木刻是将我国传统的木版水印方法与现代版画创作相结合,吸取中国画水墨技法,用水墨和水性颜色在吸水性的宣纸、滤纸上印制的木刻版画创作,亦称水印套色木刻、水印创作木刻。水印木刻拓印技法丰富多样、变化多端、意趣无穷,既能取得苍劲淳厚、明朗清晰的肌理印味,又能达到水色淋漓、朦胧淡雅的烟雨意境,是东方版画艺术的瑰宝。

五、任务评价

请在符合自己实际情况的框格内打"√",数字越大代表符合程度越高。

| 评价维度 | 评价内容 | 自评等级 ||||| 
|---|---|---|---|---|---|---|
| | | 1 | 2 | 3 | 4 | 5 |
| 学习主动性 | 能主动开展知识学习,积极参与课堂实践 | | | | | |
| 理解能力 | 了解版画艺术的发展过程,以及我国民族传统版画的艺术特色 | | | | | |
| 实践能力 | 掌握黑白木刻版画的制作过程,设计并制作黑白木刻作品 | | | | | |
| 拓展能力 | 能收集和整理相关信息,不断拓展知识 | | | | | |
| 审美能力 | 能够感受美、欣赏美、创造美,感受多种美的形式,提升审美境界 | | | | | |

## 任务二:烙画

烙画又称火笔画,是中国传统艺术珍品,用火烧热烙铁,在物体上熨出烙痕作画。烙画创作在把握火候、力度的同时,注重"意在笔先、落笔成形"。

烙画不仅有中国画的勾、勒、点、染、擦、白描等手法,还可以烫出丰富的层次与色调,具有较强的立体感,酷似棕色素描和石版画,因此,烙画既能保持传统绘画的民族风格,又能达到西洋画严谨的写实效果,使其具有独特的艺术魅力,给人以古朴典雅、回味无穷的艺术享受。

### 一、任务描述

烙画是一种民间艺术,它对培养居民的思维能力、动手能力、审美能力有很大的作用。通过对烙画作品的学习欣赏,尝试使用烙画工具、材料进行制作,体验烙画学习的乐趣,有助于培养和提升居民艺术的感知与欣赏能力、艺术表现与创作能力,使其形成基本的美术素养,从而提升居民热爱传统民间艺术的热情。

### 二、任务目标

① 了解烙画的基本知识,学会使用烙画的制作工具及材料。

② 学习并掌握烙画的制作方法及技巧。

③ 引导居民欣赏烙画,感受烙画制作的乐趣,增强居民创新、创造的能力。

### 三、任务准备

优秀烙画作品、电烙铁焊台、电烙笔头、木板、铅笔、砂纸等。

### 四、任务学习

#### （一）情境设置　导入美

"以火为墨，铁笔生花"，烙画是用经过加热的金属在竹、木、纸等媒材上以不同温度产生的焦痕作画。古代称烙画为"火针刺绣""烫画""烙花""火笔画"等，它是一种独特的民间艺术。

中国烙画历史悠久，一般认为它源于西汉，盛于东汉，经过千百年来的创造和发展，逐步形成了独特的艺术风格和表现方法。它简朴、淡雅，给人以美的享受。它具有丰富的表现力，中国画的勾、勒、点、染、擦、写意、白描等技法都能得到运用与发挥。它还可以表现出丰富的层次与色调，具有较强的立体感，酷似棕色素描和石版画。因此，我国的烙画既能保持中国传统绘画的民族风格，又能达到西洋绘画严谨的写实效果，更具有其他绘画艺术所不具备的独特艺术魅力。

#### （二）平等对话　探寻美

制作烙画的工具和材料如下：

1. 电烙铁焊台

烫烙所得到的焦色浓度取决于电烙笔头的温度，为了烫烙出深浅不同的块面或线条，可以随时将电压调整至高档或者低档。

2. 电烙笔

专业画家配有各种笔头的电烙笔，用于表现丰富的点、线、面，形成独特的画面效果，具体有以下几种。

① 尖笔：锥形笔头，可用来烙烫细微的线条。

② 粗笔：将制成的锥形笔头磨秃，可用来烙烫粗线条。

③ 阔笔：将圆柱形钢棒的一端做一个斜截面，使它成为笔头，由于笔头呈椭圆形，面积比较大，所以这种笔可以用来画块面，也可以用来画更粗阔的线条。

④ 粗阔笔：因为有些大尺幅的烙画需要笔头更大，那么所取用的烙笔钢柱就相应更粗，这种笔可称为粗阔笔。

3. 木板

木板是常用媒材，也可用竹片、皮革、纸、布、葫芦等替代木板作画。

4. 砂纸

砂纸用于打磨木板表面至光滑或者修改烙错的地方。

(三) 探究实践　体验美

① 教师重点示范烙画的方法：勾、点、按、抹、擦。

② 教师运用烙画工具，分步演示烙画的制作步骤——铅笔起稿、烙烫轮廓、摩擦块面、整体调整，在教学过程中进一步讲解烙画的技法。

(四) 展示交流　提炼美

师生开展多元评价，居民交流心得，展示作品。(图5-3)

图5-3　传统美术美——烙画作品实践

(五) 巩固延伸　拓展美

葫芦，谐音福禄，在中国传统文化里有丰富的文化内涵。它是世界上最古老的草本作物之一，也是《诗经》提及的植物。无论是在器物应用中，还是在绘画、玉雕、剪纸里，都有葫芦的身影，千百年来，葫芦作为一种吉祥物和观赏品，一直受到人们的喜爱和珍藏。

作为传统文化符号之一的葫芦，本来就有古画的基调，在葫芦上烙画，线条流畅细腻、形态栩栩如生、意境幽深高远，给人以耳目一新、不媚不俗的感觉。烙画艺术使葫芦从农家田地登上艺术殿堂，成为一种集拙朴自然和高雅精美于一体的传统民间艺术品，具有很高的欣赏价值和收藏价值。新时代的我们要不断拓宽烙画艺术的创作道路，把优秀的非遗技艺发扬光大。

五、任务评价

请在符合自己实际情况的框格内打"√"，数字越大代表符合程度越高。

| 评价维度 | 评价内容 | 自评等级 | | | | |
|---|---|---|---|---|---|---|
| | | 1 | 2 | 3 | 4 | 5 |
| 学习主动性 | 能主动开展知识学习，积极参与课堂实践 | | | | | |
| 理解能力 | 了解烙画艺术的发展过程，以及我国民间传统烙画技艺的艺术特色 | | | | | |
| 实践能力 | 掌握烙画制作过程，设计并制作烙画作品 | | | | | |
| 拓展能力 | 能收集和整理相关信息，不断拓展知识 | | | | | |
| 审美能力 | 能够感受美、欣赏美、创造美，感受多种美的形式，提升审美境界 | | | | | |

# 第三节 传统技艺美

## 任务一：艺术皮影

皮影戏，旧称"影子戏"或"灯影戏"，是一种用灯光照射由兽皮或纸板做成的人物，以剪影表演故事的民间戏剧样式。表演时，艺人们在白色幕布后面一边操纵戏曲人物，一边用当地流行的曲调唱述故事，同时配以打击乐器和弦乐，有浓郁的乡土气息。在河南、山西、陕西、甘肃等地农村，这种拙朴的民间艺术形式很受人们的欢迎。

皮影戏是中国民间的一门古老传统艺术，千百年来，这门古老的艺术，陪伴先人们，度过了许多欢乐的时光。皮影不仅属于傀儡艺术，其本身还是一种地道的工艺品。它是用牛、驴、马、骡皮，经过选料、雕刻、上色、缝缀、涂漆等多道工序做成的。皮影制作考究，工艺精湛，表演起来生趣盎然，活灵活现。受到外在环境及兽皮质地差异等种种因素的影响，皮影戏偶的造型风格各地有所不同。

2006年5月20日，经国务院批准，皮影戏被列入第一批国家级非物质文化遗产名录。作为非遗文化，皮影戏在倡导文化自信的浪潮中，通过科学技术和媒体的创新传播，再次获得生机，越来越多的人了解皮影戏，甚至产生了浓厚的兴趣。不过，这远远不够，皮影戏的魅力还需要我们去挖掘，皮影戏的未来还需要我们去创造！

## 一、任务描述

皮影的制作工艺正在从曾经的以娱乐为主、欣赏为辅向现如今的以欣赏为主、娱乐为辅缓慢过渡。现在的皮影更强调与突出其静态的艺术价值，通过场景的布置、角色的表情、丰富的色彩等，展示它的独特魅力。今天就让我们走进皮影的世界，感受传统手工艺的魅力。

## 二、任务目标

① 通过欣赏皮影戏片段、制作皮影等实践活动，让居民了解皮影戏表演形式、角色分类及皮影的制作过程，从而关注皮影戏，关注非遗文化。

② 通过了解皮影戏的相关知识，培养居民欣赏古老戏种的艺术魅力。

③ 通过动手实践等活动，让居民初步对皮影戏产生兴趣，培养居民珍视我国非遗文化的感情，弘扬中华民族的古老艺术，增强民族自豪感。

## 三、任务准备

剪刀、画笔、仿皮材料、丙烯颜料、打孔器、两脚钉、操作木棍等。

## 四、任务学习

（一）情境设置　导入美

有一种艺术，是完整的戏剧，比莎士比亚早1 800年左右；使用影像，比卢米埃尔发明的电影早2 100年左右；是纯粹的民间的具有摇滚精神的音乐，比猫王早2 150年左右。这种艺术是中国独有的，这就是皮影戏。皮影最早诞生于两千多年前，俗称"影子戏"，是我国古老而神奇的戏曲艺术，因为它比电影出现得早，也被认为是现代电影的鼻祖。

故事导入：传说两千多年前，汉武帝爱妃李夫人染疾病去世了，汉武帝思念心切，神情恍惚，终日不理朝政。大臣李少翁一日出门，路遇孩童手拿布娃娃玩耍，影子倒映于地栩栩如生。李少翁心中一动，用棉帛裁成李夫人的影像，涂上色彩，并在手脚处装上木杆。入夜围方帷，张灯烛，恭请武帝端坐帐中观看。武帝看罢，龙颜大悦，就此爱不释手。这个载入《汉书》的爱情故事，被认为是皮影戏最早的出处。

（二）平等对话　探寻美

1. 皮影的历史溯源

皮影戏，又称"羊皮戏"，俗称"人头戏""影子戏""驴皮影"。发源于西汉的陕西，极盛于清代的河北。在中国，不少的地方戏曲剧种都是从皮影戏中派生出来的，而皮影戏所用的幕影演出原理和艺术手法，对电影和美术片的发展也起到先导作用。如今，中国皮影被世界各国的博物馆争相收藏，同时也是我国与其他国家相互往来时的馈赠佳品。

据说，中国皮影艺术自13世纪的元代起，随着军事远征和海陆交往，相继传入波斯（今伊朗）、阿拉伯、土耳其、暹罗（今泰国）、缅甸、马来群岛、日本，以及英、法、德、意、俄等国家和地区。从18世纪的歌德到后来的卓别林等世界名人，对中国的皮影戏艺术都曾给予高度评价，可以说皮影戏是中国历史悠久、流传很广的一种民间艺术，更是世界的艺术。

从清军入关至清末民初，这一时期是中国皮影戏艺术的鼎盛期，很多皮影艺人子承父业，数代相传，无论是影人造型制作工艺还是影戏演技唱腔和流行地域，都达到了历史的巅峰。逢年过节、喜庆丰收、祈福拜神、嫁娶宴客、添丁祝寿，都少不了搭台唱皮影戏。连本的皮影戏要通宵达旦甚至连演十天半月，一个庙会可出现几个影班搭台对擂唱影，热闹非凡。

然而，中国皮影艺术的发展也并非一帆风顺，它曾经历过风雨劫难、起落兴衰。到了清代后期，有些地方官府害怕人们在皮影戏的演出场所聚众起事，便禁演影戏，甚至捕办皮影艺人。日军入侵前后，又因社会动荡和连年战乱，民不聊生，曾盛极一时的皮影行业万户凋零，一蹶不振。1949年后，全国各地残存的皮影戏班、艺人重新活跃，但到"文革"时，皮影艺术又遭"破四旧"的噩运，从此元气大伤。

目前，皮影戏的状况不容乐观，当年的制作和表演艺人都已年逾百岁，在如今娱乐生活多样化的年代，皮影戏的魅力光环正在逐渐黯淡。随着社会的进步，人民物质生活水平不断提高，审美水平也在逐步提高，有艺术家把以前皮影中的角色与故事以更精湛和更细腻的雕刻工艺表现出来，更强调皮影的艺术性与装饰性。

2. 皮影的制作材料

（1）驴皮

老北京人称皮影为"驴皮影"。在华北地区，毛驴很多，驴皮资源丰富。驴作为脚力代替人行，驴无法劳作时，就会被宰杀，这时人们发现了驴皮的价值——不仅能够食用，做成阿胶，还能做出柔韧透亮的皮影道具。

（2）牛皮

除了用驴皮作为材料，还可以用牛皮制作皮影。在我国西部，牛作为劳作工具，数量要远远多于驴或羊。东北地区多为驴皮影，西北地区多为牛皮影。海宁皮影戏又称"羊皮戏"，是通过灯光照射羊皮制成的人物，投影在用绵纸做成的屏幕上，配上唱腔来演绎故事的一种戏剧形式。

（3）塑料

上海地区地处平原且经济发达，因此，本地饲养的动物较少，而且该地的艺术形式较为多元，现代的艺人们很快制作出了塑料影具。

（4）纸质

中南部影戏中，湖南、广东有些地方使用纸质皮影进行雕刻与演出。湖南省湘潭市的吴升平是中国湘派影戏的第六十六代传人，也是当地唯一的纸制皮影雕刻艺人，人称"江湖一张纸"。

（三）探究实践　体验美

居民在教师的指导下动手制作皮影，并设置故事场景，分组合作表演皮影戏。具体制作步骤如下所示。

① 设计人物草稿。

② 将仿皮材料覆盖在草稿上，用勾线笔勾画出人物轮廓图。

③ 将勾完线的仿皮材料用丙烯颜料均匀上色。

④ 待风干后，用剪刀按照轮廓将人物各关节剪下。

⑤ 将人物各关节中需要连接的地方用打孔器打孔。

⑥ 用操作杆连接手脚关节，一个手工皮影就完成啦！

（四）展示交流　提炼美

师生开展多元评价，居民交流心得，展示作品。（图5-4）

图5-4　传统美术美——艺术皮影作品实践

（五）巩固延伸　拓展美

一张牛皮，道尽喜怒哀乐；半边人脸，收尽忠奸贤恶。现在的皮影戏还常见吗？它会被新文化所取代吗？

现在的皮影不只局限于"戏"了，它们会和影视、游戏、服饰等合作，"融百家之长，创皮影之美，用皮影讲述中国故事"。这不是取代，而是重新延展新文化，对于濒临消失的传统艺术，"变"是唯一不灭的法则。传统技艺要传承下去，既要继承又要创新，二者不可偏废，没有传统就没有灵魂、没有底蕴，一味固守传统则跟不上时代变化。在社会飞速发展，各种思潮、各种生活方式无限多元化的今天，我们要留住文化的根，一起守护华夏千百年的记忆。

### 五、任务评价

请在符合自己实际情况的框格内打"√"，数字越大代表符合程度越高。

| 评价维度 | 评价内容 | 自评等级 | | | | |
|---|---|---|---|---|---|---|
| | | 1 | 2 | 3 | 4 | 5 |
| 学习主动性 | 能主动开展知识学习，积极参与课堂实践 | | | | | |
| 理解能力 | 掌握皮影的历史演变、内涵价值等 | | | | | |
| 实践能力 | 能够完成皮影的制作，并尝试皮影戏表演 | | | | | |
| 拓展能力 | 能收集和整理相关信息，不断拓展知识 | | | | | |
| 审美能力 | 能够感受美、欣赏美、创造美，感受多种美的形式，提升审美境界 | | | | | |

## 任务二：蓝白之美

蓝白之美，美在蓝白，大自然赋予的色彩造就了凝聚着劳动人民智慧的传统缬染工艺。传统缬染有四大工艺，分别为蜡缬、夹缬、灰缬和绞缬，对应的现代名称为蜡染、蓝夹缬、蓝印花布和扎染。四大工艺生在民间，长在民间，至今延续着质朴的魅力。

### 一、任务描述

灰缬是中国传统印染技艺之一，也就是人们常说的"蓝印花布"，俗称"药斑布""浇花布"。今天我们就一起来学习体现蓝白之美的蓝印花布。蓝白之美，美在颜色、美在图案、美在工艺、美在传承。

## 二、任务目标

① 引导居民欣赏优秀蓝印花布作品,品味蓝印花布蓝白色彩的素丽、图案寓意的丰富,感受蓝印花布之美。

② 引导居民认识蓝印花布的传统制作工艺,并以油水分离的方法尝试仿制蓝印花布,体验创作的乐趣。

③ 在引导居民学会欣赏和仿制蓝印花布的同时,培养居民欣赏美、发现美、创造美的能力,并激发居民对传统民间技艺和生活的热爱。

## 三、任务准备

蓝印花布材料包(刻刀、雕版卡纸、印染卡纸、蜡笔、蓝色颜料等材料工具)、PPT课件等教学资源。

## 四、任务学习

(一)情境设置　导入美

播放蓝印花布的视频,在优美的音乐中欣赏蓝印花布,感受蓝印花布的美。

2006年,蓝印花布的印染技艺被列入第一批国家级非物质文化遗产名录,清华大学美术学院袁运甫教授更称蓝印花布工艺为"民艺之光"。蓝印花布是我国民间工艺美术的瑰宝。

(二)平等对话　探寻美

1. 美在色彩

蓝色取自天然植物蓼蓝。哪怕你对蓼蓝不熟悉,那你一定知道"板蓝根"。蓼蓝就是我们所熟知的板蓝根的制作原料,所以在明清时期蓝印花布又被称为"药斑布"。"青取之于蓝而青于蓝",讲的就是染色时,蓼蓝做成染料后的颜色变化。

传统的蓝印花布采用植物染料,以古朴清新的风格吸引着广大的爱好者。蓝印花布的神韵在于色彩的古朴清新与棉布料的自然之美。

2. 美在图案

蓝印花布图案的题材是多种多样的。传统蓝印花布图案大多以吉祥花鸟、祥灵瑞兽、文字及百姓喜闻乐见的民间故事为题材,内容和劳动人民的生活息息相关,反映了劳动人民的生活情趣和对美好生活的向往。蓝印花布不仅具有实用价值,精妙丰富的图案更是融入了地方的民俗风情,产生了丰富的艺术性和文化性。

随着历史的变迁和发展,现代的蓝印花布图案也在发生着变化。

3. 美在工艺

传统蓝印花布的整个印染工艺全部采用手工操作,主要制作流程大体包括刻版、刮浆、晾干、浸染、晾干、刮白、漂洗、晾晒。

观看视频《蓝印花布的制作》,总结制作流程。

其中,花版的制作非常重要。先将设计图稿描绘在油纸版上,然后用刻刀按画稿镂刻花纹。镂刻花纹时很讲究刀法的娴熟和线条的流畅,每一刀下去要干净利落。

拷花上浆,指将油纸雕版上的花纹漏印到面料上去的工序。拷花上浆前,先将布料做湿水处理,布料均匀吸收水分成半干状态,不仅易于平整,也易于纤维毛孔均匀吸收防染浆,提升印染效果。将面料平铺在台板上,压上油纸雕版,在油纸雕版上刮上防染浆,油纸雕版上的花纹就被漏印到了面料上。上好防染浆后进行保养、晾干。

花布可以呈现出白底蓝花和蓝底白花两种样式效果。白底蓝花的制作工艺要比蓝底白花的更胜一筹。

4. 美在传承

目前,全国范围内的手工蓝印花布传承人非常少。随着时代的快速发展,机器在代替手工艺的同时,也给手工艺的传承增加了非常大的阻力。蓝印花布作为中国非物质文化遗产需要我们去保护和传承。

(三)探究实践 体验美

一起来尝试、感受用油水分离的方法,仿制一个蓝印花布的创意作品,让蓝白之美以新的面貌展现在我们的生活中。

第一步:设计花版。在雕刻纸上设计图案纹样造型时,可以吸收剪纸、木刻、刺绣等手工艺门类中的一些传统图案元素。

第二步:雕刻花版。刻版非常重要,传统刻板都是以断断续续的点、线的形式来形成图案,花纹互不连接,这样可以增加雕版的使用寿命。此外,要注意点、线间的疏密对比和节奏变化。

第三步:防染。我们用蜡笔代替防染浆,将花版置于作品纸上,用蜡笔涂抹花版的镂空处,厚厚地来回均匀涂抹,防止染色时弄花图案。

第四步:染色。用蓝色墨水均匀涂抹在作品纸上,一个蓝印花布的仿制作品就完成了!

(四)展示交流 提炼美

师生开展多元评价,居民交流心得,展示作品。(图5-5)

图 5-5　传统技艺美——"蓝白之美"作品实践

**（五）巩固延伸　拓展美**

通过学习、体验仿制蓝印花布，我们已经感受到了蓝印花布的艺术魅力。蓝印花布的创新在形式上可以有千千万万种变化，但其恒久不变的美学特征永远印在了中国人的文化记忆之中。

**五、任务评价**

请在符合自己实际情况的框格内打"√"，数字越大代表符合程度越高。

| 评价维度 | 评价内容 | 自评等级 | | | | |
|---|---|---|---|---|---|---|
| | | 1 | 2 | 3 | 4 | 5 |
| 学习主动性 | 能主动开展知识学习，积极参与课堂实践 | | | | | |
| 理解能力 | 掌握蓝印花布的图案设计、制作工艺 | | | | | |
| 实践能力 | 学会仿制蓝印花布，并能够独立完成一个蓝印花布的仿制创意作品 | | | | | |
| 拓展能力 | 能收集和整理相关信息，不断拓展知识 | | | | | |
| 审美能力 | 能够感受美、欣赏美、创造美，感受多种美的形式，提升审美境界 | | | | | |

## 任务三：掐丝珐琅

掐丝珐琅画是景泰蓝工艺的一个品种。对景泰蓝的文字记载最早出现在元朝，距今已有 600 多年历史，它是国家首批非物质文化遗产，因在明朝景泰年间盛行，且釉彩多为蓝色，故名景泰蓝。掐丝珐琅画是由传统景泰蓝工艺延伸创新而来的平面画，利用氧化铝和天然彩砂在木板、塑板或金属板上作画。

掐丝珐琅画是一种彩嵌艺术，其作品的艺术效果优雅柔美，线条精细清晰，奢华典雅，质地精良。随着科技的发展，掐丝珐琅画也在不断地发展与改良，并且融合油画、国画、水彩画等的上色技法，加上冷处理的现代技法，变得更加绚丽夺目，在国内、国际享有极高的声誉。

掐丝珐琅画融合传统工艺制作所长，独具现代时尚创新之理念，非常符合现代人的审美眼光，不仅能提升居家场所的内在欣赏品位，增强艺术氛围，而且适用于高档商业场所作豪华装饰。非遗尽管来自过去，但仍然可以融入当代生活，非遗的价值在物质本身，更在于非遗所承载的文化记忆。

## 一、任务描述

中华优秀非遗文化既需要坚守，又需要心手相传。为进一步传播掐丝珐琅非遗文化，让这一传统工艺走入现代生活，积极推动中华优秀非遗文化的积淀和创新，本节将带领社区居民一起领略掐丝珐琅画的文化艺术魅力，并亲手制作一件属于自己的掐丝珐琅作品。

## 二、任务目标

① 让居民认识并了解掐丝珐琅画的历史文化，初步掌握制作技术和方法。

② 通过欣赏掐丝珐琅画作品，激发居民的学习兴趣，引导居民独立运用工具和材料临摹或创作一件作品。

③ 培养居民热爱祖国、热爱技术、热爱艺术的思想感情，引导居民对掐丝珐琅画形成积极持久的兴趣，有志于传承非遗。

## 三、任务准备

铅笔、复写纸、图案、镊子、铲子、金线剪、一次性杯子、桌垫等，铝丝、底板、胶水、珐琅釉料（彩砂）。

## 四、任务学习

（一）情境设置　导入美

一笔线条是一丝情意；一抹颜料是一份寄托。数百年前，工匠们笔墨铺展，掐丝勾勒，点蓝烘烧，谱写了一首铜与火之歌；数百年后，都市人妙笔生花，潜心钻研，创意涌现，再续传统艺术的美与浪漫。从景泰蓝重器到掐丝珐琅画，是延续，是传承，也是敬畏与仰望。

（二）平等对话　探寻美

1. 掐丝珐琅画的历史溯源

掐丝珐琅画脱胎于古老的景泰蓝工艺品，是将宫廷御用珐琅技法移植到板上的特种绘画。据考古发现，珐琅器最早诞生于前12世纪的希腊，至10—13世纪初，掐丝珐琅工艺极为兴盛。元代，蒙古人统治欧亚大陆，对外交流增多，掐丝珐琅的制作技艺随着阿拉伯工匠传入我国。明初，掐丝珐琅已经被朝廷重视，到了景泰年间，掐丝珐琅工艺取得极大发展，纹饰繁缛丰富，有植物、动物、山水、楼阁、人物等，珐琅工艺臻于鼎盛。清初宫内设立珐琅作，专门研发珐琅器。到了乾隆时期，掐丝珐琅工艺全面兴盛。这一时期，工匠们常把古代书画名迹巧妙地运用到掐丝珐琅的纹饰中，以追求绘画艺术与珐琅工艺的完美结合，掐丝技术更为娴熟。乾隆以后，国势逐渐衰落，掐丝珐琅的制作也开始没落。

在多元文化发展的今天，掐丝珐琅画如同国画脱胎于原始彩陶，油画脱胎于宗教壁画，漆画脱胎于古代漆器一样，是多元审美发展的必然趋势。掐丝珐琅画已逐渐脱离工艺美术品，成为和国画、油画一样可以独立欣赏的画种。

2. 掐丝珐琅画的图案

掐丝珐琅图案是中国文化的宝贵财富，拥有悠久的历史，饱含深厚的文化底蕴，历经多代的继承、发展与创新。每个时代的艺术家都受到时代文化及自身因素的影响，会在作品中体现不同的思想和感情。掐丝珐琅画相比景泰蓝有着更多的可能性。它涉及的题材更为广泛，包括山水、花鸟、唐卡等。通常，传统的景泰蓝器型多用于表现纹饰等相关图案，而掐丝珐琅画可呈现国画意境之美，自然难度更高一层。所以一幅好的掐丝珐琅画，一定既有着国画的独特意境，又兼具珐琅传统工艺的富丽堂皇之美。

随着装饰艺术的发展、装饰元素的多样化，人们对于图案的审美除了视觉上的享受，更加倾向集装饰性与实用性于一体，并寄寓对自身美好生活的祝愿。

(三) 探究实践　体验美

1. 画稿

按照自己的喜好画好设计图稿。

2. 制版

用拷贝纸在画板上画出图样。这个步骤很重要，俗话说无规矩不成方圆，画板上的图案线条结构明晰，才能为下一步的掐丝打好基础。

3. 掐丝

先在板面上涂上胶，用小镊子将铝丝掰成各种精美的图案花纹，掐出的铝丝要流畅,忌僵硬。接口要严,不能有空隙。有些风景图案及人物、动物的毛发只宜用少量的丝点缀,高水平的景泰蓝沙画制作者通常采用"撕毛"的手法完成,虽然难度系数大,但画面更显自然精美。

4. 点蓝

将备好的珐琅釉料(彩沙)用铲子一点点填入掐好的图案中,不可以把沙粘在金丝上。一幅好的点蓝作品色彩丰富且过渡极其自然,颜色层层递进,展现出的画面立体生动。

5. 找平

釉料的颗粒感使点蓝后的画面不能完全平整,所以要求找平。最好是边做边找平,也就是我们说的抖动画板。

6. 固画

待画面干透后,用小板刷蘸少许固化胶,横向一字按顺序刷匀。需要注意的是胶一定要少蘸,胶多了画面容易起泡。

7. 装裱

适宜的装裱对整个画面来说,有画龙点睛的作用。

(四)展示交流 提炼美

掐丝珐琅画既可以归入民间工艺美术范畴,又可以作为绘画的一个新品种,具有工艺美术和绘画的双重属性,是绘画和工艺相结合的交叉门类。今天的掐丝珐琅画纯手工制作,工艺成熟,画面平整光亮,色泽饱满妍丽,尽显雍容华贵。它五彩斑斓、华丽夺目的独特魅力,是其他画种无法比拟的。掐丝珐琅画以它独特的材质和饱满的色彩,获得了广阔的艺术发展空间,正如一棵含苞待放的瑰丽奇葩,蕴涵着强大的生命力。

师生开展多元评价,居民交流心得,展示作品。(图5-6)

图5-6 传统技艺美——掐丝珐琅作品实践

(五)巩固延伸 拓展美

掐丝珐琅画的神奇艺术魅力会与现代生活、现代建筑、现代室内环境

产生一种高度的和谐,这些都决定了掐丝珐琅画无论是现在还是将来都有着存在和发展的必然性。今后掐丝珐琅画的发展趋势将是多元化的,除了在艺术形式上更加创新,我们还要用全新的眼光来观察它,打破以往掐丝珐琅在人们心中的定位,对掐丝珐琅进行自由的遐想,除了发挥对材料和工艺的想象力,还要用作品来表现内心对这门工艺的认识和理解,不断创新和发展,创造掐丝珐琅画的艺术之美,中国的掐丝珐琅画必将以其特有的形式走向世界。

非遗的保护与传承,重在融入现代生活,展现当代价值。掐丝珐琅画融合传统工艺制作之所长,独具现代时尚创新之理念,传承传统的华美、高贵、典雅等特点,让非遗焕发出更强大的生命力,为增强文化认同、坚定文化自信提供了重要的精神支撑。

**五、任务评价**

请在符合自己实际情况的框格内打"√",数字越大代表符合程度越高。

| 评价维度 | 评价内容 | 自评等级 | | | | |
|---|---|---|---|---|---|---|
| | | 1 | 2 | 3 | 4 | 5 |
| 学习主动性 | 能主动开展知识学习,积极参与课堂实践 | | | | | |
| 理解能力 | 掌握掐丝珐琅画的历史演变、内涵价值等 | | | | | |
| 实践能力 | 学会掐丝珐琅画的基本技艺,作品线条流畅,无串色晕染现象,颜色均匀 | | | | | |
| 拓展能力 | 能收集和整理相关信息,不断拓展知识 | | | | | |
| 审美能力 | 能够感受美、欣赏美、创造美,感受多种美的形式,提升审美境界 | | | | | |

## 任务四:翰墨怀情 拓片技艺

拓印技艺是我国一项古老的传统技艺,也称"传拓""搥拓",是一种使用宣纸和墨汁印制文字、图案的技能。它不同于书法绘画,拓片是集金石学、考古学、美学于一体的高层次艺术门类,也是记录中华民族文化的重要载体之一。

一、任务描述

本节将带领社区居民一起了解拓片的分类和拓片的发展历程,掌握拓片的制作方法并亲手完成一件拓片作品。

二、任务目标

① 掌握拓片的定义、分类、发展历史。

② 品味拓片艺术,学习拓印的方法。

③ 动手实践,培养动手能力;激发兴趣,培养创新人才。

三、任务准备

宣纸若干、较软的塑料纸、带有凸凹纹饰的盘子(类似硬币)、花盆托盘、瓶盖、拓包、墨汁、小喷壶、废旧牙刷、废报纸。

四、任务学习

(一)情境设置　导入美

用多媒体展播北京石刻博物馆陈列的碑文。历史上留存至今的石刻碑文是我国重点保护文物之一,很多书法字帖源于石刻碑文。在我国,几乎有历史遗迹的地方都会有碑文的存在,如颐和园,用有心人的眼睛去探索,会发现碑文就存在于我们的周边。

(二)深入体会　探究美

1. 什么是拓片?

拓片是一种将纸张贴在器物表面,然后用墨拓印器物花纹或文字的纸片。因为拓片是从原物上直接拓印,比例与原物相同,所以能够真实地反映器物的原状。在人们不可能或不适合接触原物的情况下,拓片在很大程度上起到了替代原物的作用。除了有凹凸纹饰的器物,甲骨文、金属器铭文、碑刻、墓志铭、古钱币、画像砖、画像石等文物,都广泛使用这种办法进行记录。

拓印是我国古代发明之一,至今已有上千年历史。拓片具有一定的欣赏、临摹、收藏价值。

2. 拓片的分类

(1) 甲骨文拓片

甲骨文是商、周两代以契刀刻划的文字,又名"契文""契刻",甲骨文在不同时期有不同的风格。内容除极少数属于记事外,大部分是对当时王公问卜的记载。

(2) 秦汉瓦当拓片

瓦当是古代建筑构件，为泥质，不能多拓，它不像照片可以无限复制，因而增加了收藏价值。

(3) 历代砖拓

历代墓葬风俗制度不断变迁，自秦砖至明砖，已成为一个系列。朝代历时愈短，砖的数量愈少，也就愈有价值，有文字、图案者更佳。

(4) 古币拓片

古钱一般体形较小，打拓工具要精致、小巧。

(5) 砚铭拓片

砚台是文房四宝之一，砚铭是其派生物。砚铭内容记录着刻砚者、砚主人、赠砚者、收藏者、鉴赏者对砚的描述和因砚及人或事而发的感慨。

(6) 佛教造像拓片

佛教造像拓片具有珍贵的艺术价值、收藏价值和学术研究价值。其拓片分为朱拓和墨拓两种，分别是用朱砂和墨汁作为颜料拓印，表现出不同的色彩效果，古代常用朱砂拓印刚出土的石刻，其拓印形式又分为蝉翼拓和乌金拓。

(7) 碑拓

此类拓片的数量最多，涉及历代名碑，是书法临摹的主要参照。

(8) 铜器拓片

将铜镜和青铜器的铭文与花纹拓印下来即成铜器拓片。

3. 拓印的历史发展

关于拓印术的起源，历史上没有明确的记载。有学者认为，传统拓印技艺可以追溯到东汉熹平年间；也有学者考证后认为，拓印技艺滥觞于南北朝时期，兴盛于隋唐之际。随着北宋金石学的兴盛，拓印技艺愈加重要，珍贵的拓本千金难求。书法家黄庭坚面对《孔子庙堂碑》拓本发出了"孔庙虞碑贞观刻，千两黄金哪购得"的感慨。

从拓片和拓本看，其拓印对象有甲骨、碑刻、瓦当、木雕、青铜器、佛教造像等，内容涉及历史、地理、政治、经济、军事、民俗、文学、艺术等社会生活的各个方面。因此，拓印技艺对古代文化的保存、传播有重要作用。即使现在，拓印技艺仍然在文物、考古、工艺、美术研究等领域发挥作用。

4. 拓印技艺的方法

拓印技艺中至关重要的一步是上墨。经过长期实践，先民们根据拓印对象的不同摸索出了捶拓法和擦拓法。擦拓法，即用毛毡或拓包蘸墨后以擦拭的方式上墨，多用于较平的碑刻；捶拓法，即用拓包蘸墨后，有序扑打上墨，多用于凸凹不平的器物，也是目前较常用的方法。由于拓印是从原物上直接复印的，因此，拓片上的文字、图案的大小、形状与原物相同。在照相术没有出现之前，拓印技艺最大限度地保留了所拓对象的原貌和细节，再加上重复拓印可以获得多张同样的拓片，故其作用堪比印刷术。古老的拓印技艺留传至今，生生不息，拓片及拓本受到历代文人墨客的重视和珍爱。

(三) 探究实践　体验美

学习拓印技艺的简要流程，利用身边之物，在家动手制作精美的拓片。

第一步：将宣纸、塑料纸剪裁成比拓印盘子略大的方形，长方形、正方形皆可。

第二步：将宣纸铺在盘子正中间，轻按喷壶打湿宣纸，调整宣纸使其平整。

第三步：塑料纸铺在打湿的宣纸上，用牙刷自中心向边缘轻刷，以赶出气泡，使宣纸与盘子纹饰紧密贴合。

第四步：静待10分钟，使宣纸稍干。

第五步：在瓶盖上倒入适量墨汁，用拓包轻蘸一点墨汁，在托盘上轻轻拍拓，使墨汁均匀。

第六步：在废报纸上轻拓，使墨汁颜色变淡，直至成为自己想要的颜色。

第七步：从盘子中心开始向四周均匀轻拓，每次蘸墨后重复步骤六，以控制墨汁颜色。

第八步：第一遍拓完，根据自己的喜好再拓第二遍、第三遍，直至得到自己喜欢的浓淡效果。

第九步：轻轻揭起宣纸，伸展后覆盖在盘子上，使已拓好的盘心纹饰位于正中，喷湿覆盖盘子边缘的宣纸，准备拓印边缘纹饰。

第十步：在盘子边缘覆盖塑料纸，并用牙刷轻刷，以赶出气泡，使宣纸与边缘纹饰紧密贴合。

第十一步：待宣纸稍干，重复步骤六和步骤七，沿盘子边缘轻拓至自己喜欢的浓淡效果。

第十二步：揭下宣纸，拓片制作完成。拓印时，先把浸湿的宣纸敷在凹凸不平的文字或图案上，用刷子轻轻敲打，使纸入凹槽，纸张稍干之时均匀上墨。宣纸揭下来即成一张黑白分明的拓片，拓片装订成册即为拓本。

（四）展示交流　提炼美

师生开展多元评价，居民交流心得，展示作品。（图5-7）

图5-7　传统技艺美——拓片作品实践

（五）巩固延伸　拓展美

一座座石碑和雕像连缀起来的是中国的文献史、文字史、建筑史、宗教史，甚至还有书法、音乐、舞蹈等艺术的历史。

一张张拓片，既精且美，阐幽发微，它们携带着文明的基因和密码，承载着丰富的文化信息，浓缩着抽象的文物价值，永远值得我们驻足凝神，俯下身去体会其中蕴含的翰墨情怀。

五、任务评价

请在符合自己实际情况的框格内打"√"，数字越大代表符合程度越高。

| 评价维度 | 评价内容 | 自评等级 | | | | |
| --- | --- | --- | --- | --- | --- | --- |
| | | 1 | 2 | 3 | 4 | 5 |
| 学习主动性 | 能主动开展知识学习，积极参与课堂实践 | | | | | |
| 理解能力 | 掌握拓片的定义、拓片的分类、拓片的发展历史、拓印的方法等 | | | | | |

续表

| 评价维度 | 评价内容 | 自评等级 | | | | |
|---|---|---|---|---|---|---|
| | | 1 | 2 | 3 | 4 | 5 |
| 实践能力 | 熟练掌握拓片流程,完成一张精美的拓片作品,并能够将所学知识进行有意义的运用 | | | | | |
| 拓展能力 | 能收集和整理相关信息,不断拓展知识 | | | | | |
| 审美能力 | 能够感受美、欣赏美、创造美,感受多种美的形式,提升审美境界 | | | | | |

## 第四节　传统武术美

### 任务：国风水墨插画设计

在5 000多年的发展中,中华民族形成了以爱国主义为核心的团结统一、爱好和平、勤劳勇敢、自强不息的伟大民族精神。武术文化经过漫长的历史积淀,具有独特的功能体系,一直被认为是中华民族的文化符号之一,也是向世界彰显中华优秀传统文化的重要窗口。武术文化不仅承载着丰富多样的武术技法,还承载着数千年绵延的武术传统,更承载着中华民族的立国之本——民族精神。武术文化所体现的民族精神,在不同的历史时期和社会阶段表现出不同的内涵。

#### 一、任务描述

传统武术作为塑造我国国家形象的良好载体已被世人接受和认可,不仅成为体现民族文化和民族特色的一种文化符号,还是识别与了解民族文化的重要参照。在当今经济和文化全球化的大背景下,武术文化如何继承、弘扬、发展,已经成为我们必须思考和研究的命题,让我们一起来了解武术文化的历史沿革、价值和重要性。武术文化汲取中华传统文化的精华,逐渐形成了自身独特的文化价值体系,也打下了武术文化自信之根基。教师借助中国非物质文化遗产数字博物馆,带领居民学习国家级非物质文化遗产代表性项目——太极拳和少林功夫,学会用国风水墨描绘武术插画,培养居民的文化自觉,实现武术在社会上的普及。

## 二、任务目标

① 了解武术文化的历史沿革、武术文化自信之根基。

② 学习国家级非物质文化遗产代表性项目——太极拳和少林功夫。

③ 能够进行国风水墨画风格的武术插画设计。

## 三、任务准备

笔记本电脑、绘画工具、颜料、图片、PPT等教学资源。

## 四、任务学习

### （一）情境设置 导入美

中国传统武术，是以中国为地域范围，具有中国特色的，历史悠久的，人人皆能习得的，以制止侵袭、停止战斗为导向的应用技术，是一门包含武术与武德的传统学系，也是带领修习者认识人与自然、社会客观规律的传统教化理论。带领居民观看中国传统武术视频，导入本课内容。

### （二）平等对话 探寻美

1. 武术文化的历史沿革——从技术到文化

原始社会时期，先民多在劳动中及与野兽的搏斗过程中，为了求生存，开发了一系列格斗技能，这些动作多出于人类的生存本能，技术和思想体系都尚未形成，故这种原始的格斗技能动作不能被称作武术。随着社会的发展，生产力的提高，人们开始争夺资源，战争由此多发。为了获得生存资料，人们将本能性的攻防技能加以研习并传给后人，在不断注入民族文化后，武术得到进一步发展。

"武术"这一词汇最早出现在《皇太子释奠会作诗》中："偃闭武术，阐扬文令"，其中的"武术"泛指"军事"。在商周时期，武术被称为"拳勇"；春秋战国时期被称为"技击"；汉代，出现了"武艺""手搏"等名称；汉以后，"武艺"一词被广泛使用，意指骑、射、击、刺等军事技术；清初时，火器的出现使武术与军事逐渐分离，更多地走向民间；民国时称武术为"国术"；中华人民共和国成立后，"武术"代替"国术"的概念，并沿用至今。武术名称的嬗变，始终离不开技击这一本质特征。随着时代的变迁，冷兵器逐渐退出历史舞台，武术逐渐演化成一个专门的体育项目，形成了独立的技术和思想体系及竞赛规则。

中国武术之所以有其独特的文化体系，原因不仅在于武术技术、拳种的多样性，还在于它强大的生命力和独立性。尽管发展历程坎坷，曾多次在外敌入侵及帝王的政令中受到影响，但武术以其独特的内涵价值和强大的生命力得以延续至今，并且没有被同化、被改变，而是具有独立完整的文化体系。从马良的"新武术"，到北洋政府将"武术"列为学校必修课，其间伴随着《中华新武术》等教材和多所武术传习所问世，武术在近代得到了进一步发展。"土洋体育之争"进一步推动了武术的改良，中央国术馆、精武体育会、中华武士会等著名武术团体涌现，这些都昭示着尚武精神已深刻地内化于民众心中，武术以崭新的面貌面世，也为日后武术的发展做了铺垫。

武术在1949年后被归为优秀民族文化遗产，在1953年举办的首届全国民族形式体育表演及竞赛大会上，武术被纳入表演项目，至1957年，被列为国家竞赛项目。1958年，武术协会成立。为了武术文化的延续和发展，政府有关部门也采取了一系列措施，如创编武术竞赛规则、编写群众武术习练的相关教程，通过出版图书、拍摄影视片等进一步宣传武术。与此同时，还通过开展相关的生理研究进一步探究武术的内涵和价值，使其不断科学化；通过在各类院校开设武术课、武术专业等，使武术得到进一步推广。

武术发展的历史嬗变赋予了武术深厚的文化内涵，从初期的防身自卫，到服务于军事，再到当代转化成强身健体、修养身心的方式之一，时刻传递着优秀的价值内涵。武术文化的产生和发展与中华文明的发展进程相一致，因此，仅仅把中国武术视为一个体育项目、一种专门的技能，还远远不能算作包容和理解中国武术。虽然任何体育项目都有文化意义，但没有哪个体育项目具有武术那样浓郁的民族文化特征，具有武术那么大的文化包容量和负载能力。武术的发展早已突破了技术层面，其文化属性的彰显是中国武术发展的重要特征。

2. 武术文化与传统文化

武术与中国传统文化有着不解之缘，中华传统哲学、养生学、中医学、宗教礼仪的思想和观念都对武术文化产生了深远的影响，极大丰富了武术文化的内涵，使武术文化成为中华文化显著的文化符号，具有极高的辨识度。武术文化在发展过程中不断汲取传统文化的精髓，是中国传统文化的集中体现，也是中国人独特的身体语言，承载着中国传统文化的核心价值和内涵。即使是在动荡不堪的近代中国，武术文化也依然是支撑中国人民奋起抗争、自强不息的强大精神支柱。武术并未因官府的禁止而消亡，从霍元甲的精武体育会到张之江发起的中央国术馆，习武人尚武爱

国、自强不息的精神,不仅凸显了武术的文化特征,也为中国的伟大复兴添加动力。

武术文化并不等同于中国传统文化,它是一种独立的文化存在,不仅有自身独特的思想价值、理论体系,更有其个性所在。在武术的攻防实践中,通过对动作的反复磨炼,武术人对人体攻防技术的思考、感悟,以及所提炼出的思维方式,构成了武术文化的基础,丰富了中华文化的内容,使之区别于其他传统文化,为中华文化做出了自己独特的贡献。

3. 武术文化与中国传统哲学

(1) 武术文化与阴阳学说

阴阳学说是中国古代人民创造的朴素的辩证唯物的哲学思想,是最具代表性的中国传统哲学思想之一,认为凡事都有阴阳两面,既相互对立,又相互依存,始终在不断地运动变化,阴阳属性是事物发展的根本规律。武术受阴阳学说的影响,在实践中形成了一系列阴阳范畴,如攻防、刚柔、虚实、开合、起落、进退等。武术的拳法、拳理来源于中国哲学思想,最典型的就是太极拳,太极拳始终将肢体动作与吐纳相结合,刚中带柔,柔中带刚,体现阴阳转化的思想,阴阳消长,物极必反。

(2) 武术文化与五行学说

所谓五行,就是木、火、土、金、水。练功要考虑到季节、时间、方位、人体生理机能的变化等因素,选择合适的习练方式,以达到养生健身的目的。例如,流行于广东的"少林八卦五行功",就会根据不同的季节和人体内五脏的运行规律,分别进行卧功、坐功、站功、走功的各套练习。武术深受阴阳五行学说的影响,它的习练正是遵循五行相生相克的基本原理来合理设计安排的,并结合中国传统医学,以达到修养身心的目的。其中,形意拳与五行学说的结合最为典型。

(3) 武术文化与天人合一

中国传统哲学思想的最高境界就是天人合一,即人与自然的和谐。习武者讲究环境、方位、时机的选择,追求"吸收天地之灵气""感悟人生之奥妙"的境界,讲究"内三合"与"外三合",即精、气、神的协调配合。武术中的天人合一思想还体现在对自然界各种事物的模仿,习武者汲取各种动物的形象、动作、攻防意蕴,将之融入拳术的技式,如鹤拳、螳螂拳等拳法及一些武术招式,如金鸡独立、白鹤亮翅等,都是天人合一思想在武术中的体现。

（4）儒家思想对武术文化的影响

儒家思想的核心是"仁"和"礼"，"礼"为道德规范，"仁"为最高道德准则。它们既成就了中华民族礼仪之邦的世界名片，又影响了武术文化的内核，武术融汇了儒家思想的道德礼仪观念，"不学礼，无以立"，武术相较于其他运动形式而言，更注重礼仪文化，如抱拳礼、鞠躬礼、器械礼，这是儒家文化对武术礼仪文化的渗透，传达了谦和仁爱、不为人先、克己复礼、尊师重道的理念。

受儒家"仁义"思想影响最深刻的当为武德的教化，也是儒家思想对武术文化渗透的最高表现。古人云："一日为师，终身为父。"武术的这种特殊的师徒教育传承模式，教育武术人无论其技艺如何，尊师重道是最基本的道德要求。这也造就了武术人的家国情怀、内圣外王的思想，修身养德，齐家、治国、平天下，以自己的行为影响他人，是习武之人追求的最高境界。

（5）道家思想对武术文化的影响

道家思想是中国本土的哲学思想，世间万物皆有其道，"道法自然、天人合一"，道家崇尚自然、返璞归真的哲学思想对武术文化产生了深远的影响。

武术中关于"气"的理论，是道家思想的集中体现，"炼精化气，炼气化神，炼神还虚"，道家主张修炼精气神，以达到长生不老的境界，这影响了武术健身养生的思想理念。武术的招式可以传授，但内在的意境要靠个人的体悟，武术历来有"内练一口气，外练筋骨皮"的说法，所谓内练，就是"气"的修炼。同时，太极、形意、八卦等许多拳种的理论，都是道家思想的体现。

正是中国传统文化的渗透，使得武术文化有着用之不竭的优秀思想内涵，武术在经历了近一个世纪因西方体育传入产生的巨大震荡之后，仍屹立在世界体育之林，以其自身特有的文化内涵和思想价值不断得以传承。

4. 武术文化自信之根基

武术的文化特性是文化自信之根基，它包括以爱国主义为核心的、自强不息的民族精神，有助于个人修养身心，实践社会主义核心价值观，丰富世界体育文化，拓宽中国文化对外传播路径，推动国家文化发展，这些共同构成了武术文化的核心竞争力，使得武术文化成为中华民族优秀传统文化的代表，成为中华文化的符号。

5. 国家级非物质文化遗产代表性项目

（1）杨氏太极拳（2006年第一批国家级非物质文化遗产项目）

永年杨氏太极拳为清道光年间广府杨露禅所创，发源于永年县（今永年区）广府古城。此后，永年县先后出现了杨班侯、杨澄甫、杨振铭等30多位大师级拳师，被尊为"太极圣地"。杨露禅外出学艺18年，悟得各路拳术精髓，对太极、八卦等健身技艺尤有深刻的理解，他在陈氏老架的基础上创编出108式的永年杨氏太极拳，回家后专职开馆教拳。此拳传承脉络清晰，历史上名人辈出，海内外广有习练者。

杨氏太极拳拳架舒展，结构严谨，由松入柔，积柔为刚，刚柔相济，身法突出，含胸拔背，以腰为轴，上下相随，内外结合，中正安舒，轻松自然，轻灵沉稳。永年杨氏太极拳包含两方面内容：一是太极拳套路，主要包括大、中、小架，快架，三十二短打等；二是杨氏太极拳器械，主要包括太极剑、太极刀、太极十三杆等。

永年杨氏太极拳展示了人体的艺术性，老少皆宜习练。它有益于增强人民体质，习练者按其要求秉持讲义重德的中华传统武术精神，对增强中华民族的凝聚力、自信心、自豪感有积极的作用。

（2）少林功夫（2006年第一批国家级非物质文化遗产项目）

少林功夫是指在河南登封嵩山少林寺这一特定佛教文化环境中形成的，以佛教神力信仰为基础，充分体现佛教禅宗智慧并以少林寺僧人修习的武术为主要表现形式的一个传统文化体系。

少林功夫具有完整的技术和理论体系，它以武术技艺和套路为表现形式，以佛教信仰和禅宗智慧为文化内涵。少林寺目前流传的少林功夫拳术、器械和对练套路等合计有255种。少林功夫的传习方式主要以口诀为媒介，与少林寺传统的宗法门头制度相结合，其核心内容是师父的言传身教和弟子的勤学苦练。少林功夫达到了"禅武合一"的精神境界，是中国武术文化最杰出的代表之一。

（三）探究实践　体验美

学习国风水墨画风格的各门派的武术插画设计。

国产动漫《雾山五行》吸纳了中国传统水墨画的风格，因而具有生动鲜明的中国风，同时在美术设计上并不一味依赖水墨画风格，而是融入了国漫常有的粗细而不失流畅的线条，让故事中的每一个人物都有让人一眼难忘的独特记忆点。这种水墨点染与国漫风格的和谐相融无疑是很有创新性的，每个场面都精雕细琢，最终呈现给观众一种"人在画中游"的真实感、亲切感与别致美感。

作为一部原创国风热血动漫，激烈的动作和战斗大场面显然是占据举足轻重的地位的，打斗时的一招一式、举手投足都充满了观众喜闻乐见的国风元素。并且，金、木、水、火、土五大元素和阴阳五行概念的引入，让颇显传统的水墨国风增添了别具特色的奇幻风格，并在大气磅礴的激战场面中体现得淋漓尽致，这种非常鲜明直观的呈现，带给观众一种极其新颖的武侠感。

(四) 展示交流　提炼美

国风是一个具有文化特点的符号，与中国非遗文化传统武术相结合进行插画创作是本课的难点。首先要根据关键词进行联想和延伸，甚至可以将联想出来的二级元素再次加以延展，构思出新的元素，并尽可能多地搜集同类题材的图片做参考；然后根据主题需求"做减法""做筛选"；元素确定后进行画面构图和元素细化，构图时要注意主体与装饰物的位置和大小，建议强化装饰物的大小对比，形成主次，并加强元素之间的层次感；接着确定色彩小稿，用混色协调色彩之间的关系，看上去色彩不会各过各的，不同元素之间存在互动，通过色彩的创新让画面更独特；最后完成作品。

师生开展多元评价，居民交流心得，展示作品。

(五) 巩固延伸　拓展美

在文化自信的时代背景下，作为中国优秀传统文化代表之一的武术文化受到越来越多的关注。从文化自信的视角，论武术文化的发展，可以让我们清晰认识到武术发展过程中存在的缺陷和不足，从而推动武术文化理论体系的形成，消除人们对武术的片面认知，通过弘扬武术文化，提高人们对武术的文化认同，促使武术文化成为民族文化自信的根基。

**五、任务评价**

请在符合自己实际情况的框格内打"√"，数字越大代表符合程度越高。

| 评价维度 | 评价内容 | 自评等级 | | | | |
|---|---|---|---|---|---|---|
| | | 1 | 2 | 3 | 4 | 5 |
| 学习主动性 | 能主动开展知识学习，积极参与课堂实践 | | | | | |
| 理解能力 | 了解武术文化的历史沿革、武术文化自信之根基等 | | | | | |
| 实践能力 | 学会用国风水墨进行武术插画设计，并能够将所学知识进行有意义的运用 | | | | | |
| 拓展能力 | 能收集和整理相关信息，不断拓展知识 | | | | | |
| 审美能力 | 能够感受美、欣赏美、创造美，感受多种美的形式，提升审美境界 | | | | | |

## 【结论与启示】

以文化为经线，以创意为纬线，把非遗宝贵、独特的资源，转化为文化创意产品中的有生力量，是有社会意义、有经济收益的思路。作为教师应当持之以恒地使非遗技艺薪火相传；作为中国人，应当学习、研究、采纳非遗项目中极具艺术性的部分，在深入了解的基础上加以再创造、再设计。由此设计成的文化创意产品，将成为中国独具特色的文化名片，提高中国非物质文化遗产的知名度，促进文化创意产业的发展，并将对非遗本身进行"反哺"。

本章节通过对非遗文化相关知识的传授，辅以配套的适宜在社区开展的非遗技法实践，让居民体会民间文学美、传统美术美、传统技艺美、传统武术美，达到育人的目标，激发居民对非遗艺术及生活的热爱，充分发挥美育在社区文化建设中的有益价值与作用。

根据非物质文化遗产的认定机构的级别，分为国家级、省级、市级、县级四类非物质文化遗产，共有10大门类，其中国家级非物质文化遗产代表性项目共有1 557项，各省为100项左右，截至2021年12月，国家级非遗项目代表性传承人总计有3 063人。各省、市的非遗各具特色，如昆曲婉丽妩媚、乱针绣巧夺天工、唐卡璀璨艳丽等。这些非遗既是各省、市的文化名片，也是社区美育丰富的课程资源，通过教学的传播，可以见证延绵不息的文明传承。

## 参考文献

[1] 高悦. 扬州非遗文化在文创产品设计中的应用研究 [D]. 上海：华东理工大学，2016.

[2] 谭宏. 非物质文化遗产视野下民族民间文学的活态传承：以口头文学为核心 [J]. 广西师范学院学报（哲学社会科学版），2017（6）：69-78，86.

[3] 杨慧子. 非物质文化遗产与文化创意产品设计 [D]. 北京：中国艺术研究院，2017.

[4] 钟谋. 文学艺术类非物质文化遗产保护方式探析 [J]. 四川省干部函授学院学报，2018（1）：20-23.

[5] 黄克顺. 民间文学类非物质文化遗产的活态传承探析：以寿县为例 [J]. 皖西学院学报，2018（1）：142-145.

[6] 王迪. 文化自信视野下的武术文化传承思考 [D]. 北京：北京体育大学，2019.

[7] 季晓丹. 传统武术文化传承体系研究 [D]. 上海：上海师范大学，2019.

[8] 黄景春. 民间文学研究 [J]. 苏州教育学院学报，2022（2）：21，75.

[9] 何兵，王一骏，夏传丽. 非遗语境下乳山民间文学的传承与经济发展研究 [J]. 文化创新比较研究，2022（34）：89-93.

[10] 王蓉. 武术舞台表演中中国传统文化元素的研究 [D]. 西安：西安体育学院，2022.

## 第六章

# 指尖上的红色文化

　　红色文化是中国共产党带领先进分子、革命群众推翻三座大山、争取民族独立、推进国家富强过程中所形成的革命文化。习近平总书记多次强调，要利用好红色资源，把红色传统发扬好、把红色基因传承好。红色文化厚植民众爱国主义情怀，对于加强和改进思想政治教育工作，落实立德树人根本任务具有十分重要的意义。将红色文化与思想政治理论课融合，在全体居民思想政治教育中发扬红色传统、传承红色基因，"使红色基因渗进血液、浸入心扉"，充分调动青年一代的积极性，不断培育时代新人，是我们当前应该思考的重点。

　　本章节以任务式教学的方法，从红色故事美、红色人物美、红色建筑美三个方面将红色文化与文创结合，发挥精神文化产品潜移默化的作用，生动具体地表现社会主义核心价值观。以红色文化作为内在的灵魂和有力的驱动，帮助社区居民在吸收专业知识的同时继承优良的革命传统，唤醒历史记忆，树立正确、积极的价值导向，同时凝聚政治认同感。

# 第一节 红色故事美

## 任务：绳结里的中国红

结绳技艺是中华民族特有的手工编结技艺，它具有悠久的历史。在绳结编织中，人们最为熟知的便是中国结。它兴于唐宋，盛于明清，种类繁多、造型优美、色彩多样，不仅体现了我国古代的文化信仰，有着浓郁的宗教色彩，而且表达了人们追求真、善、美的愿望。

### 一、任务描述

中国结，是中华古老文明的传承之一。每逢新春佳节，很多人家都会悬挂中国结。本节将带领社区居民从绳结的历史、种类和寓意，绳结里的红色故事，绳结构制作工艺等方面一起来认识它。

### 二、任务目标

① 了解中国结的历史演变，中国结的种类寓意，中国结的材料及制作工艺。

② 了解与绳结相关的红色故事、红色文化。学会中国结之盘长结的制作工艺，感受中国传统非遗技艺的美。

③ 了解中国结对人们生活的意义，领会自然美、生活美、艺术美的内涵。

### 三、任务准备

绳结材料包（红色中国结专用绳2根、编绳盘编器、定位针）、中国结成品、打火机、镊子、剪刀等制作工具。

### 四、任务学习

（一）情境导入　故事之结

红绳之红是革命之红，是热血之红，更是赤诚之红。中国绳结艺术是火红的希望，是绚丽的憧憬。一根小小的红线牵古通今，很多传奇红色故事都与绳结有关，如《一绺红绳系忠魂》《坐筐过绳桥会师》等。《一绺红绳系忠魂》讲的是原湘鄂赣省委书记林瑞笙的英雄故事，林瑞笙英勇牺牲后，战友为了纪念他，在其棺内留下一绺红色毛绳为记号，又在其墓前植下一棵松树，以便日后寻找。见此红绳青松，如见先烈英容，我辈自当永世缅怀，赓续其不朽之精神。

《坐筐过绳桥会师》讲的是 1935 年 6 月 14 日，中央红军一部和红四方面军一部在达维镇会师，红三军团担负中央交予的维护交通、与红四方面军会师的任务，彭德怀亲自率领十一团来到维古村，因河上的桥已经被敌人破坏，战士们便将筐子拴在绳子上，坐在筐子里，从河对岸慢慢地荡过去，双方终于成功会师的故事。

绳结艺术在我国民俗工艺中占有重要地位，结绳编织从旧石器时代的缝衣打结开始，经过几千年的时间，从实用绳结技艺演变成为今天的精致艺术。

（二）追寻历史　演变之结

中国结，始于上古先民的结绳记事，据《易·系辞》记载："上古结绳而治，后世圣人易之以书契。"它正式作为一种装饰品始于唐宋时期，到明清时期，人们才开始给这种结命名，于是便有了"中国结"之名。郑玄云："事大，大结其绳，事小，小结其绳。"由此可见，在远古的华夏大地，"结"被先民们赋予了"契"和"约"的法律表意功能，同时还有记载历史事件的作用，"结"因此备受人们的敬畏。

斗转星移，数千年来人类的记事方式经历了绳结与甲骨、笔与纸、铅与火、光与电的演变。如今，在笔记本电脑的方寸之间，轻触键盘，上下 5 000 年的历史就可以尽在眼前。小小彩绳早已不是人们记事的工具，但当它被打成结时，就与一个个古老而美丽的传说联系在一起，被赋予了永远美好的祝福，它也就成了一项历史文化遗产、中华文化之瑰宝。

（三）探寻文化　寓意之结

每个中国结从头到尾都是用一根丝线编结而成的，每个基本结又根据其形、意命名。把不同的结饰组合在一起，或与其他吉祥饰物搭配组合，就形成了传统吉祥装饰物品。

中国结，名取自其自然形态又以谐音表其寓意，如用"吉字结""馨结""鱼结"命名就成为寓意"吉庆有余"的结饰品，以"蝙蝠结"加上"金钱结"可组成"福在眼前"等。还有"长寿安康""财物丰盛""团圆美满""幸福吉祥""喜庆欢乐"等多种图案，不仅造型优美、色彩多样，还包含了美好的祝福和心愿。

（四）实践体验　创作之结

中国结种类繁多，主要有两大系列——吉祥挂饰和编结服饰，每个系列又包括多个品种。如吉祥挂饰有大型壁挂、室内挂件、汽车挂件等；编结服饰有戒指、耳坠、手链、项链、腰带、古典盘扣等。

中国结中最为人所熟知的还要数盘长结。盘长结是中国结中最重要的基本结之一，经常被作为许多变化结的主结，也因为此结具有紧密对称的特性，所以在视觉上容易被人们所喜爱，很多人看到盘长结直接称之为"中国结"。

盘长结象征连绵不断，是万物的本源，又有回环贯彻一切通明之意。盘长结的编制方法有很多，如针板法、徒手酢浆草法等，编制者全凭自己的喜好进行编制。本次向居民介绍用针板法编制二回盘长结。

编制中国结用到的基础工具和材料有很多，拿线材来讲有丝、棉、麻、尼龙、混纺等。常用的有中国结专用丝线，编小巧精致一些的结则常用玉线、股线、金银线、蜡线等。每种线有不同的型号，粗细有别。不同质地的线，可以编出不同风格的作品。

除线材外，我们还会用到编绳架、编绳盘编器等。本次课教师准备的材料主要有红色中国结专用绳2根、编绳盘编器、定位针。

二回盘长结编法步骤：

第一步：将两根80厘米长的6号红线（a线）和黄线（b线），用打火机加热线头使两线粘连，并对折。

第二步：将b线绕a线一圈并打一个结，a线从结中穿出打一个结，收紧成一个双联结。

第三步：上钉板。a线绕出横线。

第四步：将b线按照一挑一压的顺序从a线穿过，套到珠钉上。

第五步：将a线逆时针绕回，并从右侧第一层b线圈上方穿入，绕过a线底部穿出。

第六步：将a线从第二层b线圈上方穿入，绕过a线底部穿出。

第七步：将b线从右下方按照一挑一压的顺序穿入，接着再按照挑三压一的顺序，由a线圈从下往上穿出。然后b线按照压a线、挑b线的规律往回穿。

第八步：将b线从左下方按照第七步的方法穿线。

第九步：取下珠钉，先扯b线，再扯a线，整体调整，并穿入串珠。

第十步：重复第二步，打一个双联结固定串珠。将a、b两线以凤尾结结尾，完成作品。

（五）展示交流　享美之结

中华民族有着许许多多灿烂优秀的传统非遗技艺，它传递着古代劳动人民的智慧，是古代劳动人民的生活美学，希望每个居民都能带着发现美的眼睛，用双手去传承和创造更多灿烂的中华非遗技艺。

师生开展多元评价，居民交流心得，展示作品。（图6-1）

图6-1　红色故事美——"绳结里的中国红"作品实践

（六）巩固拓展　传承之结

悠久的历史和漫长的文化沉淀使"中国结"蕴涵了中华民族特有的文化精髓。它是一种精美结构的展示，更是中华民族自然灵性与人文精神的表露。中国结的精美作品还有很多，让我们一起传承中华绳结艺术，把这些中国结作品悬挂装点起来，为我们的生活增添一份艺术美、文化情！

红色基因融入血脉，形成了永不褪色的红色文化。赤色的中国屹立东方，红红的绳结艺术必将走向更为广阔的世界舞台。

讲好红色故事，传承红色精神，厚植家国情怀，我们要牢记习近平总书记的殷殷寄语，以实干践行初心使命，为实现中华民族的伟大复兴而努力奋斗！

五、任务评价

请在符合自己实际情况的框格内打"√"，数字越大代表符合程度越高。

| 评价维度 | 评价内容 | 自评等级 ||||| 
|---|---|---|---|---|---|---|
| | | 1 | 2 | 3 | 4 | 5 |
| 学习主动性 | 能主动开展知识学习，积极参与课堂实践 | | | | | |
| 理解能力 | 掌握中国结的历史演变、内涵价值，了解与绳结有关的红色故事、红色文化等 | | | | | |
| 实践能力 | 学会盘长结的制作工艺，并能够将所学知识进行有意义的运用 | | | | | |
| 拓展能力 | 能收集和整理相关信息，不断拓展知识 | | | | | |
| 审美能力 | 能够感受美、欣赏美、创造美，感受多种美的形式，提升审美境界 | | | | | |

## 第二节　红色人物美

### 任务：纸韵雷锋情

百年风雨兼程，世纪沧桑巨变，中国共产党在内忧外患中诞生，在磨难挫折中成长，在攻坚克难中壮大，从胜利走向胜利，在这个过程中，离不开一代又一代红色人物的奉献。这些红色人物包括但不限于毛泽东、周恩来、朱德、刘少奇、邓小平等中国革命时期的领袖，以及其他在中国革命、建设和改革中做出杰出贡献的人物。这些人物代表了中国共产党和中国人民不屈不挠、艰苦奋斗的革命精神与奋斗精神，是中国近现代历史不可或缺的一部分。

#### 一、任务描述

纪念是为了更好地铭记，雷锋精神是一种大爱情怀，一种个人价值的体现。60年来，雷锋精神如同一部跨越时空、生生不息的青春之歌在中华大地上代代传承，深深融入中华民族的血脉，影响了无数中国人的心灵，激励着一代代中华儿女。引导居民在"学习雷锋好榜样"精神的激励和感召下，了解学习剪纸基本技法，用剪纸向这位平凡而伟大的英雄人物——雷锋致敬。

每张剪纸后面都是中华文化的传递，剪出的雷锋形象也同样如此，他的美好品质值得我们每个人铭记。

## 二、任务目标

① 了解红色人物雷锋的事迹。

② 掌握剪纸的基本技巧，能够设计并创作红色人物剪纸作品。

③ 引导居民学习传承红色人物的精神与情怀，探寻他们光辉的革命足迹，唤起居民对红色文化主题剪纸艺术的热爱，培养居民的创造性思维能力和动手能力，使他们能够在实际生活中发现美、欣赏美、创造美。

## 三、任务准备

剪纸等示范作品、剪纸材料包、剪刀、刻刀、复写纸、胶水、课件等。

## 四、任务学习

（一）情境设置　导入美

教师展示美术作品导入本课，并设置思考题：

① 哪些是红色革命精神剪纸作品？

② 红色革命精神剪纸作品与其他美术作品有什么不一样？有哪些特点？

（二）平等对话　探寻美

本节课我们一起走近红色人物雷锋。

1. 生平介绍

雷锋（1940年12月18日—1962年8月15日），原名雷正兴，出生于湖南长沙，中国人民解放军战士，共产主义战士。1954年加入中国少年先锋队，1960年参加中国人民解放军，同年11月加入中国共产党。1961年5月，雷锋被选为辽宁省抚顺市第四届人民代表大会代表。1962年2月19日，雷锋以特邀代表身份，出席原沈阳军区首届共产主义青年团代表会议，并被选为主席团成员在大会上发言。1962年8月15日，雷锋因公殉职，年仅22岁。

雷锋对后世影响最大的是以其名字命名的雷锋精神。雷锋精神是为共产主义奋斗的精神，忠于党和人民、舍己为公、大公无私的奉献精神，立足本职、在平凡的工作中创造出不平凡业绩的"螺丝钉"精神，苦干实干、不计报酬、争做贡献的艰苦奋斗精神，归根结底就是全心全意为人民服务的精神，雷锋精神影响了后来一代又一代的中国人。

2019年9月25日，雷锋被评选为"最美奋斗者"。

2. 雷锋事迹介绍一：帮大嫂买火车票

有一次，雷锋外出执行任务，在沈阳火车站换车，在检票口，他发现一群人围看一位中年妇女，中年妇女的背上还背着一个小孩。这位中年妇女坐在地上号啕大哭，雷锋上前询问怎么回事，这位中年妇女才哭哭啼啼说了事情经过，原来她娘家在山东，可她不小心将火车票丢了，身上又没钱，已经在车站饿了一天。

雷锋一听，赶紧去买了一张去山东的火车票塞到中年妇女手里，还顺带着给了她10元钱。中年妇女激动地说："大兄弟，你真是好人啊！你叫什么名字？是哪个单位的？"雷锋说："我叫解放军，就住在中国。"

3. 雷锋事迹介绍二：背残疾人过河

有一次，雷锋和战友在深山里执行森林防火巡查任务，深山里有一座小山村，一条小河从村中间穿过，以前这条河上有一座木桥，可不久前被河上游漂下来的木头给撞垮了，村民就只好踩着水里的石头过河。

雷锋正要过这条河的时候，河边来了一个人，是一位残疾人，他正从不远处的地方爬过来。雷锋的战友们看到这个人都捂着鼻子，赶紧走开。因为这个人一身的猪粪狗屎，披头散发。

那位残疾人在河边停下来，嘴里喊："解放军同志，帮帮我，我要过河！"

其他的战友都躲开了，因为这个人太脏了，只有雷锋不躲，他一把将残疾人背过河，还专门等这个人把事办完，又帮忙把他背回来。

战友们都对雷锋同志竖起大拇指，说："雷锋同志真是好样的！"

4. 分享身边的"雷锋"

居民被教师讲述的雷锋乐于助人、关心他人及体现钉子精神的种种事迹深深感染，心中充满了无限仰慕，纷纷畅谈起自己身边的"雷锋"故事，分享心得感悟。雷锋故事代代相传，每一代人都有着不同的理解，也有着不一样的传承，但雷锋精神的内核是永远不会改变的。

5. 剪纸形式

剪纸是我国传统的民间艺术，历史悠久。剪纸的样式很多，如窗花、喜花、礼花、鞋花、门笺、斗香花等，具有单纯、简洁、朴实，富有装饰性的特点。

6. 剪纸技巧

① 阴阳刻：剪纸的基本效果是通过单独或混合使用阴阳线得到的。阴刻也称镂刻，就是刻去表示物象结构的轮廓线。阳刻也称镂刻，正好与阴刻相反，是刻去空白部分，保留轮廓线。

② 折叠：将纸折叠后产生重复的图案，是剪纸技法中最基本的一种，也是单色剪纸采用的一种表现手法。它所产生的不同效果取决于折叠的次

数和角度。

③ 刺孔：用小刀或剪刀在纸上剪刻出基本轮廓，然后用针在图案上刺孔，主要是让多层纸连接，同时于粗糙中见细致。

7. 剪纸类型

① 单色剪纸：剪纸中最基本的形式，剪纸的颜色单一，但可选择的颜色多样，有红色、绿色、褐色、黑色、金色等，此类剪纸主要用作窗花装饰和刺绣的底样。

② 彩色剪纸：随着剪纸表现形式的发展，彩色剪纸的形式和技法在逐渐增多，有点染、套色、分色、填色、木印、喷绘、勾绘和彩编等。

③ 立体剪纸：既可以是单色，又可以是彩色。它是采用绘画、剪刻、折叠、黏合等综合手法创新出的一种近于雕塑、浮雕的新型剪纸。

（三）探究实践　体验美

教师将红色人物剪纸展示给居民，并讲解剪纸所需的制作工具，如剪刀、刻刀、垫板、镊子等。

以雷锋为主要形象，完成红色人物剪纸作品。制作方法和步骤如下。

第一步：将雷锋人物形象的设计稿和红色纸用订书机装订好。

第二步：运用剪刀，剪出雷锋的人物形象。

第三步：用刻刀刻出细节，再用剪刀剪出完整作品。

（四）展示交流　提炼美

师生开展多元评价，居民交流心得，展示作品。（图6-2）

图6-2　红色人物美——"纸韵雷锋情"剪纸作品实践

（五）巩固延伸　拓展美

红色文化作为社会主义先进文化的代表，是社会通识教育的经典教材。红色文化记录了中国近现代发展历程中百折不挠的峥嵘岁月,是革命先驱忠国、爱国的印记和符号,正是革命史上的这些英雄和勇士带领中国人民在泥泞的道路上、在敌人的炮火中勇敢斗争,为中国迎来了革命的伟大胜利,使人民当家作主、过上了幸福美好的生活。他们勇于担当、敢于奋斗的牺牲精神将永留史册,值得人民歌颂与赞扬,他们的革命精神、理想信念是青年一代作为新时代中国特色社会主义建设者的精神指引。

共和国是红色的,不能淡化这个颜色。教师引导居民学习红色人物,发扬红色传统,传承红色基因,激活红色文化教育活性,时刻勉励自我:一心向党、初心如磐!

### 五、任务评价

请在符合自己实际情况的框格内打"√",数字越大代表符合程度越高。

| 评价维度 | 评价内容 | 自评等级 | | | | |
| --- | --- | --- | --- | --- | --- | --- |
| | | 1 | 2 | 3 | 4 | 5 |
| 学习主动性 | 能主动开展知识学习,积极参与课堂实践 | | | | | |
| 理解能力 | 了解红色人物——雷锋的事迹,学习雷锋精神,掌握剪纸的基本技巧等 | | | | | |
| 实践能力 | 能够设计红色人物雷锋的形象,完成剪纸创作,并将所学知识进行有意义的运用 | | | | | |
| 拓展能力 | 能收集和整理相关信息,不断拓展知识 | | | | | |
| 审美能力 | 能够感受美、欣赏美、创造美,感受多种美的形式,提升审美境界 | | | | | |

## 第三节 红色建筑美

### 任务:丹青绘初心

百年征程,百年奋斗。红色遗产是伟大历程、伟大奋斗的记录与见证,是学习党史、学习新中国史的活教材。习近平总书记指出:革命博物馆、纪念馆、党史馆、烈士陵园等是党和国家红色基因库。要讲好党的故事、革命的故事、根据地的故事、英雄和烈士的故事,加强革命传统教育、爱国主义教育、青少年思想道德教育,把红色基因传承好,确保红色

江山永不变色。据统计，全国有革命专题博物馆和纪念馆 800 多家，与近现代重要革命事件和人物直接相关的可移动文物共 49 万件套。登记的革命旧址、遗址 33 315 处，其中全国重点文物保护单位 477 处，抗战文物 3 000 多处，长征文物 1 600 多处。每一处遗址、每一个纪念馆、每一件文物都是红色精神的载体，讲述红色故事，传承红色基因要充分利用红色建筑，发挥红色建筑活教材的功能。

## 一、任务描述

遍布全国各地的红色建筑是中国共产党伟大奋斗历程的见证，红色建筑具有纪念英烈、教育民众、传承红色基因等功能。因此，必须保护好红色建筑，讲好红色故事，弘扬红色精神。让我们一起来了解红色建筑的内涵演变和红色建筑的功能，通过课堂学习，绘红色主题，画丝路古建，为时代、为人民拿起建筑画笔，讴歌丝路精神、民族精神。通过社区美育，实现"用心、用情、用力，保护好、管理好、运用好红色资源"。

## 二、任务目标

① 了解红色建筑的内涵演变和红色建筑的功能。
② 通过课堂学习，绘红色主题，画丝路古建。
③ 学习红色建筑，能讲述红色故事，发挥红色建筑活教材的功能。

## 三、任务准备

图片、PPT 等教学资源，绘画工具，素描纸。

## 四、任务学习

（一）情境设置　导入美

教师讲解中国著名红色建筑，导入本课。

1. 中国人民革命军事博物馆

中国人民革命军事博物馆是北京的地标性建筑，无论是中轴对称的结构、中央高耸的塔尖和红五星，还是面积巨大的广场，都给人恢宏庄严的感觉。中国人民革命军事博物馆内部庞大的空间能容纳下大规模的展览。在建军 80 周年之际举办的"我们的队伍向太阳"展出，全方位展出了人民解放军在队伍建设和武器装备方面的最新成就，可谓鼓舞人心。

2. 上海展览中心

上海展览中心建成于 1955 年，是中华人民共和国成立后上海第一座大型建筑，主体建筑顶上的红五星一度是上海的至高点。1984 年被定名为"上海展览中心"。现在仍是上海市主要的会议中心和重要的展览场馆。

大厦总面积9万多平方米，主楼矗立正中，上竖镏金钢塔，与主塔相互辉映，金光灿烂。

3. 武汉剧院

在武汉江汉路步行街附近，有一座在武汉颇具历史影响力的建筑——武汉剧院。1965年4月，时任国务院总理的周恩来、副总理陈毅等曾在这里观看大型音乐舞蹈史诗《东方红》。这一传统演出场所至今仍在武汉人的文艺生活中扮演重要角色，前来观看演出的人会因为它恢宏的建筑风格、楼顶飘扬的红旗和庄严的国徽标志还有门前的毛泽东雕塑，获得与众不同的体验。

（二）平等对话　探寻美

1. 红色建筑的概念

在探讨红色建筑的概念之前，首先要阐述"红色"的缘起，"红色"是红色建筑的内核和本质属性。在无产阶级世界中"红色"通常被用来象征无产阶级革命，1871年法国的巴黎公社扬起了无产阶级第一面红色旗帜；1917年俄国十月革命后建立了人类历史上第二个无产阶级政权和第一个社会主义国家。瞿秋白曾在《赤都心史》中写道："将记我个人心理上之经过，在此赤色的莫斯科里，所闻所见所思所感。"

"建筑"主要是指人们用泥土、砖、瓦、石材、木材、钢筋、混凝土等建筑材料建造成的一种供居住和使用的空间。红色建筑之所以成为一类建筑并不在于它们在结构、形态、风格、材料上的一致性，而在于它们在内涵上的一致性和独特性，是凝结在建筑背后的价值认同。中国红色建筑的源头可以追溯到十月革命传入中国的1917年，从此，那些见证中国革命和建设历程的建筑被赋予了新的建筑文化内涵。

从更广泛的意义看，红色建筑是世界无产阶级革命理论与实践的产物，其文化内核与马克思主义理论、共产主义理想信念、无产阶级革命实践具有一致性。中国红色建筑文化是马克思主义与中国传统文化、中国实践相结合的产物，具有中国特色。随着中华人民共和国的成立，红色建筑的内涵得到丰富和拓展，由无产阶级革命向社会主义建设转变，超越了狭义"革命"的限制。

2. 红色建筑内涵演变

伴随着红色文化的传播、红色旅游的发展，红色建筑开始以大众话语的形式流传。从学术史梳理的角度看，最早使用"红色建筑"这一概念是

在2005年,此后,其内涵逐步得到丰富和深化,大体经历了两个时期。

① 2005—2011年,这一时期红色建筑大体被分为两类:一类是指革命建筑,即革命文物中的不可移动文物,如瑞金、延安的红色建筑;另一类是指纪念性建筑,如革命纪念馆、英雄纪念碑、纪念堂等。这一分类方法与红色旅游中对"红色"的界定有关,也与一般视野中将红色文化等同于革命文化有关。

② 自2012年以来,红色建筑概念开始泛化。学界、媒体对红色建筑的理解出现了由革命建筑、纪念建筑向文化遗产、典型建筑转化的倾向,且出现了内涵和外延的泛化。红色建筑在内涵上不再局限于革命文物的范畴,在外延上则出现了"红色工业遗产"等概念,强调遗产中的"建设"特色。红色工业遗产是中国共产党领导国家现代化建设的历史物证与重要的革命文物。

3. 红色建筑的功能

(1) 纪念功能

一个有希望的民族不能没有英雄,一个有前途的国家不能没有先锋。在中国革命的伟大历程中,涌现出了千千万万忠于党、忠于革命事业,勇于突破、勇于牺牲的革命英雄。红色建筑中的纪念馆、烈士陵园等都是为了纪念历史、纪念英雄,承载着革命英雄留下的光辉。习近平总书记曾说:"理想之光不灭,信念之光不灭。我们一定要铭记烈士们的遗愿,永志不忘他们为之流血牺牲的伟大理想。"齐康认为,纪念性建筑正因为有了纪念性,才能让人重返历史,给人们以深刻的记忆。红色建筑是对革命先烈重大牺牲的情景还原,带领人们重新回到特殊年代,让人们留下记忆,表达对革命先烈的纪念和追思。

(2) 教育功能

习近平总书记指出:"革命传统教育要从娃娃抓起,既注重知识灌输,又加强情感培育,使红色基因渗进血液、浸入心扉,引导广大青少年树立正确的世界观、人生观、价值观。"青年一代可以从书本中学习党史,学习新中国史,但是从红色建筑中学习中国共产党的革命史和奋斗史,会更加直观、更有体验感,学习者容易被带入历史年代中,更能体验到革命先烈的奋斗环境,学习革命先烈的光辉事迹,亲身体会共产党人为中国人民谋幸福、为中华民族谋复兴的初心和使命,自然而然地接受革命教育。

(3) 宣传功能

习近平总书记指出,"我们要讲好党的故事,讲好红军的故事,讲好西路军的故事，把红色基因传承好""要利用各种时机和场合，形成有利于培育和弘扬社会主义核心价值观的生活情景和社会氛围，使核心价值观的影响像空气一样无所不在、无时不有"。红色建筑中的纪念馆、博物馆、党史馆等承载着忠于党、忠于革命、为人民服务、革命理想高于天的红色基因。红色建筑在宣传党的历史、党的方针、党的路线方面有不可替代的作用。红色建筑还能提升地方的知名度，比如延安、遵义、古田、井冈山、西柏坡等地因为有非常著名的红色建筑，地方的知名度大大提升。

（三）探究实践　体验美

中国古建筑是中华民族文明发展的历史见证，同样，在丝绸之路悠远的长河中，也留存着深刻而鲜活的古建记忆。每一处建筑在岁月中都承载着烽火硝烟，留存着革命历史发展的印记，这些都是华夏永远传承奋进精神的图腾。引导居民以表现红色古建筑历史文化、技术艺术美为选题方向，进行海报设计。

（四）展示交流　提炼美

在画笔下，嘉兴红船、一大会址、古田会址、泸定桥等革命旧址，"遇见"悠久、开放包容的丝路古建筑。在这里有历史名胜古迹、有浓厚的风土人情、有建构技艺的璀璨，更有使命担当，它们见证着红色政权的发展，这一座座丰碑式的建筑是红色文化最好的表现。

师生开展多元评价，居民交流心得，展示作品。（图6-3）

图6-3　红色建筑美——"丹青绘初心"作品实践

（五）巩固延伸　拓展美

红色建筑具有历史性、文化性和不可移动性，其传承红色基因的作用

不可替代。在主体上,中国的红色建筑文化是由中国共产党领导广大人民共同创造的文化;在内涵上,红色建筑是中国共产党领导的中国人民改造社会实践、实现中华民族伟大复兴的物质见证。红色建筑也是一个地方亮丽的名片,红色建筑的保护和宣传可以提升地方的知名度,地方又在交通设施、旅游设施、财政投入等方面对红色建筑提供支撑,从而形成红色建筑保护与区域发展的良性互动。

**五、任务评价**

请在符合自己实际情况的框格内打"√",数字越大代表符合程度越高。

| 评价维度 | 评价内容 | 自评等级 | | | | |
|---|---|---|---|---|---|---|
| | | 1 | 2 | 3 | 4 | 5 |
| 学习主动性 | 能主动开展知识学习,积极参与课堂实践 | | | | | |
| 理解能力 | 了解红色建筑的内涵演变和红色建筑的功能等 | | | | | |
| 实践能力 | 学会绘红色主题,画丝路古建,并能够将所学知识进行有意义的运用 | | | | | |
| 拓展能力 | 能收集和整理相关信息,不断拓展知识 | | | | | |
| 审美能力 | 能够感受美、欣赏美、创造美,感受多种美的形式,提升审美境界 | | | | | |

# 【结论与启示】

鲁迅曾道:"美术可以辅翼道德。美术之目的,虽与道德不尽符,然其力足以渊邃人之性情,崇高人之好尚,亦可辅道德以为治。"公共艺术教育基于艺术教育可与道德教育并存这一理念,面向社区,通过艺术教育手段把科学的审美观及创新的审美意识传授给居民,进而情感升华,实现道德观和价值观的引领。若将思政课堂中富有革命和政治色彩的红色文化部分引入艺术教育课堂,一可发挥艺术的怡情效能,借由红色文艺作品实现艺术教育中的文化转化,使红色文化更具大众性、平民性;二可借用数字艺术手段,丰富红色文化在课堂中的传播形式。

红色文化不受地域局限、不受形式约束,具有丰富多样性,既有文学、戏剧、音乐、舞蹈、美术、摄影、电影等,又有诸如歌谣、歌咏、宣传画、活动剧等,既包括革命遗物、遗迹、纪念碑、纪念堂等实物遗址,又包括革命事迹、革命文献、革命文艺等革命历史记录和蕴含其中的革命精神。社区美育课堂将红色文化元素和文创产品设计结合起来,不仅可以有效培育和提升居民艺术审美能力与动手实践能力,还可以有效激发人们的民族自豪感,提升传播红色文化的意识。

本章节通过对优秀红色文化相关知识的传授,辅以配套的剪纸、编结、绘画等技能实践,达到育人的目标,一是以红色文化作为内在的灵魂和有力的驱动,帮助社区居民在吸收专业知识的同时继承优良的革命传统,唤醒历史记忆,树立正确、积极的价值观,同时凝聚政治认同感;二是丰富红色文化教育资源、教学手段,激发居民的学习积极性,以艺术设计为载体推进红色文化的创新性发展和创造性转化,弘扬正能量;三是有利于构建社区红色文化建设主阵地,挖掘一切有利资源和积极条件,搭建具备开放性和代表性的红色主题平台,引领社区广大居民推动红色文化的传承与发展,传承红色精神,厚植家国情怀,以实干践行初心使命。指尖上的红色文化内容丰富,远远不止本章节所列出部分,诸如"红船情愫立体构成""觉醒年代革命先辈原木画""童心向党团扇手绘""巧做手工学党史"等内容,均可引导居民传承红色文化,涵养初心使命。

## 参考文献

[1] 张俊. 统筹保护红色建筑 弘扬传承红色精神[J]. 城市建筑, 2021 (24): 79-82.

[2] 王君. 基于多源数据融合的红色革命人物知识图谱构建关键技术研究[D]. 延安: 延安大学, 2022.

[3] 胡炀. 延安红色文创产品的时代性设计研究[D]. 延安: 延安大学, 2022.

[4] 张斌华. 浅谈英雄人物在油画创作中的呈现: 以杨少民为例[J]. 新美域, 2022 (11): 7-9.

[5] 任云高, 王倩颖, 冯哲. 红色文化铸魂育人的价值、困境和实施路径[J]. 办公室业务, 2023 (2): 184-186.

[6] 张亮. 红色建筑的历史变迁、时代特征与话语建构[J]. 深圳大学学报(人文社会科学版), 2023 (2): 16-26.

# 第七章

# 指尖上的邻里文化

　　社区文化的核心组成部分是邻里文化。中国邻里文化源远流长，《周礼》有云："五家为邻，五邻为里"；《左传》有言："亲仁善邻，国之宝也。"在有泱泱五千年文明的华夏大地上，"远亲不如近邻""千金买宅，万金买邻"更是流传甚久。邻里之间守望相助，友爱、分享、关怀的中国式邻里文化已然延续了数千年，在中国的城乡大地上保存完好。

　　邻里文化，美善相随，美是漂亮的音符，善是优美的词句。本章节采用任务式教学法，从生活美、自然美、人情美三个方面引导人们感受美、欣赏美、创造美，提升审美境界，用丰富多彩的美育活动叩开邻里间沟通的心门，传递邻里友情，增添社区"美善相随"的和谐氛围。

# 第一节 自然美

## 任务一：风景摄影

面对浩瀚的大海，看潮起潮落；仰望茫茫苍穹，观日出日落，看月圆月缺，云卷云舒；眺望广袤的草原，听风儿低声细语。"细雨鱼儿出，微风燕子斜。""池塘生春草，园柳变鸣禽。"流连于桂林山水，徜徉在西子湖畔。面对种种自然美景，我们不仅会慨叹大自然的鬼斧神工，造化的神奇变幻，还会慨叹于人改造自然的伟大。是的，大自然是美的。在人类进化的过程中，我们认识了自然，适应了自然，改造了自然，感受了自然美。

### 一、任务描述

自然美是指各种自然事物美的属性和非自然事物原本就有的美的特质。自然美具有广泛的认同性，它既是人们审美思想形成的基础，也是各种审美标准产生的基础，同时还是生活美、艺术美、技术美创造的参照和范本。人们不论是欣赏美，还是创造美，一般都从认识自然美开始。让我们一起来了解自然美之事物美、景象美、情境美、意象美，学会用手机记录自然美。

### 二、任务目标

① 了解什么是自然美。
② 掌握自然美的表现形式——事物美、景象美、情境美、意象美。
③ 学会用手机进行自然风光的拍摄。

### 三、任务准备

图片、PPT等教学资源、手机、软件。

### 四、任务学习

（一）情境设置　导入美

教师用自然美景的图片导入本课。

（二）平等对话　探寻美

1. 什么是自然美

法国雕塑家罗丹说："自然总是美的。"的确，大自然作为人类的母亲和家园，她从不吝惜自己的一切，总是慷慨无私地向人类献出她所拥有的

所有美，黄山的奇峰、阳朔的山水、峨眉的月色、黄果树的瀑布、天山的雪莲是自然美，朝晖夕阴、碧涧红叶、青林白云、曲径风荷、云蒸霞蔚同样也是自然美。大自然是千姿百态、气象万千、五彩缤纷的美的世界。无论是高山流水、蓝天白云、鸟语花香，还是彩虹朝霞、清风明月，都会给人们带来愉悦与满足，令人心旷神怡。由此我们可以概括地说，自然美就是自然的人化。

2. 自然美之事物美

歌曲《我的祖国》中有一句歌词："姑娘好像花儿一样。"这句歌词之所以用鲜花来比喻姑娘之美，是因为鲜花这种自然事物是人们公认的美的代表和象征。和鲜花一样，自然界中有很多事物都具有美的特质。

（1）天、地、日、月

天、地、日、月是一切自然事物中美的内涵最为丰富的几种事物，也是能够给人多种审美感受和易于唤起人们审美体验的事物。例如，"大漠孤烟直，长河落日圆"表现的是壮美，"明月松间照，清泉石上流"表现的是静美，"月上柳梢头，人约黄昏后"写的是情境美，等等。在文学作品中有关天、地、日、月的描写俯拾皆是，在各种艺术作品中，以天、地、日、月为表现对象的也不胜枚举。

（2）山水

山水之美是自然美中最具魅力的部分，历来被人们视为大美。古往今来，人们不仅乐游山水，寄情于山水，而且将山水之美写入辞章，是各种艺术作品表现的重要内容。从泰山上历史人物留下的手迹，到华山上的各种历史印记，从杭州西湖的传说，到扬州瘦西湖的佳话，无一不见证着人们的山水之爱。

（3）珍禽异兽

在现实生活中，有人喜欢养鸟，有人喜欢养鱼，人们之所以将这些作为一种乐趣，是因为珍禽异兽各有其美，能够给人以审美享受。例如，鸟儿美丽的羽毛、清脆的叫声，鱼儿美好的形象、欢快的动作等，都可以给人审美愉悦。

（4）花草果蔬

花草果蔬是人们接触最多的自然事物。鲜花之美有的表现为美丽的色彩，有的表现为清醇的香气，有的表现为优雅的形态。草之美在于生机、活力和精神，在于其清爽悦目的绿色。果蔬之美在于其爽口之味，在于其色、香和形等。更为重要的是,当果蔬进入人们的生活之后,又成为生活美的一部分。

### 3. 自然美之景象美

事物美是就各种事物的个体形象而言的,景象美是指事物的群像美。相对于事物的个体形象之美而言,景象美的内涵更加丰富,给人的美感体验更为强烈。从《诗经》中的"蒹葭苍苍,白露为霜",到唐诗中的"明月松间照,清泉石上流",中国古典诗词中的景象描写随处可见。景象一般是通过给人以视觉美感直接引起人的情感反应,也有一部分是通过触发人的想象与联想,使人的思想有所触动,从而激励和鼓舞人的精神。

### 4. 自然美之情境美

情境美实际上就是环境美,大致可以分为视觉情境、听觉情境、触觉情境和心理情境四种基本类型。不论是事物的形象美还是景象美,人们都只能置身物外去欣赏,只有情境美可以使人置身其中去体验。例如,唐代张继的《枫桥夜泊》不仅描绘了富有诗情画意的视觉情境,而且描写了美妙的听觉情境,情境美使其成为备受人们推崇之作,诗中的枫桥、寒山寺等景物也因此闻名于世。

### 5. 自然美之意象美

电视连续剧《西游记》中有一首插曲《女儿情》,其中唱到"鸳鸯双栖蝶双飞,满园春色惹人醉……"唱词中的"鸳鸯""蝴蝶"在人们的心目中都是美好的象征,它们不仅有美丽的外表,而且有着很美的人文内涵。鸳鸯和蝴蝶在这里都是文化意象,是美好爱情的象征。

所谓意象,是指被赋予了特定的人文内涵的客观物象。意象是自然美与思想美结合的产物,它们一般以自然美的形象出现,寄托人们的情感和精神,表达一定的思想。在中国文化中,以自然物形象为基础的意象十分丰富。以下列举几种。

(1) 鱼

从远古时代开始,先民们就对鱼这种动物情有独钟。在距今6 000年左右的仰韶文化遗址中,出土了大量的鱼纹彩陶盆;在商周时期的玉雕作品中,玉鱼雕刻也很多。在中国传统文化的理念中,鱼不仅象征着财富、富裕和吉祥,昭启连年有余,预示着大好机遇,而且象征着自由和亲善,等等。

（2）梅花

梅花不畏严寒，雪中更具神采，是坚强的象征；它不与百花争春，躲过蜂飞蝶舞的春、夏、秋三季，在寒冬静静地开放，既是高尚和贞洁的表现，也是与世无争、不事张扬的象征。与此同时，梅花又有"五福花"之称，五个花瓣分别代表快乐、幸福、健康、和顺和平安。近代书画家吴昌硕先生国画作品中的梅花虽用笔粗放，但很好地表现了梅花的风骨和精神。

（3）葫芦

作为一种意象，葫芦是福禄的象征。在中国画中，画两个葫芦，寓意"福禄双至"；画五个葫芦，寓意"五福临门"。

（4）荷花

自然界的荷花给人的印象是"出淤泥而不染，濯清涟而不妖"。作为文化意象，首先，荷花是纯洁、美丽和神圣的象征；其次，荷花出淤泥而不染，其别称"莲花"中的"莲"字又谐音"廉"，因此，荷花又是廉洁的象征。

（三）探究实践　体验美

在教师的指导下进行自然风光手机摄影。

风光摄影的手法可归纳为四个字：知、观、表、现（即知其时，观其势、表其质、现其伟）。

1. 知其时

知其时是指观察被摄景物的整个环境和形势。大家试想一下，当我们身处在大自然的怀抱中时，满眼都是景物，缭乱杂陈，哪些应该删去，哪些应该保留，以及采景位置、最佳角度等，都不是仓促间就能够做出决定的。为此，必须细心地、有耐性地、不厌其烦地、不畏其劳地，从不同位置和角度去探讨。

2. 观其势

教师引导居民深入观察，结合积累的经验，选取理想的角度去拍摄心中已打好草稿的景物，随后再加以细致的剪裁。所谓剪裁，要求对最微末的地方也加以注意，不容疏忽。无论是一草一石，还是一枝一叶，都要列入推敲的范围。

3. 表其质

万物都有它独特的本质，在拍摄大自然风景时，对于充满整个大自然环境的花、草、木、石、泥的本质要有深入的认识，熟悉和掌握它的本质，使它有效地重现于照片中。在摄影中，"表其质"就是要有质感，质感的意思就是在表现景或物的时候，不是徒具其形貌的轮廓，而是要表现出质的感觉，既要有骨，又要有肉。

4. 现其伟

拍摄崇山峻岭、参天乔木等，既可以运用镜头去表达"伟"的内涵，又可以用对比衬托的方法使"伟"更加突出。而"伟"的另一种意义也可以引申为美，把景色最美之处加以突出，亦属于"现其伟"的范畴。我们拍摄风光照片如何去"现其伟"呢？关键是抓住景物的特点、气派来体现辽阔的美感。

（四）展示交流　提炼美

展示作品，分享手机摄影的诀窍。（图7-1）

图 7-1　自然美——风景摄影作品实践

（五）巩固延伸　拓展美

人们对自然美的认识经历了一个逐渐深入的过程，自然界是博大辽阔的，自然美的领域因此也无限广阔。自然美是令人陶醉的，也是最容易为人所接受的。

**五、任务评价**

请在符合自己实际情况的框格内打"√"，数字越大代表符合程度越高。

| 评价维度 | 评价内容 | 自评等级 ||||| 
|---|---|---|---|---|---|---|
| | | 1 | 2 | 3 | 4 | 5 |
| 学习主动性 | 能主动开展知识学习，积极参与课堂实践 | | | | | |
| 理解能力 | 掌握自然美的表现形式——事物美、景象美、情境美、意象美 | | | | | |
| 实践能力 | 学会用手机进行自然风光的拍摄，并能够将所学知识进行有意义的运用 | | | | | |
| 拓展能力 | 能收集和整理相关信息，不断拓展知识 | | | | | |
| 审美能力 | 能够感受美、欣赏美、创造美，感受多种美的形式，提升审美境界 | | | | | |

## 任务二：画菊

　　作为中国画三大科之一的花鸟画，顾名思义，是表现花鸟的画作，实际上，花鸟画的题材内容非常广泛。史书上记载着大量描绘鸟、虫、鱼、山花野蔬、鹅蛙蟹虾、谷虫桑麻的画家，在他们的作品中包括了与动植物生活、生长有关的一切环境，如坡石水流、林莽草地、池沼溪潭、篱落棚架、藓苔葛藤，以及四季、日、月、阴、晴、雨、雪、晨、夕等，可以说除人物之外，自然界的一切，几乎都可以作为花鸟画的表现对象。中国人向来对大自然有着深厚的感情，大量描写山川树木、花卉禽鸟的诗歌和绘画，构成了国人精神生活和文化生活的重要组成部分。在中国画家笔下，花鸟画不仅表现花鸟外形美，更重要的是把花和鸟作为表达人的情感的形象媒介。

　　梅、兰、竹、菊为何为古代文人墨客、儒生、士大夫们所钟爱？花草中的四君子所反映出的正是正人君子的思想与气概——胸怀天下、不负苍生不负民、齐家治国平天下之气节与理想。而恰恰梅、兰、竹、菊正代表了这种君子气节，于是就成了文人雅士心中的理想象征。

　　菊花是中国名花，花中四君子之一。因菊花具有清寒傲雪的品格，晋朝陶渊明爱菊成癖，并写下了"采菊东篱下，悠然见南山"的名句。中国人有重阳节赏菊和饮菊花酒的习俗，唐代孟浩然《过故人庄》中就有诗句："待到重阳日，还来就菊花。"在神话传说中，菊花还被赋予了吉祥、长寿的含义。

菊花是经长期人工培育的名贵观赏花卉，8世纪前后，作为观赏的菊花由中国传至日本，17世纪末叶荷兰商人将中国菊花引入欧洲，18世纪中国菊花传入法国，19世纪中期引入北美，此后中国菊花遍及全球。

## 一、任务描述

陈毅这样赞美菊花："秋菊能傲霜，风霜重重恶。本性能耐寒，风霜其奈何？"国画四君子之一的菊花，以其傲霜耐寒的品质为中国人所称道，成为花鸟画的重要题材之一。本节课引导居民在学习中国画的过程中深入理解中国画的基本表现技法，理解中国古代文人通过自然界中的花鸟寄托主观情感的艺术创作形式，从而激发创作灵感，借画抒情。

## 二、任务目标

① 了解中国画传统写意花卉的技巧特点，学会欣赏中国画作品。

② 抓住菊花的特征，学习中国画写意菊花的简单画法，进行笔墨基本功训练。

③ 通过教学，居民能掌握一些菊花文化，领会中国画的意境，激发居民热爱祖国、珍惜今天幸福生活的情感。

## 三、任务准备

毛笔、墨、国画颜料、宣纸、碟子、笔洗。

## 四、任务学习

（一）情境设置　导入美

菊花是多年生草本植物，茎下部稍带木质，叶卵形，有缺刻及锯齿，柄长，互生，秋末开花，头状花序，周围为舌状花冠，中部是筒状花冠，在我国有3 000多年的栽培历史。根据花形大小和形状，菊花可分为单瓣、重瓣、扁形、球形等；根据花期，可分为早菊、秋菊、晚菊；根据瓣型，又可分为平瓣、管瓣、匙瓣三类10多个类型。千姿百态的花朵、姹紫嫣红的色彩使菊花具有了独特的观赏价值。菊花除可供观赏外，有些还可食用、冲饮或入药，有良好的保健功能。在百花凋零的秋冬季节，菊花傲霜怒放，被视为高洁不屈的象征，成为历代文人艺术创作的重要题材。

引导居民欣赏与菊花有关的诗句：

冲天香阵透长安，满城尽带黄金甲。——黄巢《不第后赋菊》

兰有秀兮菊有芳，怀佳人兮不能忘。——刘彻《秋风辞》

采菊东篱下，悠然见南山。——陶渊明《饮酒·其五》

暗暗淡淡紫，融融冶冶黄。——李商隐《菊花》

不是花中偏爱菊，此花开尽更无花。——元稹《菊花》

待到重阳日，还来就菊花。——孟浩然《过故人庄》

尘世难逢开口笑，菊花须插满头归。——杜牧《九日齐山登高》

(二) 平等对话　探寻美

利用多媒体放映一张菊花的图片并与居民进行问答互动。

### 趣味问答

问：认真观察这幅菊花图，看看它们是由哪几个部分构成的？

答：它们由菊叶、菊枝、菊花构成。

问：观察菊叶、菊花、菊枝，不同品种的菊花有什么不同？

答：① 菊叶有大有小，菊花的味道有淡有浓。

② 菊花有露出花蕊的和没有露出花蕊的，有朝上开的、朝左开的、朝右开的。

③ 菊的枝干有力地衬托着叶和花。

观看画家笔下的菊花，有工笔、写意、没骨、白描四种画法。

(三) 探究实践　体验美

写意菊花的绘画步骤：

第一步：画花。先用浓（淡）墨从花心往外有层次地勾出花瓣，再用中锋双勾花瓣。

第二步：画枝。用笔可曲可直，要有节奏，不可太光，可中锋，可侧锋。

第三步：画叶。先用毛笔蘸淡墨，笔尖蘸浓墨，侧锋画叶，待叶子稍干，再用毛笔蘸浓墨，用中锋勾叶脉。

第四步：上色。用淡藤黄色给菊花染色，用淡赭石色圈染菊花外侧轮廓，用赭墨色勾、勒、皴、擦石块并稍加润染，用藤黄色点染菊花花蕊。

(四) 展示交流　提炼美

师生开展多元评价，居民交流心得，展示作品。（图 7-2）

图 7-2　自然美——中国画菊花作品实践

（五）巩固延伸　拓展美

古人云："诗中有画，画中有诗。"好的诗给人以美的、如画的想象，而一幅好画能让观者欣赏到诗一样的意境。中国诗与中国画是中国传统文化精华的集中体现，我们品读、吟咏中国诗，欣赏、创作中国画，可从中感受中华优秀传统文化的意蕴。

五、任务评价

请在符合自己实际情况的框格内打"√"，数字越大代表符合程度越高。

| 评价维度 | 评价内容 | 自评等级 | | | | |
|---|---|---|---|---|---|---|
| | | 1 | 2 | 3 | 4 | 5 |
| 学习主动性 | 能主动开展知识学习，积极参与课堂实践 | | | | | |
| 理解能力 | 了解中国画传统写意花卉的技巧特点，学会欣赏中国画作品，领会中国画的意境 | | | | | |
| 实践能力 | 掌握中国画写意菊花的简单画法，提升用笔、用墨、用色的能力 | | | | | |
| 拓展能力 | 能收集和整理相关信息，不断拓展知识 | | | | | |
| 审美能力 | 能够感受美、欣赏美、创造美，感受多种美的形式，提升审美境界 | | | | | |

## 第二节 生活美

### 任务：古法花草纸

时间煮雨，岁月缝花，以欢喜之心，慢度日常。

在这个匆忙的生活里，你可愿意，停下来，和孩子一起，去等一张纸的风干？

造纸术是中国古代四大发明之一，发明于西汉时期，改进于东汉时期。纸是中国劳动人民长期经验的积累和智慧的结晶，由富含植物纤维的原材料经过制浆、调制、抄造、加工等工艺流程制成。纸是书写、印刷的载体，也有包装、卫生等其他用途，如打印纸、复写纸、卫生纸、面纸等。纸的发明和推广，使人类可以不再用泥、石、木、陶、金属等材料记录文字或图画，也使古代大量信息得到传播和保存，是促进人类文明发展的重要推动力。

中国是世界上最早发明纸的国家。根据考古发现，西汉时期，中国已经有了麻质纤维纸，当时的纸张质量较差，不能用于书写，到了西汉后期，纸张的质量才有所提高。而蔡伦正是在此基础上，对纸的原材料、造纸工艺进行改进，制造出了质量较高的纸，特别是蔡伦扩大了造纸的可选原料范围，为以后广用各种植物纤维造纸提供了条件。8世纪，我国已经广泛使用纸，之后的几个世纪中，我国将纸出口到亚洲各个地方，后来造纸技术也传播到了全世界。

在千年的传承中，造纸术也在不断改良精进，花草纸便是由古法造纸衍生而来的。它将山野田间的野花、野草压入尚未成形的纸浆中，天然的纹理散发着古法手工的韵味，从花草树木的脉络中能嗅到大自然和泥土的芬芳。

薄薄的一张纸，在2 000多年的悠悠岁月中，成了生活的必需品，凝聚了中国人几千年探索和实践的智慧。每一张纸，虽不繁复，却凝聚了工匠的汗水与智慧，从中我们感受到了文化自信，感悟到了生活之美。

#### 一、任务描述

万物皆可造纸，秀丽的竹叶、清香的橘皮，都能成为镶嵌在纸里的植物艺术，可以是信封、是书签，也可以作为图画用画框封存。让我们一起

"妙纸生花",倾听纸张最初的故事,感受生活的美。

二、任务目标

① 了解蔡伦造纸的过程和书写材料的发展历程,以及我国古代和现代造纸术的生产流程。

② 引导居民了解造纸术的发展历程,认识它在人类历史进程尤其是在世界文化、人类文化传播中所起的作用。感受纸的特点,树立环保意识。

③ 引导居民了解造纸术对人类社会的贡献,感受中国古人的聪明才智,激发居民的民族自豪感和爱祖国、振兴祖国的热忱。

三、任务准备

造纸框、水槽、水杯、搅拌棒、勺子、纸浆、剪刀、花草等。

四、任务学习

(一)情境设置　导入美

一沉,一起,框入传统,框外自在心。一花,一叶,亲手成纸,无字然有意。

春水初生,春林初盛,花草与纸张合二为一,纸张里散发着草香,描绘出一幅别样的画卷,成唐诗、成宋词。一张纸,记录着中国历史;一张纸,书写着中华文化;一张纸,图绘着人类文明。

(二)平等对话　探寻美

1. 古法造纸

东汉元兴元年(105年),蔡伦改进了造纸术。他用树皮、麻头、敝布、渔网等原料,经过挫、捣、炒、烘等工艺制造的纸,是现代纸的渊源。这种纸由于原料易得,又很便宜,质量也提高了,便逐渐普及开来。为了纪念蔡伦的功绩,后人把这种纸叫作"蔡侯纸"。

在造纸术发明的初期,造纸原料主要是树皮和破布。当时的破布主要是麻纤维,纤维的品种主要是苎麻和大麻。据称,我国的棉是在东汉初期与佛教同时由印度传入的,后来用于纺织。当时所用的树皮主要是檀木和构皮(即楮皮)。最迟在前2世纪时的西汉初年,纸已在中国问世。最初的纸是用麻皮纤维或麻类织物制成的,由于当时造纸术尚处于初期阶段,工艺简陋,所造出的纸张质地粗糙,夹带着较多未松散开的纤维束,表面不平滑,也不适宜于书写,一般只用于包装。

到东汉和帝时期,经过蔡伦的改进,终于形成了一套较为定型的造纸

工艺流程。其过程大致可归纳为以下四个步骤。

第一步:原料的分离,就是用沤浸或蒸煮的方法让原料在碱液中脱胶,并分散成纤维状。

第二步:打浆,就是用切割和捶捣的方法切断纤维,并使纤维帚化,而成为纸浆。

第三步:抄造,即把纸浆掺水制成浆液,然后用捞纸器(篾席)捞浆,使纸浆在捞纸器上交织成薄片状的湿纸。

第四步:干燥,即把湿纸晒干或晾干,揭下就成为纸张。

汉代以后,虽然工艺不断完善和成熟,但以上四个步骤基本上没有变化,即使在现代,湿法造纸的生产工艺与中国古代造纸法仍没有根本区别。造纸技术的发展主要体现在两个方面,其一就是原料的改进。魏晋南北朝时已经开始利用桑皮、藤皮造纸。到了隋唐、五代时期,竹、檀皮、麦秆、稻秆等都作为造纸原料,先后被利用,从而为造纸业的发展提供了丰富而充足的原料来源。

2. 花草纸的历史溯源

花草纸起源于苗族,是一种用中国最古老的手工造纸法制造出的纸张,距今已有一千四五百年的历史。将草、花撒在纸浆中,用简易的工具从一池"花粥"中将纸浆捞出,便能制作出一张张精美各异的花草纸。花草与纸融合为一,散发着草香,呈现出别样的画意。手工花草纸,不仅有美丽的花纹,还有纯天然的压花。有纸的妙,又融合了花的美,给人以身临大自然的美妙感受。手工花草纸手感质朴,纹理天然,材质稳定,久存不变质,极富东方神韵,而又不失现代美感,谱写了生活之美。

(三)探究实践 体验美

在教师的指导下制作古法花草纸,感受生活的美。制作步骤如下:

第一步:将适量的废纸浸泡并搅拌成纸浆。

第二步:将造纸框放入纸浆中进行抄纸,左右摇晃,确保纸浆均匀着落。

第三步:将喜爱的花草按自己的想法随意摆放在铺好的纸浆上。

第四步:放置好花草后,还需要再舀出纸浆在其上覆盖薄薄一层,将花草封存在纸张中。

第五步:放置于阳光下晾晒,待干燥后小心揭起,就可以得到一张花草纸了。

（四）展示交流　提炼美

若非要在中国四大发明中排出个先后，那造纸术无疑是排在第一位的，学富五车的阵势过于浩大，那辕车里的竹简终归还是太沉重了，纸的出现让整个东方文明都轻盈了起来。

如果说书是人类知识传承的桥梁，那么纸便是文化传递的纽带。纸做的东西总能让人有一种莫名的心安与愉悦，当你触碰它时，来源于草木中的纸张似乎依然带着山林泽野的问候。当下电子的阅读与有声书使得文字过于碎片化与速食化，真正有力量、有温度的文字，只有纸才能承载。一张纸，包容了大千世界。古老而神秘的中国历史灿烂悠长，数千年的沉淀，被一张张纸记忆永存。

师生开展多元评价，居民交流心得，展示作品。（图7-3）

图7-3　生活美——古法花草纸作品实践

（五）巩固延伸　拓展美

如今，古法造纸的美不仅仅局限于纸，还被运用在装饰上，如灯笼、画框、书签等。纸不仅可以美化我们的生活，还可以装点我们的心情。我们在用纸的同时，可以体验造纸的乐趣，传承千年古法造纸术，欣赏指尖上的技艺慢慢流淌，愿我们每个人都能在忙忙碌碌的生活中，找到内心的安宁，与心灵对话，与生命畅谈，感悟生活最本真的美！

五、任务评价

请在符合自己实际情况的框格内打"√"，数字越大代表符合程度越高。

| 评价维度 | 评价内容 | 自评等级 | | | | |
|---|---|---|---|---|---|---|
| | | 1 | 2 | 3 | 4 | 5 |
| 学习主动性 | 能主动开展知识学习，积极参与课堂实践 | | | | | |
| 理解能力 | 掌握古法造纸的历史演变、内涵价值等 | | | | | |
| 实践能力 | 学会古法花草纸制作，纸浆分布均匀，花草布局合理，花草纸成品厚度适宜 | | | | | |
| 拓展能力 | 能收集和整理相关信息，不断拓展知识 | | | | | |
| 审美能力 | 能够感受美、欣赏美、创造美，感受多种美的形式，提升审美境界 | | | | | |

## 第三节　人情美

### 任务：黏土花卉

人是社会的主体和生活的主宰。人在社会上生活，随时随地都要与他人打交道，广泛的人脉、融洽的人际关系，能够让人有一个宽松舒适的生活环境，人际关系的实质是一种感情关系，所以在融洽的人际关系中，人们感受到的是人情美。

#### 一、任务描述

人情美具体表现在亲情美、友情美、爱情美。让我们一起来学习亲情美、友情美、爱情美的含义，掌握黏土花的历史、分类、作用，并亲手制作一件黏土花卉作品送给我们最亲爱的母亲，体会亲情美的温馨。

#### 二、任务目标

① 了解人情美中亲情美、友情美、爱情美的含义。

② 掌握黏土花的历史、材料与分类、用途与作用。

③ 学会黏土花卉的制作工艺，能够进行黏土花卉的指尖创作。

#### 三、任务准备

粘土材料包（黏土、铁丝、胸针、发夹、音乐盒等配件）、各类花卉成品、黏土工具等、PPT 教学资源。

### 四、任务学习

**（一）情境设置　导入美**

杜甫在颠沛流离的年代两度在成都居住。在成都度过的近4年时光里，这位伟大诗人留下了200多首描写成都的诗词。杜甫与成都，已是浑然一体。

杜甫初到成都时，寄居在西门外浣花溪畔的一座寺庙里，靠别人接济过活，"古寺僧牢落，空房客寓居。故人供禄米，邻舍与园蔬"。接着，他就在附近经营草堂，"浣花溪水水西头，主人为卜林塘幽"。成都的亲朋好友甚至邻居的帮忙、资助，让他在此度过了一生当中为数不多相对稳定、安闲的时光。

在筹划修建草堂时，表弟王司马第一个送来了建房款，"忧我营茅栋，携钱过野桥。他乡唯表弟，还往莫辞遥"。为美化草堂，杜甫向萧实觅桃树秧，"奉乞桃栽一百根，春前为送浣花村。河阳县里虽无数，濯锦江边未满园"。又问韦续觅绵竹，"华轩蔼蔼他年到，绵竹亭亭出县高。江上舍前无此物，幸分苍翠拂波涛"。向何邕觅桤木，"草堂堑西无树木，非子谁复见幽心？饱闻桤木三年大，与致溪边十亩阴"。向韦班觅松树子和瓷碗，"落落出群非榉柳，青青不朽岂杨梅？欲存老盖千年意，为觅霜根数寸栽""大邑烧瓷轻且坚，扣如哀玉锦城传。君家白碗胜霜雪，急送茅斋也可怜"。杜甫刚到成都就这样直率地向这些人要这要那，可见不是新交，很可能均是在京城相识的"故人"。他们可能是三年前随同玄宗逃蜀时留下来的官吏，或是其后避乱入蜀的士人。

即便如此，在他的诗中我们还是看到了互帮互助、邻里守望的人情之美。

杜甫和成都本地乡邻的关系也相处得比较融洽，有的请他喝酒，"田翁逼社日，邀我尝春酒"。有的送樱桃给他："西蜀樱桃也自红，野人相赠满筠笼。"

杜甫也很随和，有邀必赴，有赠必受，"田父要皆去，邻家闹不违"。投我以桃，报之以李，杜甫在成都草堂有五株桃树，他允许贫苦的邻人来采摘果实，"高秋总馈贫人实，来岁还舒满眼花"。从草堂迁走后，他也不忘写信给借居于此的吴郎，叫他不要在堂前插篱笆，要顾念那位来堂前打枣的无食无儿的西邻老妇，"堂前扑枣任西邻，无食无儿一妇人。不为困穷宁有此，只缘恐惧转须亲"。杜甫重归草堂时，"旧犬喜我归，低徊入衣

裾。邻舍喜我归，酤酒携胡芦。大官喜我来，遣骑问所须。城郭喜我来，宾客隘村墟"。《草堂》一诗中一连用了四个"喜"字，杜甫的喜悦之情溢于言表，而乡邻们的关心、关爱与热情亦跃然于纸上。

人们从杜甫的这些诗中了解了成都，领略了成都的美——风景美、人情美、生活美。成都的美也伴随着这些诗作一同流传开来。"茅屋还堪赋，桃源自可寻"，在诗人杜甫的心中，成都应该也是桃花源一样的存在吧！

（二）平等对话　探寻美

1. 亲情美

小学时，我们常听《妈妈的吻》，摇晃着小脑袋，那是因为还没弄懂什么是亲情；初中时，我们听阎维文唱《母亲》，脑海中浮现出一幕幕的情景，对妈妈的爱和感激之情油然而生；高中时，老师讲朱自清的《背影》，同学们都能触景生情；长大了，我们不仅懂得了什么是亲情，而且还深切地体验到在亲情之下，一切奉献都无怨无悔。

因为有亲情，林觉民的《与妻书》字字含泪；因为有亲情，艾青的《大堰河，我的保姆》读来令人动容；因为有了亲情，朱自清一生也没有忘记父亲的"背影"；因为有亲情，每逢佳节很多人千里步行，堵车也要回家。

因为《想起老妈妈》，我们《常回家看看》；因为那是一片《父亲的草原》，所以我们才觉得《草原夜色美》……每当我们唱起那些表现亲情的歌曲，诵读那些描写亲情的诗文，我们都会感到亲情的温暖，倍感生活的美好。

2. 友情美

李白在《黄鹤楼送孟浩然之广陵》一诗中写道："故人西辞黄鹤楼，烟花三月下扬州。孤帆远影碧空尽，唯见长江天际流。"好友乘坐的客船已经消失在天际，送行者依然踮足翘望，不肯离去，这是怎样的一种情谊？

王勃的"海内存知己，天涯若比邻"，高适的"莫愁前路无知己，天下谁人不识君"，王维的"劝君更尽杯一杯酒，西出阳关无故人"……这些诗句之所以能成为千古名句，无一不是因为其所表现的友情美。

友情，不仅使我们有宽松的生活环境，而且能使我们的事业蒸蒸日上。择友而交，彼此尊重，相互支持，我们的生活会更加美好。

3. 爱情美

宋代词人秦观写有一首《鹊桥仙·纤云弄巧》，词中写道："柔情似水，佳期如梦，忍顾鹊桥归路。两情若是久长时，又岂在朝朝暮暮。"此作使人倍感爱情的美好。

自古以来，人们一直把爱情视为人生的大美。从诗经、楚辞、汉乐府民歌，到唐诗、宋词、元曲，其中不乏爱的乐章。中国的民间传说中也有很多凄美的爱情故事。例如，七仙女为了爱情下嫁凡间，梁山伯与祝英台为了爱情双双化蝶，孟姜女因为对丈夫的真爱而哭倒了长城，等等。

爱情之美不仅是男女间的相互倾慕，更重要的是彼此关爱和相互尊重。让我们通过一首诗来体会一下。

### 关雎
#### 诗经·国风·周南

关关雎鸠，在河之洲。窈窕淑女，君子好逑。
参差荇菜，左右流之。窈窕淑女，寤寐求之。
求之不得，寤寐思服。悠哉悠哉，辗转反侧。
参差荇菜，左右采之。窈窕淑女，琴瑟友之。
参差荇菜，左右芼之。窈窕淑女，钟鼓乐之。

在这首诗中，当小伙子爱上了田间采摘荇菜的姑娘后，夜里辗转反侧，怎么也睡不着，脑海中尽是姑娘的影子。怎么办呢？"琴瑟友之"。小伙子想好了用弹琴和奏瑟的方法取悦和接近姑娘，于是终于进入了梦乡。小伙子梦见自己带着乐队，吹吹打打地将姑娘迎娶回家。这首诗首先表现了小伙子对姑娘的敬重之情——远远地看着，思念着，想着让她高兴。

今天的我们，身处高度文明的时代，应该树立正确的爱情观。爱一个人，首先要尊重对方，关心对方，爱护对方，而不是强迫对方和不择手段地占有对方。

(三) 探究实践 体验美

国际劳动妇女节，又被称为"国际妇女节""三八妇女节"，是在每年的3月8日为庆祝妇女在经济、政治和社会等领域做出的重要贡献和取得的巨大成就而设立的节日。在"三八妇女节"这天，可以为自己的母亲、奶奶、外婆、爱人等送上一束鲜花，感谢她们为这个家庭的付出和贡献。但是鲜花很快就会凋零，而且价格贵，所以现在永生花受到广大朋友的喜欢，让我们在"三八妇女节"这一天亲手制作一件黏土花卉作品送给

我们最亲爱的人。

1. 黏土花的历史

自新石器时代之后,中国泥塑艺术一直没有间断,发展到汉代,已成为重要的艺术品种。考古工作者从两汉墓葬中发掘了大量的汉代红陶猪文物,其中有为数众多的陶俑、陶兽、陶马车、陶船等,有手捏的,也有模制的。泥塑发展到宋代,不但宗教题材的大型佛像继续繁荣,小型泥塑玩具也发展起来,有许多人专门从事泥人制作,并将之作为商品出售。后来为了孩子们玩起来方便、干净,发展出了很多新型的黏土。了解并掌握粘土材料及黏土花的制作技艺,不仅可以愉悦自己的身心,还可以使生活变得更加美好。

2. 黏土花的材料与分类

黏土的种类很多,如轻便的超轻粘土,这种黏土颜色比较鲜艳,容易塑型,缺点是颜色不够清透,做出来的物品不够仿真。做黏土花用得比较多的是透明的树脂土,树脂土透明无味,不发霉、不断裂,易调色,好揉捏,不黏手,而且也很容易成型。还有很多其他品种的土,如珍珠土、雕花土、荧光土、超轻面包土等。

制作黏土花的材料还包括各种型号的铁丝、颜料,一般选择油画颜料或者色粉颜料,既可以用来调色,又可以给做好的花朵上色。还有白乳胶及各种黏土花配饰,可以和各种木质材料如木质抽纸盒、木质相框、木片结合,也可以和各种陶瓷材料结合,非常方便。

3. 黏土花的用途及作用

黏土花卉以其永不凋零的特点深受人们的喜爱,它既实用又具有装饰性,可以当作礼物送给亲人。制作黏土花卉可以陶冶情操,适合各个年龄层次的人群。

黏土花卉可以和很多材料结合,如木头、金属、纸板等,还可以和发夹、胸针、音乐盒等结合,音乐盒不仅好看,音乐旋律还很好听,音乐盒的音乐可以根据自己的喜好选择。自古以来,花卉常被用来赞扬美好的事情,每种花都有自己的寓意和象征,如康乃馨象征着真情、伟大、祝福及亲情,玫瑰通常象征爱、荣誉、信仰、美丽、平衡、热情、智慧、奉献和永恒。

4. 制作流程

首先教师介绍需要用到的材料,花艺土一般选择树脂土,制作出来的花卉有清透的质感，还可以选择比较常见的超轻黏土，这种超轻黏土制作起来比较方便。黏土花卉有单瓣的，也有复瓣的，制作方法各异。

以玫瑰花的制作为例。制作大朵玫瑰花大概需要27片花瓣，第一层1片花瓣做花心，第二到四层3片花瓣，第五层4片花瓣，第六层6片花瓣，第七层7片花瓣，当然这也是估计的数量，可以根据花朵的大小自行添加或减少花瓣的数量。重点讲解制作步骤：

第一步：做第一层花心——小玫瑰可以不用水滴形泡沫。

第二步：做第二层的花瓣，3片花瓣比较小。

第三步：做第三、四层的花瓣，3片花瓣慢慢增大。

第四步：做第五至七层的花瓣，花瓣数量逐渐增加，尺寸慢慢变大，颜色变浅。

第五步：花朵制作完成以后，根据用途，可以做花茎和叶子，也可以不做，还可以在花瓣的边缘用油画颜料或者色粉笔上一个浅浅的渐变色。

教师示范，居民分组自主实践。

（四）展示交流　提炼美

黏土手工制作不仅可以培养创造力和想象力，还可以在用力揉搓、按压、贴合等的过程中，促进老人或者孩子的手眼协调能力，增强其手部力量和灵活性。黏土花手工作品非常多，寓意丰富，无论是材料类型、制作工艺，还是美学特征，都是中国传统文化思想在生活美学中的体现，这一手工艺的发展值得关注。

师生开展多元评价，居民交流心得，展示作品。（图7-4）

图7-4　人情美——黏土花卉作品实践

### （五）巩固延伸　拓展美

"三八妇女节"送花已经成为一种传统，送花的品种多为康乃馨、玫瑰花、百合。康乃馨代表着伟大、神圣、祝福，多被用于祝愿自己的母亲健康长寿，代表着对母亲的感恩之情；送给妻子百合寓意幸福、百年好合。

花卉寄寓着人们的美好愿望和祝福，表达深厚的亲情、友情、爱情，亲手制作花卉礼物送给亲朋好友，这样的形式也应该被推崇。我们用自己的所学、所做，让生活更加美好，让自己和亲朋好友及友邻感受到浓浓的家庭温馨、暖暖的邻里和睦、满满的爱国情怀，展现博爱的城市精神。

### 五、任务评价

请在符合自己实际情况的框格内打"√"，数字越大代表符合程度越高。

| 评价维度 | 评价内容 | 自评等级 | | | | |
|---|---|---|---|---|---|---|
| | | 1 | 2 | 3 | 4 | 5 |
| 学习主动性 | 能主动开展知识学习，积极参与课堂实践 | | | | | |
| 理解能力 | 掌握人情美中亲情美、友情美、爱情美的含义 | | | | | |
| 实践能力 | 学会黏土花卉的制作工艺，并能够将所学知识进行有意义的运用 | | | | | |
| 拓展能力 | 能收集和整理相关信息，不断拓展知识 | | | | | |
| 审美能力 | 能够感受美、欣赏美、创造美，感受多种美的形式，提升审美境界 | | | | | |

## 【结论与启示】

社区作为服务群众的末梢神经，通过搭建全新的集学习、交流、娱乐于一体的社区情感互动平台，促进家庭和美、邻里和睦、生活和顺、社会和谐，其中社区教育课程是必不可少的一个环节，通过课程传思想、传政策、传文化、传技能，让"最熟悉的陌生人"在互联互动、共住共享中变成"邻里一家亲"，将社区和谐文化潜移默化地浸润到居民心中，提升居民对社区文化的认同感和归属感。

生活美、自然美、人情美是与居民密切相关的邻里文化内容，辅以配套的手机摄影、绘画、书法、黏土等技能实践，达到育人的目标。一是净化心灵，愉悦身心，增强个人修养，与人为善，树立个人美好形象，促进社会文明进步；二是促进守望相助、友爱、分享、关怀的中国式邻里文化建设，丰富社区居民的文化生活，搭建居民之间相互交流沟通的平台，营造文明和谐社区的浓厚氛围，增进社区邻里情，增强社区的凝聚力、向心力；三是通过自然美、生活美、人情美的宣教活动，弘扬中华优秀传统文化，加强社会主义精神文明建设。

指尖上的邻里文化内容丰富，远远不止本章节所列出部分。天地有大美而不言，大自然中不缺乏美，只要我们有一双发现美的眼睛。所谓春生、夏长、秋收、冬藏，每个人看到自然界的万物，都会用不同的方式记录美好，表达美好。

**参考文献**

[1] 重庆金科物业管理有限公司. 邻里文化 美善相随 [J]. 中国物业管理，2013（2）：36-37.

[2] 陈宏萍. 构建包容互助和谐向善"邻里文化" [J]. 杭州（周刊），2013（11）：14.

[3] 张颐武. "礼"与"让"是邻里关系的桥梁、邻里文化的灵魂 [J]. 中关村，2015（10）：102.

[4] 黄高才. 大学美育 [M]. 北京：北京大学出版社，2018.

[5] 郝沛然. 传承邻里文化 扩大基层交流：第七届湖台邻里节综述 [J]. 台声，2019（9）：62-64.

[6] 窦玉鹏. 传统邻里文化在社区治理过程中的创新与转化 [J]. 行政与法，2020（12）：58-64.

# 第八章

## 指尖上的地域文化

社会的飞速发展表明,以地域文化为背景的城市文化在用一种新的方式塑造城市形象。习近平总书记在2016年的哲学社会科学工作座谈会上指出:"中华民族有着深厚文化传统,形成了富有特色的思想体系,体现了中国人几千年来积累的知识智慧和理性思辨。这是我国的独特优势。"中华文明延续着我们国家和民族的精神血脉,既需要薪火相传、代代守护,又需要与时俱进、推陈出新。要加强对中华优秀传统文化的挖掘和阐发,使中华民族最基本的文化基因与当代文化相适应、与现代社会相协调,把跨越时空、超越国界、富有永恒魅力、具有当代价值的文化精神弘扬起来。要推动中华文明创造性转化、创新性发展,激活其生命力,让中华文明同各国人民创造的多彩文明一道,为人类提供正确的精神指引。

对于一个民族而言,其根基就是民族文化,灵魂是民族精神,核心是爱国主义,各个地域的文化精神中也同样蕴含着爱国主义精神,对地域文化的学习能够为经济建设和发展提供重要的精神支撑,为地域文化精神注入新鲜血液,因此,培养广大社区居民的地域文化精神有重要意义。

本章节采用任务式教学法,从饮食文化美、民俗文化美、名人文化美、建筑名居美四个方面,将地域文化与艺术作品设计相结合,并以此为形式,传授给社区居民,探索地域文化精神融入社区美育的路径,最终试图解决在社区美育中地域文化精神如何能更好地发挥其特殊力量的问题,使之成为广大人民群众坚定理想信念、不忘初心、牢记使命的有力基础支撑,同时使得地域文化精神得到更好的弘扬,从而扩大地域文化精神的影响力。

# 第一节 饮食文化美

## 任务:乱针绣美食

饮食,是人类的基本需求之一,也是人类赖以生存的物质基础,它反映着不同地域的不同文化特征。中国地域辽阔,地理环境多样,历史悠久,物产丰富,动植物种类繁多,为中国丰富多样的饮食文化的形成提供了充足的物资资源。

### 一、任务描述

古人云:"民以食为天。"饮食是民生之本,一方水土养一方人,一个地域的传统饮食与当地的历史文化、人文环境、社会经济发展息息相关,体现着独特的地域特色及人文精神。食物承载着文化意义,饮食文化具有民族性,本节将带领社区居民了解中国的饮食文化。

### 二、任务目标

① 了解中国饮食文化特点、中国饮食历史、中国饮食观念、中国饮食内容、中国饮食烹饪方式及中国饮食礼仪。

② 学会挖掘地方饮食文化元素,进行"常州东坡宴"乱针绣作品的创作。

### 三、任务准备

图片、PPT等教学资源,乱针绣材料和工具。

### 四、任务学习

(一)情境设置 导入美

由中国中央电视台出品的一部美食类纪录片《舌尖上的中国》引入本课。

烹饪的一切都属于文化。当我们旅行时,我们吃的每一道菜都有其丰富的历史和人文底蕴,展现了一个有着丰富的艺术、文学和口味的文明。

饮食文化作为一种古老的文化，它的重要性不亚于其他文化。

(二) 平等对话 探寻美

1. 中国饮食文化特点

中国饮食文化具有很强的社会功能。对中国人而言，食物不仅是营养来源，更在日常生活、信仰和社会经济中扮演着重要的角色。

(1) 有助于建立和维护人际关系

食物有许多象征意义，它不仅表达了而且也建立了人与人的环境之间，以及人与人所相信的事物之间的关系。在人类社会，食物是人们建立和表达彼此关系的一种手段。这种关系可以存在于个人、社区成员、宗教团体和种族团体之间。例如，在中国的春节，人们吃饺子表达彼此之间的关系。在中国，人们通常用食物招待朋友，从而结交新朋友或加强已建立的关系。粤式早餐被称为早茶，人们习惯边喝早茶边谈论生意，交流信息。

(2) 代表人际关系的亲密程度

不同的食物在食用者之间传达不同的含义，表示关系的亲密程度。在中国文化中，向客人提供昂贵而稀有的食物通常表示尊重客人。通常正式晚餐包括4~6份冷盘、8~10份热盘、1份配汤和1份水果。普通的家庭晚餐一般招待亲戚，亲密的朋友或同事通常去大排档吃饭喝酒，一起吃饭是正常的工作关系，亲密的恋人会在一起享受烛光晚餐。

(3) 代表社会地位

人们可以用食物来表达他们的社会地位，稀有的、昂贵的食物经常被用来代表财富和一定的社会经济地位。这种风俗主要与上流社会的生活方式有关。

(4) 具有象征意义

在中国文化中，食物被用作意义的象征，在很多场合传递着不同的信息。枣子寓意夫妻早点生孩子；花生，也被称为长寿果，意味着长寿；橘子和栗子的意思是祝你好运；年糕，意味着年年高；面条，寓意健康长寿；而糯米团，就是一家人团聚的意思。有些食物则被赋予了负面意义，如梨与"离"谐音，听起来像是离别，所以特定的场合吃梨可能意味着分离。

(5) 用来庆祝重要的事件

国人通常会在特定的社交场合或重要的节日提供特定的食物，比如端午节的粽子、中秋节的月饼、春节的饺子等。饮食习惯会受到不同社会和文化的影响。例如，庆祝生日的传统食物是面条和桃子。受西方文化影响，中国的年轻人庆祝生日也吃蛋糕，点蜡烛，唱生日歌。

除以上所提到的社会功能之外，中国食物本身也极具特色。

(1) 多样化的颜色

拥有多样化颜色的食物通常可以唤醒人们的味蕾。许多年来，中国食物制品在外观审美上花了很多精力，色泽明亮、协调，令人愉悦是烹饪食物的主要原则。为了做到这些，添加2~3种不同颜色的食材作为装饰，来完成一道主菜，这样就不只是好吃，而且还具有审美价值。

(2) 芳香的风味

一道菜的香味非常重要。八角、肉桂及其他调味品能帮助去除食材特有的味道，尤其是难闻的味道，如鱼腥味、羊膻味等。同时，其他风味调料比如大葱、生姜、大蒜、辣椒、料酒和芝麻油可以让菜肴闻起来更加美味。

(3) 一流的口味

口味作为一道中国菜的灵魂，有五种类型：甜、酸、苦、辣、咸。在中国广袤的土地上，人们的饮食习惯大致有南甜、北咸、东辣、西酸之分，比如南方人比其他地区的人在做菜时更喜欢加糖，山东菜的特色是喜欢放更多的盐，住在湖南、湖北、江西、贵州、四川的人们最喜欢吃辣，陕西、福建、广西人喜爱偏酸的口味。

(4) 有些食物也是中药

俗话说"药补不如食补"，中国人重视食物养生，不断寻找能够赋予食物药用价值的香料和食品，这类食品也被称为药膳。

2. 中国饮食历史

中国是四大文明古国之一，在过去的4 000年里，不仅在新技术的开发上，而且在宗教、时尚、习俗、饮食等方面有着很大的影响力。

中国是"吃"文化历史最悠久的国家之一，很早就有"礼乐文化始于食"及"民以食为天"的说法。春秋时期，各种谷物被大面积推广，形成了中国南方以大米为主食、北方以面食为主的局面。随着时间的推移，以及世界文化的交流和融合，异国风味美食在唐朝大放异彩。到了宋朝，经过休养生息，贸易和制造业兴起，城市变得越来越繁荣，中国人开始寻求获得更好的生活质量和更好的食物。中国烹饪文化，使烹饪、中药的融合成为可能，"均衡"膳食有了严格的规则，并扩展到了食材的选择、加工方式及餐桌礼仪等，形成了全方位的饮食文化。到了元朝，越来越多

异域的食品配料和制作方法传到中国。到了明朝，随着航海业的发展，中国与世界其他国家的贸易更加频繁。中国获得了一些新的植物、动物、粮食作物品种，包括甘薯、花生、玉米等。王学泰的《中国饮食文化史》详细讲述了中国古代饮食文化的发展史，以及各个省份的饮食特色等内容。

中华人民共和国成立后，中国的菜系发生了数次变化。"四派"是指鲁、苏、粤、川的传统烹饪派系，另外还有在湘、闽、皖、浙一带发展起来的菜系。它们都以大米、面条、小麦、大豆、香草、调味料和蔬菜为原料，制作出种类繁多的菜肴。每种菜系的食材、口感均因受到该地区地理位置、气候、食材，以及本地区人民生活习惯的影响而各有不同。

3. 中国饮食观念

中国有句古话叫"民以食为天，食以味为先"，因此，传统的烹饪方法是以味道作为第一准则的。在中国，饮食还讲究色、香、味俱全。中国地域辽阔，地理环境多种多样，动植物种类繁多，这为中国的饮食文化提供了坚实的物质基础。中国的烹饪技术也非常精深，为了食物的味道与众不同，厨师们会不厌其烦。比如必须用一两天时间才能制成的闽菜佳肴佛跳墙，这道菜包含了三十多种食材。

中国人讲究食疗、食补，极其重视养生，但食材的营养在烹饪中会流失一部分。所以，中国饮食文化其实是一种感性饮食观念。

在中国，食物已经不再仅仅是用来填充肚子的必需品，还成为人们沟通的一种手段，给人们提供了提升情感和交流信息的机会，甚至是一种化解矛盾的方式。中国人吃饭讲究热闹，喜欢聚餐，逢年过节或遇生日、婚礼等重大场合，大家会做一大桌子菜围在一张桌子上一起吃。而且中国人吃饭讲究面子、气氛，充满人情味，很多生意也是在饭局上谈成的。

4. 中国饮食内容

中国的饮食以谷物、蔬菜、肉类和水果为主，其烹饪方法、模式和技术的发展与农业文明息息相关。每个地区的饮食习惯各有不同，这和气候条件、环境因素、文化传承有关。目前中国主要有八大菜系，每个菜系都有自己的特色和口味，它们代表了中国各个地区不同的饮食文化。此外，大多数中国人喜欢饮茶，认为茶水有助健康，因此，茶文化也是中国饮食文化不可缺少的内容。

5. 中国饮食烹饪方式

中国菜在全世界享有盛誉，它不仅以美味著称，而且本身也被认为是一种艺术形式。一道菜的味道和外观受到许多因素的影响，如配料的加工方式、加热程度及时间、使用调味料的顺序等。中国烹饪的方式有煎、炒、炸、蒸、汆、熘、煮、炖、煨、卤、酱、熏、烤、烩、腌、拌、拔丝等。炒是中国的标志性烹饪方法，它之所以出名，是因为用这种方法可以节省燃料，而且烹饪速度更快。

6. 中国饮食礼仪

中国饮食礼仪，数千年来由上到下成规成矩，一以贯之，是中国特有的一种文化现象。据文献记载，在周代饮食礼仪已形成一套相当完善的制度，特别受到曾经任鲁国祭酒的孔子的称赞和推崇，后成为历朝历代表现大国之貌、礼仪之邦、文明之所的重要方面。我国的古代宴饮礼仪、当代饮食礼仪都甚为规范，这一点在正式宴会中尤能得到体现，餐饮已经成为国人常见的一种社交活动。

（三）探究实践　体验美

以地域饮食文化为主题进行乱针绣设计，必须从了解城市的发展历史入手，展现特色美食，更深层次地挖掘出地域民俗文化。

以"常州东坡宴"作为主题创作的系列乱针绣作品，用非遗技艺烘托地方美食的精美，两者相得益彰，让更多的人对中国地方习俗、地方文化产生兴趣。

（四）展示交流　提炼美

从特色饮食文化出发，结合常州地方非遗技艺——乱针绣进行系列作品创作，创作时突出画面的构图风格、元素造型、色彩搭配及情感叙事。以新一代年轻消费群体为主要受众，进行餐饮用品及文创衍生品的创作，意在传播地域饮食文化，促进饮食文化推广。

师生开展多元评价，居民交流心得，展示作品。（图8-1）

图8-1　饮食文化美——"常州东坡宴"乱针绣作品实践

（五）巩固延伸　拓展美

拓展学习"豫章食记"插画设计，可采取国风线性的设计风格，通过数码手绘的方式进行绘制，整体风格符合当下年轻消费群体的审美习惯，能灵活应用于多种场景，故具有较大的衍生品开发空间，如插画灯箱应用、餐垫纸应用、外卖盒包装应用等。

文化是民族的象征与民族精神的体现。饮食文化作为中华民族传统文化的重要组成部分，有其独特的内涵，以食育为媒介，可以使我国优秀的饮食文化得到弘扬和发展。在传承的过程中，既可以提高居民的营养健康知识、培养良好的饮食习惯，又可以引起居民对中华民族传统文化的重视，进一步增强文化自信。

**五、任务评价**

请在符合自己实际情况的框格内打"√"，数字越大代表符合程度越高。

| 评价维度 | 评价内容 | 自评等级 | | | | |
| --- | --- | --- | --- | --- | --- | --- |
| | | 1 | 2 | 3 | 4 | 5 |
| 学习主动性 | 能主动开展知识学习，积极参与课堂实践 | | | | | |
| 理解能力 | 掌握中国饮食文化特点、中国饮食历史、中国饮食观念、中国饮食内容及礼仪等 | | | | | |
| 实践能力 | 学会挖掘地域饮食文化元素，并进行文创设计，能够将所学知识进行有意义的运用 | | | | | |
| 拓展能力 | 能收集和整理相关信息，不断拓展知识 | | | | | |
| 审美能力 | 能够感受美、欣赏美、创造美，感受多种美的形式，提升审美境界 | | | | | |

# 第二节　民俗文化美

## 任务一：非遗面塑二十四节气之谷雨

面塑，俗称面花、礼馍、花糕、捏面人，是我国民间工艺美术的一种，也是我国非物质文化遗产。面塑以面粉、糯米粉等为原料，在制成熟面团后，调成不同色彩，用手和简单的工具，以捏、搓、揉、掀等手法塑型，塑造出各种栩栩如生的形象。

《东京梦华录》云："（寒食）前一日谓之炊熟，用面造枣𩚇飞燕，柳条串之，插于门楣，谓之子推燕。"那时的面人都是能吃的，谓之"果食"，主要用于节庆时祭祖、祭神或相互赠送。明代，面塑除供食用外，也有面塑艺人身背工具箱，奔波在繁华闹市以此为生计，这样，面塑就演变成单纯的艺术形式而独立存在。其中，最为著名的面塑大师要数汤子博了，汤子博有"面人汤"的美誉。

### 一、任务描述

2016年，"二十四节气"入选联合国教科文组织非物质文化遗产名录，在国际气象界，这被誉为"中国第五大发明"。本节我们选择用非遗面塑的形式对二十四节气中的谷雨节气进行创意表达，制作一个谷雨挂饰，感受非遗民俗艺术之面塑。

### 二、任务目标

① 引导居民通过欣赏、感悟面塑，掌握面塑的基本知识。

② 尝试面塑造型，选择二十四节气中一个节气的典型元素作为面塑设计的元素，制作具有一定审美价值的面塑作品。

③ 体验面塑创作的乐趣，感受二十四节气文化及民俗面塑艺术的魅力。

### 三、任务准备

面塑材料包（彩色面团、面塑工具）、面塑节气挂饰成品、PPT等教学资源。

### 四、任务学习

（一）情境导入 创塑美

二十四节气是指导农业生产的"指南针"，是日常生活中人们预知冷暖雪雨的"晴雨表"，其背后蕴含了中华民族悠久的文化内涵和历史积淀。今天我们选择用面塑的形式一起DIY节气作品，希望通过作品创作把中华优秀传统文化植根在居民的心里，把特色的民俗艺术展示给更多的人。教师讲解并展示谷雨面塑挂饰的成品。

（二）探寻发现 追塑美

1. 面塑的历史

据考证，中国的面塑艺术早在汉代就有文字记载。经过几千年的传承，面塑早已是中国文化和民间艺术的重要组成部分，也是研究历史、民

俗、雕塑、美学不可忽视的实物资料。从古至今，面塑在全国各地形成了各自不同的风格流派，并在传承中不断发展。常州的金坛面塑在清代即已流行，如今已经是市级非物质文化遗产。

面塑大体可以分为可食用性面塑和艺术性面塑两类。对老一辈的很多人来说有趣的面人是他们美好的儿时记忆，但在过去，面塑只是可以食用的"小玩意儿"，经过面塑艺人的长期摸索，现在的面塑作品不霉、不裂、不变形、不褪色，可以保存很久，被人称作"中国的雕塑"。

2. 面塑的表现手段

压、捏、搓、团、切、刻、贴等都是面塑的表现手段。

（三）探索实践  塑造美

1. 准备材料、工具

这里重点介绍几种常用的面塑工具。

塑刀：又称拨子，是面塑最主要的工具之一。

滚子：主要可做衣纹、整形等。

剪刀：一般我们使用尖头的剪刀，方便制作作品的细节。

梳子：分为粗齿和细齿两种。

竹签、铁丝：在制作过程中可作为骨架，是制作面人不可缺少的工具。

压板：在面塑中使用也很广泛，多用在制作花朵时压花瓣、做人物衣服时压衣服片、做人物装饰时搓细线或项链搓细条等。

2. 制作步骤

第一步：观察挂饰面版。谷雨的一大习俗是喝谷雨茶，观察挂饰面版中的茶叶，准备相应颜色的面泥。

第二步：制作叶片。在做茶叶的时候，先做面版最深的三片叶子，选用翠绿色的面泥。先用双手取适量面团，搓成直径1厘米左右的圆球；再用压板或者手指搓出水滴形小面团；然后根据面版上叶片的大小，用压板压成所需叶片的尺寸，将做好的叶片贴在面版上，再次用塑刀调整大小和形状。

第三步：制作叶片的纹理。用塑刀切刻出叶片的纹理，即叶脉，基本的叶片制作方法就是这样。

注意：叶片有正叶、反叶、侧叶三种不同的形状。可将水滴的形状调整得弯一些，符合反叶的外形，再用压板压制叶片形状。

分三个步骤完成全部叶片组。首先为翠绿色叶片组,而后添加橄榄绿色叶片组,最后添加黄绿色叶片组。

第四步:制作茶杯的花纹。取适量普鲁士蓝色的面泥,搓直径约1厘米的圆球。然后搓成细长条,宽约2毫米,长约15厘米2根作为茶杯和茶碟的边线。再搓出4.5厘米左右的长条,绕成"8"字形作为杯身的花纹。

第五步:装饰散叶片。我们可以根据版面的需要,在空白处添加茶叶片作为装饰。

第六步:添加挂绳。最后组装上红红的挂绳,挂饰就完成啦!

(四)展示交流　塑炼美

完成创意作品,分享交流。大家可以把作品悬挂在家里进行装饰。(图8-2)

图8-2　民俗文化美——非遗面塑二十四节气之谷雨作品实践

(五)巩固延伸　拓展美

引导居民欣赏不同地区的面塑艺术。

1. 菏泽面塑

菏泽面塑历史悠久,闻名全国。菏泽古称曹州,菏泽面塑即曹州面人。人们为了祈求风调雨顺,用面捏成猪、羊,代替宰杀的动物供奉神灵,这就是曹州面人中最早的面塑艺术了。

2. 霍州面塑

霍州面塑,被当地人称为"羊羔儿馍"。霍州面塑造型质朴,不多修饰,着色时,往往用品红点彩。

3. 忻州面塑

忻州一带春节时要敬神蒸供。春节前,把发好的面团捏制成佛手、石榴、莲花、桃子、菊花、马蹄等作为供物,通称为"花馍"。当地还有一种名为"枣山"的大型供品。这种枣山以面卷红枣拼成等腰三角形,顶角往往塑一层如意形图案,在上面再加上3~5个"小元宝"面塑,同时,还塑上一个咬铜钱的"钱龙"。总之,忻州面塑各式各样、丰富多彩,是民间具有审美情趣的艺术品。

巧手捏面塑,指尖传非遗。面塑作为生命力极强的一种民间造型艺术,生长和扎根于民众生活,是民俗风情的一种表现方式,已成为民俗文化的重要组成部分。今天,我们通过实践教学的方式,让更多人了解面塑、喜爱面塑,认识我国的民俗文化。我们要坚定文化自信道路,开展民俗文化教育,让民俗艺术走进更多人的生活,继续散发民俗文化的魅力!

**五、任务评价**

请在符合自己实际情况的框格内打"√",数字越大代表符合程度越高。

| 评价维度 | 评价内容 | 自评等级 | | | | |
|---|---|---|---|---|---|---|
| | | 1 | 2 | 3 | 4 | 5 |
| 学习主动性 | 能主动开展知识学习,积极参与课堂实践 | | | | | |
| 理解能力 | 了解非遗民俗艺术面塑的特点,工具材料、制作方法等 | | | | | |
| 实践能力 | 学会面塑的制作工艺,并能够将所学知识进行有意义的运用 | | | | | |
| 拓展能力 | 能收集和整理相关信息,不断拓展知识 | | | | | |
| 审美能力 | 能够感受美、欣赏美、传承美、创造美,感受多种美的形式,提升审美境界 | | | | | |

## 任务二:我与春节有个约会

民俗文化是千百年来历史的记忆,积淀着人类的生存智慧,代表着一个民族的信念,是一个民族的生活准则。中国传统节日,是民俗文化的重要组成部分,形式多样、内容丰富,传统节日的形成过程,是一个国家或民族的历史文化长期积淀凝聚的过程。春节是中国民间最隆重盛大的传统节日,也是集祈福攘灾、欢庆娱乐和饮食于一体的民俗大节。

一、任务描述

民俗文化的涵盖范围广泛,涉及人们物质生活、精神生活和社会生活的各个方面,小到做客、餐桌礼仪,大到岁时节令习俗,都体现着各式各样的民俗传统,是中华民族文化多样性的具体体现。新年即将到来,机场车站的旅客纷纷踏上旅程,奔赴家乡团圆;大江南北,处处张灯结彩,丰富多彩的年俗活动烘托出年节氛围;线上线下,特色年货琳琅满目、供销两旺,人们在烟火气和年味中感受春节的文化魅力和盎然的春意。

二、任务目标

① 引导居民通过了解中国春节的文化习俗,观察灯笼的造型和色彩特点,学习用重彩油画形式创作一幅春节主题的作品。

② 引导居民学会用重彩油画棒和刮刀,表现春节时节日灯笼的氛围感。

③ 培养居民热爱传统文化节日习俗的情感。

三、任务准备

油画棒、纸胶带、铅笔、刮刀、纸、垫板等工具和PPT等教学资源。

四、任务学习

(一)情节设置　导入美

### 元　日

北宋·王安石

爆竹声中一岁除,

春风送暖入屠苏。

千门万户曈曈日,

总把新桃换旧符。

此诗描写了春节除旧迎新的景象。一片爆竹声送走了旧的一年,饮着醇美的屠苏酒,感受到了春天的气息。初升的太阳照耀着千家万户,家家门上的桃符都换成了新的。这是一首描写古代迎接新年的即景之作,作者取材于民间习俗,敏感地摄取老百姓过春节时的典型素材,抓住有代表性的生活细节,如点燃爆竹、饮屠苏酒、换新桃符,充分表现出辞旧迎新的欢乐气氛,富有浓厚的生活气息。

（二）深入体会　探寻美

1. 节日起源

春节历史悠久，由上古时代岁首祈年祭祀演变而来，在传承发展中承载了丰厚的历史文化底蕴。新春贺岁活动围绕祭祝祈年，以除旧布新、拜神祭祖、驱邪攘灾、祈求丰年等形式展开，内容丰富多彩，热闹喜庆，年味浓郁，凝聚着中华文明的传统文化精华。

2. 民间习俗

春节是除旧布新的日子，春节虽定在正月初一，但春节的活动并不止于正月初一这一天。从旧年年尾廿三（或廿四）日的小年起，人们便开始忙年，如祭灶、扫尘、购置年货、贴年红、洗头沐浴、张灯结彩等，所有这些活动都有一个共同的主题，即"辞旧迎新"。

（1）传统习俗

祭灶、扫尘、磨豆腐、割年肉、买年货、贴年红图（贴对联、贴年画、贴窗花与福字）、年夜饭、守岁、压岁钱、游神、拜岁、庙会、拜大年、上坟请祖。

（2）节期活动

忙年（小年）：旧年年尾农历十二月廿三或廿四开始忙年，又称小年，是整个春节庆祝活动的开始和伏笔，其主要活动有两项：扫尘和祭灶。

二十八：农历十二月廿八除旧布新，清除旧的年红，有的地方从农历十二月廿八开始贴年红。

除夕：除夕为岁末的最后一天夜晚。在国人心中除夕是有特殊意义的，在这个年尾最重要的日子，漂泊得再远的游子也要赶着回家和家人团聚，在爆竹声中辞旧岁，烟花满天迎新春。

正月初一：从年初一开始便进入迎禧接福、拜祭神祖、祈求丰年主题。春节早晨开门大吉，先点爆竹，叫作开门炮仗，送旧迎新。

正月初二：这一天是开年日，早上拜祭天地神灵，祭礼完毕，烧炮、烧纸宝，然后吃开年饭。开年饭一般备发菜、生菜、鱼等，意在生财利路。

正月初三：又称赤狗日，与赤口发音相近。这一天人们通常不会外出拜年，传说这一天容易与人发生口角争执。这一天的传统习俗是烧门神纸。

正月初四：在北方是祭财神的日子，迎神接神，接五路财神，吃折罗，扔穷。

正月初五：按南方民间习俗是五路财神的生日，因此，要迎接财神进家，保佑自家新的一年财源滚滚、年年有余。传统习俗有祭财神、送穷、开市。

正月初六：这一天，每家每户都要把节日积存的垃圾扔出去，这叫送穷鬼。大年初六也是启市日，商店、酒楼在这一天正式开张营业，而且要大放鞭炮。传统习俗有送穷、开市。

正月初七：是人日，即人的生日，通常不外出拜年。传统习俗有熏天、吃七宝羹、送火神。

正月初八：是开工日。传统习俗有顺星、游神、做斋头、放生祈福。

正月初九：是天日，主要习俗有祭玉皇、道观斋天等。

正月初十：南方部分地区有开灯的习俗，设开灯酒宴。

正月十一：子婿日，此日是岳父宴请子婿的日子。

正月十二：搭灯棚，花灯酒会，做斋头，做醮，标炮，等等。

正月十三、十四：舞狮、飘色、游神、逛庙会。

正月十五：习俗活动主要有赏灯、游灯、押舟、烧烟花、采青、闹元宵等。

3. 民间传说

关于春节的由来，旧时由于缺失上古时期文献没法直接考证，在传承发展中便产生了诸多传说。其中有几种较为流行的说法，如"腊祭说""巫术仪式说""鬼节说""古代丰收祭祀说""舜继部落联盟首领位说"、避"年"兽的传说等。

在历史发展演变中，大多数传统节日都被附会了一些传说，甚至替代了其本真起源。春节也不例外，也被附会"避年恶兽"等传说作为其起源。其实，春节并非因"避恶"等传说而形成，这些传说是后世建构出来的。中华文化源远流长、博大精深，春节文化作为中华悠久历史文化的重要组成部分，其形成涵盖了人文哲学、天文星象等方面的内容，蕴含着深邃丰厚的文化内涵。

4. 相关文化

（1）歌谣

山东歌谣："腊八粥，熬几天，哩哩啦啦二十三。二十三，糖瓜粘。二十四，扫房日。二十五，推糜黍。二十六，去买肉。二十七，宰公鸡。

二十八，白面发。二十九，蒸馒头。三十晚上熬一宿，大年初一姐姐拉着弟弟扭一扭。"

(2) 文献

明代著名史学家万民英根据我国古代文献确定天皇氏时代已发明干支历，在其著作《三命通会》中有详细记载："夫干犹木之干，强而为阳；支犹木之枝，弱而为阴。昔盘古氏明天地之道，达阴阳之变，为三才，首君以天地，既分之后，先有天而后有地，由是气化而人生焉。故天皇氏一姓十三人，继盘古氏以治，是曰天灵淡泊，无为而俗自化，始制干支之名，以定岁之所在。"宋代罗泌《路史·前纪二·天皇纪》也记载："粤有天皇，是曰天灵，望获强尊。"

(3) 春晚

春节联欢晚会，简称"春晚"，是中国中央电视台在每年农历除夕晚上为庆祝新年举办的综艺性文艺晚会。从文化发展的角度看，中央电视台春节联欢晚会开创了电视综艺节目的先河，且引发了中国电视传媒表达内容、表达方式等的重大变革。随后，全国大大小小的地方电视台纷纷效法并力求创新。中央电视台春晚涵盖小品、歌曲、歌舞、杂技、魔术、戏曲、相声剧等多种艺术形式，把现场观众和电视机前的观众带入狂欢之中，打造"普天同庆，盛世欢歌"的节日景象。

(三) 探究实践　体验美

转眼间又到新年，都说年味儿越来越淡，让我们一起来寻找年味儿！新年装饰与各种传统灯笼、现代彩灯相得益彰，带领社区居民以春节为主题创作一幅油画棒作品，一起寻找年味。

1. 绘画材料

素描纸、美纹纸、重彩油画棒、刮刀。

2. 绘画步骤

第一步：在素描纸上起型，用冷色系重彩油画棒虚涂背景，在灯笼处留白。

第二步：用手将背景涂抹均匀，用刮刀刮取橘色、黄色重彩油画棒堆积出烟花，并用刮刀划出烟花绽放的轨迹。

第三步：用暖色系重彩油画棒涂灯笼，注意颜色之间的过渡。

第四步：用棕色、黑色重彩油画棒画出树的形状，堆积出层次感，最后用刮刀刮出树枝，题字，作品完成。

（四）展示交流　提炼美

师生开展多元评价，居民交流心得，展示作品。（图8-3）

图8-3　民俗文化美——"我与春节有个约会"油画棒作品实践

（五）巩固延伸　拓展美

记忆中的年味除各种各样的装饰之外，最令人印象深刻的就是食物的味道。一顿团圆饭，一份归家情。年夜饭，是家的味道，很多人为了它不顾千里迢迢赶路回家。这一夜，饭桌旁的欢笑，胜过天南地北所有的美好。年味最浓的地方总在餐桌上，让我们把这热腾腾的烟火气、扑面而来的年味留在纸面上，感受春节文化的独特魅力。

民俗作为一种生活化的群体文化，对人的教化作用更多的是潜移默化的，且多通过人们日常交往活动中的态度、语言及行为体现出来，对个人的价值观有极大的影响。十里不同风，百里不同俗，相沿成风，相染成俗。民俗文化是历史的积淀，也是历史发展的缩影，多姿多彩的民俗文化让明天更加美好。

在全球一体化浪潮席卷世界的今天，保护和传承我国优秀民俗文化迫在眉睫。要保护好民俗这块土壤，将各种乡土艺术、民间信仰等融汇到居民的日常生活中，让居民感受到乡情、亲情，在代代相传的民俗文化活动中感受独特的文化情致和魅力。

五、任务评价

请在符合自己实际情况的框格内打"√"，数字越大代表符合程度越高。

| 评价维度 | 评价内容 | 自评等级 ||||  |
|---|---|---|---|---|---|---|
| | | 1 | 2 | 3 | 4 | 5 |
| 学习主动性 | 能主动开展知识学习，积极参与课堂实践 | | | | | |
| 理解能力 | 掌握春节的节日来源、传统习俗、节日期间活动及民间传说等文化内容 | | | | | |
| 实践能力 | 结合春节主题完成油画棒作品创作，并能够将所学知识进行有意义的运用 | | | | | |
| 拓展能力 | 能收集和整理相关信息，不断拓展知识 | | | | | |
| 审美能力 | 能够感受美、欣赏美、创造美，感受多种美的形式，提升审美境界 | | | | | |

## 任务三：指尖上的编织艺术

民族的就是世界的，一个民族有一个民族的民俗文化，中国民俗文化是中华民族数千年来文化的综合，从北方到南方，从东部到西部，各地的民俗文化各有不同，这些民俗文化是中华文明的重要组成部分，是中国文化自信的源泉，代表着中华民族的智慧和创造力。

中国编织艺术历史悠久，历经不同文化时期，这门古老技艺逐渐从实用性向艺术性过渡，并渗透到人们生活的方方面面。编织是一种技术，也是一种艺术，表达了中国人淳朴炽热的情感，凝聚了历代劳动人民的灵巧和智慧，展现了中华民族独有的审美体系。

**一、任务描述**

编织艺术，是指人类用工具或者双手使条状物互相交错或勾连而组织起来的艺术。通常是将植物的枝条、叶、茎、皮等加工后用手工进行编织。

编织艺术本身也是一种劳动教育，从2023年开始劳动课正式成为我国中小学的一门独立课程，目的是锻炼和提升青少年的基本劳动技能，实现"五育"并举的育人目标。常州有丰富的地方资源，老街上到处可见各种编制品，如竹篮、竹椅、竹桌等，焦溪街上还能见到竹行及各式各样的竹制品，这些资源为课程提供了保障。社区居民通过赏析各种编织品，提升了鉴赏水平。为了方便居民编织，教师将传统的竹编材料换成麻绳铁丝，以使居民充分体验竹编工艺的快乐。让我们一起来了解编织的历史演变、编织的种类及编织的艺术特色，掌握编织的基本工艺技法并完成一件编织作品。

### 二、任务目标

① 了解编织的历史演变、编织的分类及编织的艺术特色。

② 掌握几种基本的编织工艺技法。

③ 培养和提高社区居民感受美、鉴赏美、创造美的能力。

### 三、任务准备

编织材料包（麻绳、铁丝、胶枪等），麻绳编织成品，剪刀、钳子、布料等工具，PPT教学资源。

### 四、任务学习

（一）情境设置　导入美

① 通过赏析传统的民间编织，体会乡土文化的魅力。

② 我们要理解地域文化之美，了解将传统的编织艺术传承下去的原因。

（二）平等对话　探寻美

1. 编织艺术发展历史

编织艺术的雏形产生于旧石器时代，距今约有7 000年历史。据《易经·系辞》记载，人类以植物韧皮编织成网罟（网状兜物），内盛石球，抛出以击伤动物。1958年，在浙江湖州钱山漾村新石器时代晚期遗址出土的竹编更为惊人，其数量有200多件，其中大部分篾条经过刮磨加工。这一时期的编织工艺也相当精巧，有人字形、十字形、菱形、梅花形等形式，器物的品种有篓、篮、箩、筐等。至春秋战国时期，以蒲草编织莞席已很普遍，人们开始探索将编织运用于服饰装饰。

汉朝时期，人们以蔺草（又名灯芯草）编织为席，蔺席多产于三辅（今陕西中部）、河东（今山西夏县）等地。唐朝时期，草席生产已很普遍，福建、广东的藤编，河北沧州的柳编，山西蒲州（今永济、河津等地）的麦秆编等都是著名的手工艺品。其中，广东还有编织花卉、鱼虫、鸟禽图案的藤编帘幕。

宋朝时期，浙江东阳竹编的品种已有龙灯、花灯、走马灯、香篮、花篮等，能编织字画、图案，工艺精巧，在每平方寸（1平方寸约为11.11平方厘米）的面积内可编织120根篾条，有的还饰以金线。另外，宋朝绳结编织的技艺发展到了更高的水平，并运用到日常生活用品上，如窗帘

彩灯、镜框、香袋等，样式繁多、品种齐全、外形美观。由于"结"和"吉"是谐音，因此，编织品的含义也大多和吉祥有关，如"如意结"代表吉祥如意，"双鱼结"代表吉庆有余，等等。这寓意吉祥的编织品是农历新年时人们爱用的装饰品。

明清时期，我国编织技艺得到进一步发展，编织饰品几乎涵盖了生活的各个方面。明代编织的严谨、清代编织的华丽，每个朝代的气质都渗入了编织品上。这一时期，浙江、江苏、湖南、四川、福建、广东等地的草编、藤编、竹编等也有了发展，并在19世纪末开始出口，它们一经上市便获得了人们的广泛喜爱。

2. 编织的功能与分类

（1）草编

草编是利用各地所产的草就地取材编成各种生活用品。草席属于草编一类，是指用柔韧的草茎编织的席子，江南苏席、仪征朴席、浙江宁席并称三大名席。草鞋，也是草编的一类，在汉代每个人都有草鞋，草鞋技艺体现了劳动人民的勤劳和智慧。

（2）柳编

柳条柔软易弯，粗细匀称，可以编织成各种造型美观、轻便耐用的实用工艺品。柳编的起源可追溯到旧石器时代。

（3）竹编

竹编出自新石器时代，竹子富有弹性和韧性，能编易织，结实耐用，竹编工艺发展到明代日臻成熟。湖南益阳的水竹凉席始创于元末明初，竹编和漆器等工艺结合起来，创制了更具高级感的竹编器皿。竹编的制作工艺比较复杂，在设计的时候我们就要考虑用什么编织，多少粗细，一件作品就要十几道工序，经常用到的竹编编织方法有两百多种，我们要将竹编技艺不断传承下去。

（4）麻编

以苎麻等大麻类植物的茎皮纤维为原料制成的编织工艺品。据《考工记》等记载，西周至战国时期，中国已有苎麻，到了汉代，苎麻种植和编织已很普遍。麻绳编织的品种有提包、帽、鞋、靠垫、灯罩、门帘、盆套等实用品。麻绳工艺品具有吸潮、坚韧、不易腐蚀等优点，很受欢迎。

3. 编织艺术特色

编织在原料、色彩、工艺等方面形成了天然、朴素、清新、简练的艺术特色。

在原料上，玉米皮、麦秸、柳条、麻等天然的浅黄、浅棕、乳白等色彩和质地，给人以自然素雅的美和淳朴的艺术享受。如山东柳编的筐、篮、篓、花盆套等，既呈现柳条典雅的浅棕色，又体现编织工艺的简练，富有天然野趣。

在工艺上，手工艺人运用缠扣、钉串等多种技法，编织成丰富多彩的花纹和造型。虽然麦秸、玉米皮、竹篾、柳条等原料色泽单一，但由于编织工艺的多样化，手工艺人采用疏密对比、经纬交叉、穿插掩压、粗细对比等手法，使之在平面上形成凹凸、起伏、隐现、虚实的浮雕般的艺术效果，在增添色彩层次的同时也显示了精巧的手工技艺。

在色彩上，编织工艺品大多以乳白、咖啡、浅绿、浅土黄、灰绿、浅蓝等中间色、调和色为主，并适当在小面积上运用对比色，既调和又对比，也显示了典雅、朴素的艺术特色。

在装饰方法上，手工艺人在编织的同时结合布贴、刺绣、蓝印花布、绒绣等工艺，使之更加多彩。例如，在草编、玉米皮编的提篮上装饰刺绣、布贴、绒绣或彩色草编图案，雅致中又显出高贵。又如，山东莱西的玉米皮缠扣提篮是以蓝印花布为配料，在深蓝色的衬托下，乳白色的玉米皮缠扣编织更显洁白。

(三) 探究实践　体验美

1. 课前思考

考虑到乡土文化中的编织技艺多以竹子、柳条、藤条、芦花等为材料，不易操作，社区课程可以选用一些其他的材料来代替，如卡纸、麻绳、纸杯、铁丝、竹签等，本次课程以麻绳为主要的编织材料。居民带着以下问题进入课程。

① 笔筒、篮子、收纳筐、各种装饰挂件是用什么材料制作的？
② 简单易学的纸杯花篮如何编织？
③ 不同的编织材料之间如何结合？如何装饰自己的作品？

2. 材料介绍

介绍各种型号的麻绳（直径2毫米、3毫米、4毫米、5毫米等）、铁丝、底盘（可以用废旧光盘，也可以用各种盒盖子；可以是方形，也可以是圆形），并介绍圆底和方底的篮子。

3. 示范制作过程

第一步：选用光盘做底，用两个光盘。

第二步：用胶枪将竹签、一次性筷子或铁丝粘在盒子一圈。这里以铁丝为例，因为可以将铁丝弯成自己想要的形状（掌握要点：铁丝根数必须是单数），方便循环缠绕，每根铁丝之间间距相等，依次粘好铁丝。

第三步：将铁丝弯成需要的形状并缠绕铁丝，绕到合适的高度，开始准备做花篮的花边。

第四步：做花篮的花边设计，将铁丝三根弯下去，三根垂直，继续缠绕到合适的位置，用钳子剪掉多余的铁丝，还可以用花边做装饰，做好提手后进行组合，一个花篮就完成了。

教师示范时重点讲解篮子的制作方法，居民自己先独立操作，遇到疑问时尝试小组讨论，教师、志愿者、社工进行引导。教师引导居民通过实践体验充分理解地域文化之美，很好地诠释了教育学家陶行知先生著名的"生活教育观"。

（四）展示交流　提炼美

教师总结课堂，展示居民作品，肯定学员们的学习效果，开展多元性评价，学员互评，教师点评。教师展示不同材料、不同类型的编织作品，使学员进一步感受编织艺术的魅力，开拓思路，提高社区居民的审美。（图 8-4）

图 8-4　民俗文化美——编织作品实践

生活中处处都有可以创造美的材料，居民朋友们不妨尝试着做一做，利用一些废旧材料，变废为宝，这样也能提高我们的动手能力，充实我们的生活，体会到指尖艺术带来的快乐。

(五) 巩固延伸　拓展美

手工编织是一种技术,也是一种艺术,编织艺术表达了中国人淳朴炽热的情感,展现了中华民族独有的审美体系。我们可以在学校、社区、博物馆等地开设相关课程,让居民了解地域文化,参与地域文化的传承,并在传承中融入现代设计理念,扩大其设计外延,让地域文化更好地适应现代化社会的需要。

五、任务评价

请在符合自己实际情况的框格内打"√",数字越大代表符合程度越高。

| 评价维度 | 评价内容 | 自评等级 | | | | |
|---|---|---|---|---|---|---|
| | | 1 | 2 | 3 | 4 | 5 |
| 学习主动性 | 能主动开展知识学习,积极参与课堂实践 | | | | | |
| 理解能力 | 了解编织的历史演变、编织的种类及编织的艺术特色等 | | | | | |
| 实践能力 | 学会编织的基本工艺技法,并能够将所学知识进行有意义的运用 | | | | | |
| 拓展能力 | 能收集和整理相关信息,不断拓展知识 | | | | | |
| 审美能力 | 能够感受美、欣赏美、创造美,感受多种美的形式,提升审美境界 | | | | | |

## 第三节　名人文化美

### 任务：风雅常州文创设计

中华民族悠久的历史造就了灿若星辰的历史文化名人,名人志士在中华民族5 000多年的历史长河中留下了不朽的业绩,在中华文明史上写下了光辉的篇章。经过漫长岁月的沉淀,他们的精神、学说、思想和价值观,以及他们留下的大量遗迹、遗物等都是十分宝贵的文化资源,融合成中华文明的思想精髓,如礼义廉耻、仁爱忠信等都成了涵养社会主义核心价值观的重要源泉。《中共中央关于深化文化体制改革　推动社会主义文化大发展大繁荣若干重大问题的决定》发布之后,在文化大发展大繁荣的时代背景下,我国文化产业兴起并蓬勃发展,历史名人的深层文化功能不断得到彰显。历史名人这一重要的历史文化资源在文化产业中运用得越来越广泛,不少地区把历史名人视为自身形象、文化魅力和品牌的代名词,历史名人正在发挥着巨大的经济价值和社会价值。

### 一、任务描述

名人文化资源主要有三种形式:一是名人本身,二是与名人有关的物质遗存,三是与名人有关的文化现象。名人文化资源是辉煌的历史给我们留下的极为丰富灿烂的历史文化遗产,让我们一起来了解历史名人的内涵、历史名人文化资源的经济价值、历史名人的宣传教育作用与社会主义核心价值体系构建的关系,学会将名人作品作为设计元素进行文旅产品设计。

### 二、任务目标

① 了解历史名人的内涵、历史名人文化资源的经济价值。

② 了解历史名人的宣传教育作用与社会主义核心价值体系构建的关系。

③ 学会将名人作品作为设计元素进行文旅产品设计。

### 三、任务准备

图片、PPT等教学资源,布艺材料包,制作工具等。

### 四、任务学习

(一) 情境设置 导入美

孔子(前551—前479),中国著名思想家、哲学家、教育家,其创建的儒家文化对中国文化、思想,乃至对世界文化、思想影响极大。孔子的学说内涵丰富,自成系统,在中国历史上产生了深远的影响,是世界上公认的教育家、思想家。1956年,联合国教科文组织确认孔子为"世界十大文化名人"之一。

教师讲解并展示视频,介绍孔子的生平事迹。

(二) 平等对话 探寻美

文化是一个民族的精神和灵魂,任何一块土地上产生的历史名人,即这块土地的精神和灵魂,如范仲淹的"先天下之忧而忧,后天下之乐而乐",包公的铁面无私、正直,岳飞的精忠报国,等等。无疑,历史名人文化具有教育的价值和作用。历史名人的精神文化犹如一面面旗帜,影响着人们的思想,决定着人们的行为模式和生活方式。他们的精神能鼓舞、激励我们去热爱自己的国家，热爱自己的家园，并且竭尽全力为它们做出自己的贡献。也因为此，研究历史名人的价值就显得尤为重要，它担当起了传承文化传统的重任。

1. 历史名人的内涵

所谓历史名人，顾名思义，即历史上在某一领域崭露头角，在某一方面对国家、对民族、对人民起过重大作用，并对后代有着深远影响的历史人物。这类历史人物，既包括对国家、对民族、对人民起过正面重大历史作用的人物，又包括对国家、对民族、对人民起过反面重大历史作用的人物。前者可曰正面历史名人，可谓流芳百世；后者可曰反面历史名人，可谓遗臭万年。对待正面历史名人名胜我们要格外珍惜、加以爱护，因为它们是祖国秀丽山河的一部分，是我们地方的特色景观和人文景观，可以从正面教育和启迪后代子孙；而反面历史名人遗迹实际上也应该倍加珍惜、勤加爱护，因为它们是历史反面人物罪恶勾当、阴谋诡计的铁证，可以从反面教育启迪后代子孙。

历史名人既有正反之分，又有虚实之分。这里的虚实之分并非传统意义上的真实和虚构之分，而是指历史名人以其做实事扬名还是博取名声为世人所知。李时珍花费27年，脚穿草鞋，身背药篓，翻山越岭，访医采药，搜求民间验方，观察和收集药物标本，尽可能地纠正了以前医书的错误，补充不足，编成医药学著作《本草纲目》，书中的药材还配以图示，从此以后人们对草药的了解更加直观，这可以说是造福人类的壮举，所以说李时珍是个做实事的历史名人。在历史的长河中，名人可谓数不胜数，经过岁月的沉淀，那些没有造福于人类、对人类的精神没多大影响的名人已经被人们忘却。

2. 历史名人文化资源的经济价值

在目前的旅游开发中流传着这样一句宣传口号："文化搭台，经贸唱戏。"历史名人旅游资源的开发，对地方经济的发展能起到积极的推动作用。不提中国众多的名山大川，即使是一般的地方，只要与历史名人有了联系，就会显得富有生机和神韵。杜甫的成都草堂，原来只不过是一间破草房，却因"诗圣"杜甫的高知名度而千古流芳。所以说，历史名人文化资源可以为旅游产业带来巨大的经济效益。

（1）历史名人文化有助于旅游景区形成鲜明的个性

在旅游业中，时空和景观的差异性是旅游吸引力产生的基础。在激烈

的旅游业竞争中，要想突出自己的个性和地域特色，必须有一些别人没有的，而历史名人旅游资源是在特定地方、特定历史条件下形成的精神文化景观，其特殊的时间性和地域性是无法仿制与代替的，因此，在竞争中就不会落于模式化并被复制甚至是争抢，容易形成自己的特色直至成为城市的名片，从而使该地旅游业更有吸引力，更具竞争性，更有持久力。相关部门可以根据当地景区的历史名人文化资源，为其确定一个明确的主题，使之具有独特的文化个性。

（2）历史名人文化是旅游景区发展的推动力

文化资源、文化发展水平已经成为一个旅游景区是否有吸引力和竞争力的衡量指标，那些能够利用历史名人文化资源的旅游景区会使游客流连忘返，深受触动。现代社会背景下，我们之所以需要历史名人，是因为要发掘历史名人的文化内涵和精神气节，然后倡导国人去追随他们。历史名人文化内涵挖掘得够不够，保护得够不够，是旅游景区能不能够保住魅力，能不能够永远兴盛的关键。

（三）探究实践　体验美

竞争战略之父迈克尔·波特曾提到："基于文化的优势是最根本的、最难以替代和模仿的、最持久的和最核心的竞争优势。"当城市资源逐渐枯竭时，文化才是城市最大的不动产，所以，只有根植当地城市文化资源特色，文创项目才能健康发展，这也是我们设计、开发产品的初心。

我国国土广袤，历史悠久，名人辈出，文学家、摄影家、艺术家、史学家等文化名人资源之丰富，在全世界可谓首屈一指，这是用之不竭的宝藏。文化名人资源既包括有形的事迹、艺术品等，又包括无形的理念、思想，这些资源能够发挥名人效应，激发旅游动机，对旅游者具有一定的吸引力，对文化旅游产品的开发具有强有力的助推作用。

常州籍画家刘伟光先生，江苏省美术家协会会员，有二十余部作品入编大型书集《中国油画》。刘伟光老师是以油画形式反映常州城市发展面貌的第一人，其"风雅常州"系列作品的一笔一画都充满了画家的悠悠故乡情、殷殷游子心，在后记中刘老师谈及，作为一名定居上海的艺术从业者，心中萦绕的对家乡常州的深切情感一直是他创作的源泉和动力！这一系列作品围绕美好家乡常州的历史文化风貌三大元素——运河、淹城、青果巷展开，以组画的形式宣传常州，为弘扬历史文化古城添砖加瓦，让更多的人了解常州，了解画家笔下的"风雅常州"。

课程展示的布艺作品，其设计元素取自刘伟光创作的《千年流水》《记忆中的老城》《淹城秋韵》《双塔耀龙城》等油画作品。

教师示范，居民分组自主实践。

（四）展示交流　提炼美

师生开展多元评价，居民交流心得，展示作品。（图8-5）

 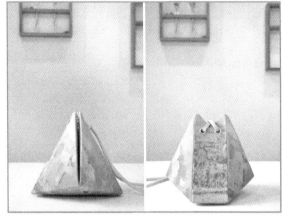

图8-5　名人文化美——"风雅常州"布艺文创设计作品实践

（五）巩固延伸　拓展美

在国家级重点文物保护单位岳飞庙的基础上修建的汤阴县岳飞纪念馆，是国家优秀爱国主义教育基地。岳飞纪念馆每年都接待大量游人，是向广大人民群众进行历史唯物主义、爱国主义、革命传统教育的重要阵地，岳飞"精忠报国"的爱国主义、忠孝节义、自强不息等精神已经融合成华夏文明思想精髓的一部分，成为中华民族的核心文化价值观。通过参观历史名人纪念地，青年一代能够感受到中华民族优良的传统，从而更加热爱祖国，所以说历史名人的精神文化犹如一面旗帜，影响着人们的思想，决定着人们的行为模式和生活方式。

历史名人是宣传地方形象、展现自身特色的最好资源。一个个文化名人就是一座座文化经济的宝矿，是一张张认同度很高的与外界交流的名片。更重要的是，这些历史名人或以文治武功雄霸天下，或以文章才思著称于世，或以忠孝节义青史留名，都曾对历史发展和社会进步产生过不同程度的影响，既是丰厚的正待开发的文化遗产，也是向世人展示地方魅力的有力宣传工具。所以各地要充分利用名人资源进行艺术创作，展示地

名人，通过名人让世界了解地方，这是头等重要的。

**五、任务评价**

请在符合自己实际情况的框格内打"√"，数字越大代表符合程度越高。

| 评价维度 | 评价内容 | 自评等级 ||||| 
|---|---|---|---|---|---|---|
| | | 1 | 2 | 3 | 4 | 5 |
| 学习主动性 | 能主动开展知识学习，积极参与课堂实践 | | | | | |
| 理解能力 | 了解历史名人的内涵、历史名人文化资源的经济价值等 | | | | | |
| 实践能力 | 学会将名人作品作为设计元素，进行文旅产品设计，并能够将所学知识进行有意义的运用 | | | | | |
| 拓展能力 | 能收集和整理相关信息，不断拓展知识 | | | | | |
| 审美能力 | 能够感受美、欣赏美、创造美，感受多种美的形式，提升审美境界 | | | | | |

## 第四节 建筑名居美

### 任务：水墨民居

民居建筑是城市的精华，是城市发展的历史见证，是民族文化沉淀的结果，也是社会政治、经济、文化活动所留下的痕迹，反映了中国文化和社会生活的特点。

**一、任务描述**

中国古代建筑是中华民族历史上极其珍贵的文化遗产，它凝结着我国劳动人民的智慧，是中国作为文明古国的重要标志之一。中国古代建筑以其宏伟的规模、惊人的数量、绚丽多彩的风姿、独特的民族风格，屹立于世界建筑艺术之林。而中国现当代建筑在继承与发扬中国古代建筑的民族形式和优良传统的同时，充分体现了满足人民需要的实用价值和不断发展的时代精神。

## 二、任务目标

① 通过引导居民欣赏我国建筑艺术，了解我国建筑的外观造型、建筑结构、群体布局、装饰色彩、类别，培养居民对祖国建筑悠久历史文化的热爱和民族自豪感。

② 通过赏析，提高居民鉴赏建筑美的能力，引导居民对各种建筑形式进行分析研究，总结出中国建筑艺术的特征，正确理解中国建筑艺术作品的思想内涵。

③ 利用水彩画的艺术特点和表现形式，展现传统建筑特有的气氛和情调，培养社区居民在建筑与空间环境上的艺术感受力和创造力。

## 三、任务准备

建筑图片资料、水彩笔、水彩颜料、水彩纸。

## 四、任务学习

### （一）情境设置　导入美

建筑是一门综合艺术，融绘画、雕塑、工艺美术、音乐、诗歌为一体，人们将建筑喻为"无言的诗""立体的画""凝固的音乐"，是指建筑既有绘画所具有的造型传神之美，又能突破绘画的二度空间，立体地表现人的审美意识。同时建筑也极具诗歌般的畅神达意之美，以砖瓦土木等材料为语言，塑造美的形象，表达人的诗情。作为居住与活动空间的建筑，当人们用心灵去欣赏它时，它更会在意识中活起来、流动起来，成为人们精神的居所。

### （二）平等对话　探寻美

1. 建筑的概念

建筑主要指供人们进行生产、生活或进行其他活动的房屋或场所。建筑艺术是通过对建筑的群体组织、形体结构、平面和立面进行布置，以及对装饰、色彩等进行审美处理，所形成的一种综合性造型艺术。

2. 建筑的分类

建筑按风格体系，一般分为东方建筑和西方建筑两大类。东方建筑的代表有中国建筑、印度建筑等。

建筑按使用功能，一般分为住宅建筑、生产建筑、公共建筑、文化建筑、园林建筑、纪念性建筑、陵寝建筑、宗教建筑等。

中国建筑又分为古城建筑、宫廷建筑、陵园建筑、寺庙建筑、桥梁建筑、塔建筑、民居建筑等。

### 3. 建筑的美学特征

**(1) 实用性**

建筑完全是出于实用的需要而诞生。两千多年前，罗马的一位建筑学家就指出，建筑有三个要素：适用、坚固、美观。绝大多数的建筑是为人"用"的，而不是给人"看"的。所以说，建筑艺术属于实用艺术，其实用功能是主要的，其次才是审美功能。

**(2) 审美性**

2 000多年前，罗马建筑学家提出的三要素就包括了美观。建筑作为人类生活所必需的居住和活动场所，也必然要满足人们的审美需求，对建筑的形体、平面布置、立面形式、结构造型、空间组合、色彩光影、装饰装修等予以规划和审美处理，就形成了建筑艺术，它是视觉艺术、空间艺术、静态艺术、表现艺术和造型艺术的结合。建筑艺术的未来发展趋势，必定是审美性与实用性的完美结合。

**(3) 综合性**

建筑艺术具有空间感和时间的流动性，人们欣赏建筑不能固定不动，必须从远到近，先围绕建筑走一圈，再在室内走一圈，才能获得相对完整的感觉。如果是一个建筑群，就要走更长的路。这样一个欣赏过程掺进了时间和空间的因素，使欣赏者观赏得更全面、更完整。因为对建筑的审美不仅仅是建筑本身，建筑艺术的感染力主要来源于建筑所处的环境、序列和建筑本身的比例、尺度、韵律，同时还要借助雕塑、壁画、园艺、工艺美术等其他门类的艺术给予加强，以起到"画龙点睛"的作用。中国古代建筑也常依靠石狮、华表、影壁、牌楼、灯炉、碑刻、雕塑、壁画等来创造某种意境。

**(4) 象征性**

建筑在内容的表现上常采用象征的手法，在其抽象内涵中寄寓了象征的意义。北京天坛是中国古代祭天的场所，其平面借用了古代"天圆地方"之说，丹陛桥像一条通天之路，祈年殿的28根柱子包含了四季、十二月、十二时辰和二十八星宿的寓意。天坛中处处有象征，处处显示着浪漫主义精神。南京中山陵，整体建筑呈钟型，象征孙中山领导的民主革命是唤醒民众的警钟。每个时代都有不少重大事件可以通过建筑艺术的象征功能表现出来。

4. 中国古代和现代建筑

中国古代建筑的建筑思想主要有敬天祀祖的礼制思想、以皇权为核心的等级思想、以家长为中心的家族思想。体现为两个方面，一是以平面构图为特色，注重群体组合，创造优美环境。二是以木框架为主要结构，便于错落组合和雕刻绘画。

可以总结出三大美学特征：结构独特、群体组合、注重装饰。

（1）结构独特

① 墙倒屋不塌。中国古建筑在结构上主要运用巧妙而科学的木框架结构，这种结构可以灵活机动地自由分割空间。

② 大屋顶和高台基。中国古建筑分屋顶、屋身和台基三个部分，有时屋顶比屋身更大、更突出，故宫三大殿尤为典型。我国匠师利用木结构的特点，创造了屋顶"起翘"和"出翘"的建筑风格。屋顶的"起翘"可以充分采光，屋顶的"出翘"可以避雨水，保护木结构。

③ 斗拱与雀替。中国古建筑的框架结构形成了在宫殿、寺庙及其他高级建筑中才有的一种独特构件，即屋槽下一束束的斗拱，它的作用是把屋顶的重量传递到梁柱上。斗拱可以表现出建筑的错综精巧之美。雀替是梁与柱相交处的托座，其结构作用是减少梁的净跨度，使木构架更坚实牢固。同时，在雀替上还可进行雕刻和彩绘，表现出图案色彩的装饰美。

（2）群体组合

群体组合就是由一个个单体建筑组合成一个大的群体建筑。比如北京的故宫博物院、民居院落等。这种建筑群体一般都有显著的中轴线，沿着中轴线布置主要建筑物，在中轴线两侧布置次要建筑物，以保持严格的对称或均衡的布局。

对于建筑艺术，中西方有着不同的审美趣味。欧洲建筑讲究突出主体体量，像一座雕塑一样，靠造型显示性格。中国古建筑，往往是从一个庭院走进另一个庭院，必须全部走完才能把建筑全部看清，讲究的是环境气势，像中国长卷画一样，须徐徐展开，慢慢欣赏，倾向于优美风格。中国古代建筑这种庭院式群体组合所产生的效果，有它独特的艺术魅力。

（3）注重装饰

① 室内与梁枋装饰。室内的名人字画、古玩文物、匾牌楹联等，是室内装饰的一部分。常见于梁枋上的彩画可分为三个等级："和玺彩画"是等级最高的彩画，"旋子彩画"等级次于和玺彩画，"苏式彩画"等级

次于前两种。

②室外装饰。色彩是构成建筑形式美的重要因素。红、黄、蓝、绿是中国古建筑的主色调。红色吉祥、黄色富贵，所以宫殿建筑一般都是"红墙黄瓦"、金碧辉煌，以显示皇宫的豪华。古建筑外部空间常常用假山叠石加以点缀，或设牌坊、影壁、石狮等，用这些衬托性建筑来美化建筑群体。

③屋顶装饰。中国古代匠师很早就发现，可以利用屋顶取得艺术效果，因此，屋顶的形式也非常多。一般民居都用硬山顶，屋脊上用各种动物形象进行装饰，又采用大量琉璃瓦，为屋顶增添色彩和光泽。

5. 中国民居建筑

民居是满足人们日常生活起居需要的场所。我国幅员辽阔，民族众多，由于人们所处的地理环境和生活习惯不同，所以民居建筑的形式也有所不同。比如北京四合院、徽州民居、福建土楼、陕北窑洞、傣族竹楼、侗族鼓楼、藏族碉楼等。以下列举几处简略说明。

四合院有3 000多年的发展历史，它分布在全国各地，类型多样，其中以北京四合院最为典型，它是一种高档合院式建筑，其格局是一个院子，四面建有房屋，通常由正房、东西厢房和倒座房组成，从四面将庭院围合在中间。这种合院有一户一宅、一宅一院、两院、三院甚至四院等不同组合。这种前后相连的建筑形式适合于以家族为中心的团聚生活。

徽州民居最显著特点是园林式布局，走进了徽州就像走进了一座巨大的园林。每个村落依山傍水，十里花翠入眼，四周山色连天。徽州民居的另一个特点是高低错落的五叠式马头墙，民间称之为"五岳朝天"。白色山墙宽厚高大，灰色马头墙造型别致，在青山绿水中十分美观。

陕北窑洞是中国北方黄土高原上特有的民居形式，依山势开凿出来的窑洞，有冬暖夏凉的特点，具有十分浓厚的中国民俗风情和乡土气息。这一"穴居式"民居的历史可以追溯到4 000年前，当时的陕北劳动人民创造性地利用高原的地形凿洞而居，创造了被称为"绿色建筑"的窑洞建筑。

6. 中国现当代建筑

中国现当代建筑继承和发扬了中国古代建筑的民族形式与优良传统，同时又充分体现了满足人民需要和不断发展的时代精神。例如，北京天安门广场中央的人民英雄纪念碑，其下部采用传统的中国古代建筑形式；20

世纪 80 年代建造的北京图书馆和 20 世纪 90 年代建造的北京西站，同样采用了传统的民族形式。改革开放以来，建筑上的繁荣局面渐渐打开，很多现代建筑都是美学和建筑学完美结合的艺术品。

中国现当代建筑是中国现当代文化状态最真实的记录。在现代化潮流中，中国现当代建筑取得了巨大发展，让世界看到了中国"向上"的力量，中国现当代建筑的发展也丰富了现当代建筑美学。

（三）探究实践　体验美

我们的国家纵横 960 万平方千米，孕育了 56 个古老民族，形成了绚丽多彩的华夏民居风貌：有人夜憩竹楼，有人水上为家，有人享受着窑洞中最古老的大自然的恩赐，有人在四合院品味人间烟火……这是人民智慧的凝结，也是多样文化的呈现。让我们用画笔记录下自己喜欢的民居，展示中国民居的魅力。

第一步：起稿确定视觉焦点，铺底色，近暖远冷，空间关系要明确。

第二步：趁画纸湿润，概括远处的房子和树的形状、铺大色调。

第三步：概括前景房屋形状和明暗关系，湿画出近处水的底色和倒影。

第四步：找准主次塑造细节，房屋、桥、树加深明暗并丰富色调。

第五步：添加前景水的细节，完善整体画面。

（四）展示交流　提炼美

师生开展多元评价，居民交流心得，展示作品。（图 8-6）

图 8-6　建筑名居美——水墨民居作品实践

（五）巩固延伸　拓展美

新的建筑理念、新材料和新技术的运用，使建筑的形式更加自由，更

加贴近人们的生活。上海世博会中国馆"东方之冠"由中国工程院院士何镜堂任总设计师。该建筑通过巨柱与斗拱的巧妙结合，体现中国特色。景德镇御窑博物馆采用了简单、原始而又富有感染力的抽象"窑"拱券形态。宁波博物馆建筑设计倡导"新乡土主义"理念，将宁波的地域文化特征、传统建筑元素与现代建筑形式融于一体，建筑本身也是一件特殊的"文物"和"展品"。以上这些建筑在设计上体现了中国传统文化和地域文化的精髓。新时代的我们更要开阔视野，让中国建筑文化更加开放、多元，走向世界。

### 五、任务评价

请在符合自己实际情况的框格内打"√"，数字越大代表符合程度越高。

| 评价维度 | 评价内容 | 自评等级 | | | | |
|---|---|---|---|---|---|---|
| | | 1 | 2 | 3 | 4 | 5 |
| 学习主动性 | 能主动开展知识学习，积极参与课堂实践 | | | | | |
| 理解能力 | 了解建筑的美学特征，以及我国古代建筑和现代建筑的艺术特色等 | | | | | |
| 实践能力 | 掌握水彩建筑风景的表现技法，体会构图、意境、情调的艺术表现力 | | | | | |
| 拓展能力 | 能收集和整理相关信息，不断拓展知识 | | | | | |
| 审美能力 | 能够感受美、欣赏美、创造美，感受多种美的形式，提升审美境界 | | | | | |

# 【结论与启示】

地域文化作为地方历史、风俗、传统、思想等精神财富和民俗工艺品等物质财富的集合体，经过上百年、上千年的时代传承，对于研究地方发展具有重要意义。地域文化的传承、创新与文化产业特色发展是文化产业双重属性的内在要求，也是实现"双效统一"的必由之路。

文化产业最为重要的部分是文化创意人才，近年来随着文化产业的蓬勃发展，各地社区深入推进优秀地域文化全方位融入社区教育的工作。优秀的地域文化有着宝贵的社会价值、艺术价值、经济价值和文化传承价值，可以塑造积极向上的人，可以促进社会的进步，也可以推动整个民族和国家的发展。

本章节通过对优秀地域文化相关知识的传授，辅以配套的国画、编织、油画棒、面塑、拓印、布艺等技能实践，达到育人的目的。一是将地域文化精神更好地融入社区美育课程，对广大社区居民的行为产生积极的影响，促使地域精神的价值得到充分发挥，促使社区居民自觉承担时代赋予的历史使命，同时凝聚社区居民的政治认同感；二是充分挖掘地域文化资源，激发社区居民的学习积极性，以艺术设计为载体推进地域文化的创新性发展和创造性转化，激活其生命力，弘扬正能量。

## 参考文献

[1] 刘受益. 美育基础知识 [M]. 3版. 北京：高等教育出版社，2021.

[2] 韩莹. 美食题材纪录片中地域文化传播策略研究：以毕业作品《徐州烙馍》为例 [D]. 贵阳：贵州民族大学，2022.

[3] 成语. 基于南昌地域传统饮食文化的插画设计研究 [D]. 景德镇：景德镇陶瓷大学，2022.

[4] 刘倩. 中国传统饮食文化下的巴蜀火锅餐具设计研究 [D]. 成都：西华大学，2022.

[5] 宋愉. 地域饮食象征符号及其传承研究：以徽州臭鳜鱼为例 [D]. 武汉：武汉大学，2022.

[6] 丁玲莉. 基于食育的饮食文化在高中生物学教学中的渗透现状与实践研究 [D]. 重庆：西南大学，2022.

[7] 斯大利. 阿尔及利亚与中国饮食文化的对比研究 [D]. 绍兴：绍兴文理学院，2022.

# 第九章

## 社区美育建设的常州实践

目前,我国社区教育的主要目标是促进社区的可持续发展和居民的全面发展,主要围绕社区居民的"谋生"与"乐生"两大主旨开展教育和活动。无论是提升居民素质的"乐生"教育,还是促进居民就业的"谋生"教育,均与社区美育有着割不断的联系。作为社区教育的重要部分、社区治理的推进元素,社区美育在弘扬传统文化、培养居民审美能力、促进邻里关系、扶助弱势群体就业等方面有着非常重要的作用。

社区美育研究所取得的成绩可谓有目共睹,既有来自国家政策的激励,也有美育研究者们对当今中国社会现实的深切关怀,美育实践在可预见的未来会进一步加强和深化,美育研究也必然会进一步向纵深开拓前进。

本章节力图从政策、理论、实践三个层面,总结近年来常州社区美育的梦想与足迹、问题与经验、发展与进步,反思既往、立足当下、面对未来,希望借此为社区美育的进一步发展提供有益的借鉴与参考。

# 第一节 常州市社区美育的发展进程

常州的社区教育工作开展得比较早，伴随着常州社区教育的发展，社区美育逐步发展壮大。常州市社区美育发展的总体情况，大致经历了三个重要的发展阶段。

## 一、常州社区美育的酝酿期与萌芽期（2009—2014 年）

教育部《关于推进社区教育工作的若干意见》、省教育厅《关于印发江苏省省级乡镇（街道）社区教育中心建设方案的通知》等文件的颁发，有力地推进了各地社区教育的发展。常州紧跟时代步伐，积极着手开展社区教育工作，社区教育管理体制和运行机制逐渐成形。作为社区教育的一部分，常州社区美育依靠社区教育组织体系迅速发展，依托常州市社区教育横向高校联盟组建师资队伍，开展课程内涵建设，基于常州市社区教育纵向四级网络，开拓课程实施通道，但是这一时期社区美育的课程数量与送教数量并不显著，占社区教育的比重并不高。

2009 年 5 月 26 日，常州市政府以常州市广播电视大学为依托，整合各类教育资源，成立了江苏省首家社区教育大学——常州社区大学。次年，又设立了"三大中心"，即终身学习指导中心、终身教育研究中心、终身教育信息中心，承担行政部门赋予的对全市社区教育工作的统筹、协调、指导、服务等功能，同时确立常州卫生高等职业技术学校、江苏省常州建设高等职业技术学校（后更名为"江苏城乡建设职业学院"）、常州铁道高等职业技术学校、常州艺术高等职业学校、常州刘国钧高等职业技术学校、常州旅游商贸高等职业技术学校和常州工学院等 7 所高校（高职校）为常州社区大学分校。2013 年 2 月，常州市广播电视大学与常州社区大学整合成立常州开放大学，进一步推进常州社区教育工作。自此，常州社区教育迈入发展快车道，初步形成了开放大学、社区学院、社区教育中心、社区居民（村民）学校纵向社区教育四级网络和横向常州社区教育高校联盟（当时称为常州社区大学分校）的组织体系，社区美育的组织架构也逐步成型。

依托常州市社区教育组织体系横向高校联盟的师资力量，一批学校美术专职教师、非遗传承人、传统手工艺人、技术能手等专业人才参与到社区美育课程建设中，其中包括了后期成为江苏省名师工作室（社区教育

类）领衔人吕颖、常州市名师工作室（社区教育类）领衔人崔涛、国家级非遗乱针绣代表性传承人孙燕云等一批优秀教师，为下一阶段美育类型工作室、项目基地的建立，以及社区美育师资队伍的建设奠定了扎实的基础。这一时期美育课程主要基于"乐生"这个主旨，内容包括艺术作品赏析、美育文化知识讲授及老年、儿童书画学习等，旨在让社区居民在活动中接受艺术熏陶，欣赏艺术之美，修身养性。

**二、常州社区美育的摸索期与整合期（2015—2017年）**

在教育部等九部门联合颁布的《关于进一步推进社区教育发展的意见》和国务院办公厅《关于印发老年教育发展规划（2016—2020年）的通知》等文件的指导下，在各级行政部门的推动、引导下，常州社区美育进一步整合、利用社会资源，推进社区美育工作室建设，促进师资队伍培养，建立信息化交流平台，探索美育课程实施形式。

根据《关于增评名师工作室（社区教育类）的通知》精神，常州市教育局评选常州工学院崔涛领衔的"社区教育与地方文化传承研究"社区教育名师工作室、江苏省金坛中等专业学校王理华领衔的"非遗文化传承与社区教育发展"社区教育名师工作室等社区美育类工作室，入选常州市教育局组织的常州市名教师工作室（社区教育类）。同年，在常州市社区教育高校联盟"一校一品"的基础上，为了进一步发挥合力和整合各类资源，打造常州社区教育特色品牌，常州开放大学制定了《开放大学社区教育特色项目工作室建设方案》《开放大学社区教育特色项目工作室建设考评评估细则》《关于同意社区教育特色项目工作室建设立项的通知》等文件，至2017年，在全市范围内征集、遴选了两批特色项目工作室，其中美育类工作室有常州工学院的"社区文化艺术创新力提升"特色项目工作室、常州市五星街道的"运河文化传播"特色项目工作室及常州开放大学的"指尖上的技艺"特色项目工作室。通过发挥领衔人的示范、引领和辐射作用，社区美育工作室开展了一系列深受居民欢迎与喜爱的优质社区美育项目实验和学习活动，社区美育工作室成为社区美育优秀教师的孵化地与优秀成果的集聚地。

2015年11月，"常州终身教育在线"（后改名为"常州终身学习在线"）升级改版，建立了覆盖市、区（县、市）、镇（街）的"1+7+59"终身教育站群系统，课程经常州开放大学评审后，上传至平台供广大市民免费学习，实现了资源的"共建众享"。课程资源中的美育课程特色鲜明、类别多样、内容丰富,满足了常州市民各类学习的需求,打通了社区美育的"最后一公里"。

2016年4月,常州开放大学依托常州"三宝"博物馆的梳篦工作室、白雪飞留青竹刻工作室、孙燕云乱针绣工作室和剔筠轩艺术工作室共同建立了"常州市社区教育项目基地",通过将"非遗"与"美育"结合,挖掘社区美育资源潜力,丰富社区美育课程资源,搭建市民学习体验平台,受到了常州市民的关注与喜爱,产生了较好的社会效应。

依托社区教育名师工作室、常州开放大学特色项目工作室、常州市社区教育项目基地等平台,书画、戏曲、手工、非遗等内容丰富、形式多样的课程走进了广大社区课堂,由于课程简单易操作,每节课结束即可呈现作品,学员在课程学习过程中容易获得成就感,课程受到了广大社区居民的好评。但随着社区美育活动的深入和形式的多样化,有教师和社区工作者认为这种形式的美育就是简单的写写画画,或者是吹拉弹唱,缺乏对居民文化内在精神的整体性引领,课程建设的内涵仍有巨大的提升空间。

### 三、常州社区美育的成长期与深化期(2018年至今)

2018年8月30日,习近平总书记在给中央美术学院8位老教授的回信中强调,做好美育工作,要坚持立德树人,扎根时代生活,遵循美育特点,弘扬中华美育精神,让祖国青年一代身心都健康成长。《关于进一步推进社区教育发展的意见》明确指出,要为农村留守妇女提供社会生活、权益保护、就业创业等方面的教育培训,重视开展农村留守儿童、老人和各类残疾人的培训服务。这一阶段,常州社区美育逐步发展为多元供给,有更多社会力量参与进来,通过基地、工作室、团队等平台的打造进一步孵化师资,创新品牌,丰富课程内容和送教形式,并且赋能社区治理,开展助力乡村振兴、关爱弱势群体、推动就业等一系列活动。

鼓励社会力量为农村留守妇女、各类残障人士开展就业创业等方面的教育培训服务,常州市钟楼区西艺坊残疾人创业中心、常州市天宁区众人拾遗传习所被评为省级社会教育学习体验基地培育项目。联合常州市博物馆及本地11家博物馆开展社区教育馆校合作项目,将博物馆美育有效融入社区教育四级体系,丰富社区美育教育的内容,促进居民精神文化的提升。挖掘本土文化资源,为社区美育打造平台,先后确定"魅力礼嘉农业游""青果巷历史文化游学""大岭茶梅生态游学"等31个项目为常州市社区教育游学实验项目,常州博物馆、曹山紫竹林盆景园艺学习体验基

地,被评为"江苏省社区教育学习体验基地",常州市龙城梳篦博物馆被评为"长三角市民终身学习体验基地"。

自2018年以来,常州市先后组织建设了"指尖上的技艺"和"创意手工"这两个常州市社区教育名师工作室,"非遗传统美术项目进社区"社区教育特色项目工作室等11个常州开放大学特色项目工作室,7个江苏省名师工作室社区教育,2个社区教育精品教学团队,促进了常州市优秀美育教师的合作互动,孵化培养了更多的社区美育名师。《关于切实加强新时代高等学校美育工作的意见》指出,高校要积极开展对口定点帮扶、支教扶贫、社区服务等美育志愿服务和社会实践活动。常州高校联盟发展为常州高校(高职校)联盟,常州高校(高职校)联盟成员单位增至10所,其中常州纺织服装职业技术学院等学校的加入,进一步壮大了常州社区美育教师的队伍。在常州开放大学的牵头和协调下,从2018年开始,常州开放大学每年组织举办一次主题鲜明、内容丰富、形式多样的社区教育骨干教师培训,主题包括社区学习共同体培育,社区教育课程建设、授课方法等,以利于社区美育教师综合素质与教学水平的提升。

课程建设在这一时期收获了丰硕的成果,4门系列社区美育课程入选常州市社区教育精品课程立项项目,2门系列课程入选江苏省省级老年教育学习资源库子库项目,"社区美育:指尖上的中华文化"系列课程立项为江苏省社区教育精品课程,常州开放大学的"社区居民文化艺术创新力提升"项目入选教育部社区教育"能者为师"实践创新项目,受众对象人群覆盖面不断加大,优质教育资源供给不断扩大,美育教育课程质量不断提升。

另外,对游学、研学、社区文化墙等活动的探索,创新了社区美育的课程实施方式,调动社区居民沉浸式参与文化体验,真正将美育融入人民对美好生活的追求当中。

## 第二节 常州市社区美育的发展困境

在过去十年多的时间里,常州社区美育快速发展,取得了丰硕的成果,当然,也遇到了很多问题,如多元主体权责不清,缺乏统筹推进机制;服务客体范围不广,职社融合深度不够;社区美育师资短缺,缺乏专业人才持续支撑;社区美育教学创新不足,缺乏良好的评价体系等。

## 一、多元主体责权不清，缺乏统筹推进机制

### 1. 政府职能定位的问题

多数政府部门仍秉承传统角色理念，重"管理"而轻"治理"，在社区教育运行过程中的作用与定位尚未完全从"划桨者"转变为"掌舵者"，对社会教育干预过多的现象依旧存在，政府适度原则把握的不足在一定程度上弱化了其他主体的职能，因此，亟需构建与其他主体的合作治理模式。

### 2. 多元主体权责划分的问题

对各种力量如何参与社区美育，参与社区美育的程度、范围、界限、权利义务、法律责任等缺乏明文规定与指导，造成多元主体角色定位的不清晰，影响其参与积极性，如：引入艺术类培训机构参与社区美育活动，在丰富社区美育课程的同时，如何约束其行为？

### 3. 多元主体参与机制的问题

多元主体参与社区美育的主体意识较为缺乏，参与社区美育的长效机制不足，有不少企业、第三方组织基于宣传或品牌拓展等目的参与社区美育活动。

### 4. 多元主体监督机制的问题

监督主体不明，如在经费的使用方面，谁来监督资金使用是否合理、是否高效？

## 二、服务客体范围不广，职社融合深度不够

社区美育的情感价值培育与技能实践教学的融合程度还不够高，对中华优秀传统文化资源的挖掘还不够深入。"美育"课程不等同于"美术"课程，目前社区美育课程大部分依然被传统的绘画、书法、手工、舞蹈等课程占领，缺乏非遗文化、民间艺术、红色文化的引入，以及对美术馆、博物馆、文化馆等社会资源的整合。

社区美育与学校美育的衔接不足。常州是江苏省唯一五年四次被省政府督查、激励、表彰职业教育的设区市，也是被中央电视台《新闻调查》栏目进行45分钟深度报道职业教育发展成果的设区市，有着丰富的职教资源。常州是全国范围内社区教育发展比较早的城市，依靠社区教育高校（高职校）联盟，很多高校教师积极参与开发了多门社区教育课程，但是职业教育与社区教育相融合的课程、职业教育助推社会就业的课程的开发力度还不够大，课程内容也比较局限，不够丰富。

社区美育课程辐射对象相对单一，无法满足各类社区居民对社区教育课程的学习需求。社区美育倡导社区居民共同向往美好生活，从而提升社区治理水平，社区美育课程还没有完全覆盖社区中的所有人群，区域之间、城乡之间美育资源分配还存在差距。课程面向的群体还是以老年人、青少年为主，面向残障人群、失地农民、无业及待业人群的社区美育课程还需要进一步发掘。

### 三、社区美育师资短缺，缺乏专业人才持续支撑

职业教育的教师是社区美育师资队伍的骨干力量，在社区美育发展中起着关键作用，但职业院校仍处于扩大规模、打造品牌的发展阶段，主要目标仍是依托学校环境培养学生，社区美育对于职业院校的发展来说，更多的是"锦上添花"，加上教师本身教学、科研方面的压力，职业院校教师最初参与社区美育的人数并不多。因为参与社区活动的大部分是老年人与青少年，教师即使参与也很难将自身的专业技能高效地融入社区美育活动。另外，在参与社区美育工作之前，大部分职业院校教师是没有开展社区美育活动经验的，而社区美育的教育对象、教育目的、教学形式等不同于学校美育，很多教师在开展社区美育活动之初多少都会有点"水土不服"。

非遗传承人、民间艺人、技术能手等专业人才也是社区美育的重要力量。组织这些专业人才开展社区美育活动，既是对文化、技能的传承与保护，又有利于社区居民审美能力的提升。但是这些专业人才数量有限，而且他们中很多人还有本职工作，参与社区美育的时间得不到保障。有些专业人才虽然能制作非常精美的作品，但是由于缺乏教学经验，不善于挖掘技能与作品背后的故事，课程开展缺乏生动性。

第三方组织、艺术培训机构是社区美育师资的补充。随着社区美育活动需求的增长，以及人们对美育课程需求的不断提升，部分社区逐步尝试引进第三方组织、艺术培训机构开展社区美育活动，可是这类组织或机构中有很多是有营利性质的，对其办学资质、师资情况、收费情况、广告宣传的监督、检查、筛选是难点。

此外，常州在社区美育发展过程中，还遇到了城乡美育师资不均衡、师资供需不均衡等问题。

### 四、社区美育教学创新不足,缺乏良好的评价体系

1. 课堂教学形式固化

传统的社区美育教学以理论知识或者技能知识的学习为主,一般就事论事,内容单一,缺少对相关知识点的拓展。例如,端午节很多社区会组织开展制作香囊的活动,几乎千篇一律都是纯手工制作体验,教师很少会讲解香囊文化、端午传统节日文化,对课程中蕴含的思政元素挖掘不到位,使得课程缺乏趣味性和应有的育人价值。而且几乎都是艺术专业教师授课,非艺术学科教师很少参与,其他学科对美育课程的辅助作用容易被忽视。

2. 课程需求调研的科学性不足

课程需求调研的准确度影响着后续课程开展的质量,常见的课程调查即社区工作人员根据工作经验与自身认知制作调查问卷,通过纸质问卷或网络问卷让居民在既定的课程菜单上打钩、画圈表示认可。课程的开发者在调研过程中的缺位,导致教师对居民真实需求把控不到位,调研结果往往也没有反映居民的真实需求。这些选出的课程也许是居民喜欢和愿意学习的,也许是他们为了应付调研随意勾选的,又或者表单中根本就没有他们想要的课程。也有很多社区课程是社区工作人员根据政府政策引导、上级考评指标等直接选择的,这样选择的课程通用性很强,但缺乏针对性和个性化。

3. 缺乏良好的课程评价体系

迄今,还没有较为完备的社区美育评价标准,很多社区开展社区美育评价的方式依然局限在居民问卷、专家点评上,缺乏多维的、有针对性的评价指标,评价手段比较传统。

## 第三节 常州市社区美育的实践经验

### 一、构建"四螺旋"社区美育生态系统

"四螺旋"社区美育生态系统的概念来自管理学,一般用于高新技术企业产业创新,它是马丁·克雷在2013年提出的,这种开放式创新模式着重以"大学—产业—政府—公民"为基本模型。社区美育"四螺旋"生态系统强调政府、学校、企业、社会作为社区美育的供给,各主体之间既彼此独立,分属于不同领域,又共同构成复杂的适应性系统,在不同主

体的动态融通之间形成师资、资金、技术、政策、信息、服务等要素跨主体流动的网络混合式"旋"。各参与主体通过资源共享与信息交互取得螺旋上升式的进步和发展，实现美育效益最大化，形成社区美育生态的良性发展。常州社区美育在政府统筹领导和教育行政部门主管下，依托横向高校联盟和纵向社区教育四级体系，逐步形成与完善政府、学校、企业、社会四力协同的社区美育生态系统（图9-1）。

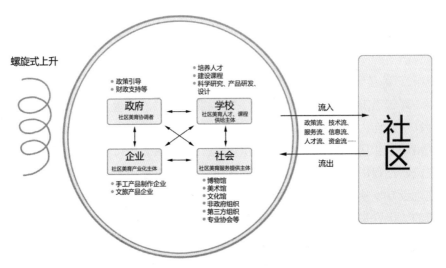

图9-1　"四螺旋"社区美育生态系统

（一）"四螺旋"模型各主体间关系及功能定位

1. 政府——社区美育协调者

政府通过政策引导与财政补贴等方式，为社区美育提升与创新提供了有力的支持。首先，各级政府部门通过整合各方资源、政策扶持引导和政府购买服务等方式，促进全社会对社区美育工作的重视与支持，为社区美育的创新与发展创造了良好的市场氛围。如召开艺术教育工作推进会，加强常州市美育改革发展整体谋划；乡镇文化站组织非物质文化遗产的普查、展示、宣传活动，基层政府积极在社区开展美育文化的宣传活动；等等。其次，利用自身掌握的信息，承担引导协调工作。如推动常州市高校（高职校）联盟的建立，促进博物馆、美术馆、文化馆等优质文化资源融入常州市社区教育四级体系，推动常州市社区教育馆校联盟成立，等等。最后，通过政府牵线搭桥，使学校、企业、社会组织等多方社区美育供给主体合作更加融洽、更加紧密。

2. 学校——社区美育人才、课程供给主体

学校是美育智力资源的集聚地，常州社区美育中的学校主要包括高校（高职校）、中小学、各级开放大学、各级老年大学及社区教育培训中心等单位。学校在社区美育建设过程中有三大任务：一是培养和供给社区美育人才队伍（包含社区美育师资队伍与志愿者队伍）；二是建设社区美育课程，建设美育类社区教育面授课程、常州市社区教育精品课程、江苏省社区教育精品课程；三是开展社区美育科学研究、艺术产品研发、文旅产品设计。

3. 企业——社区美育产业化主体

社区美育生态系统中的企业参与方式有两种：一是非遗产品、手工产品制作企业，他们通过直接向街道、社区、行业协会下订单的方式对接社区，由社区组织有意愿的社区残障人士、老年人、妇女生产商品，促进弱势群体就业。另外，这类企业也可先对接学校，利用学校的智力、人才、技术开展产品研发，然后对接社区，实现艺术产品成果转化。二是文旅产品企业，通过整合学校智力资源、社会非遗文化资源，开展研学、游学活动，促进乡村振兴。

4. 社会——社区美育服务提供主体

社会指的是具有共同的利益、目的和价值的非强制性行为集体，包括那些为了社区美育的特定需要，为了公众的利益而行动的组织，如博物馆、美术馆、文化馆、社区第三方组织、专业协会等，还有非遗传承人、区域媒体等，也都属于社会范畴。

(二)"四螺旋"社区美育生态系统运行机制

在"四螺旋"社区美育生态系统运作过程中，政府、学校、企业、社会四方主体功能既相互独立，又有部分功能耦合，通过"四螺旋"主体非线性的流转形成四个生态子系统，即政策驱动系统、人才支撑系统、课程（产品）研发系统、产业运营系统，各螺旋主体通过信息、人才、资金、市场等资源的输入与输出，在各个子系统中发挥各自优势与作用的同时，坚持协同作用机理，共同推动和实现社区美育协同效应的良性循环。

政策驱动系统中政府通过政策提供与资金支持的"输出"方式，为社区美育提升与创新提供了有力支持，而社会、企业、学校对政府政策的愿景与反馈的"输入"，为政府部门制定新的发展政策提供参考与建议，有利于政府"输出"更贴近社会需求、更高效的政策和法律法规，实现知识

资源的螺旋式上升。

在人才支撑系统中,学校是社区美育人才的"输出"主体,社会中的博物馆、文化馆、美术馆可以根据社区实际,辅助"输入"传授传统文化、非遗文化、传统技艺的师资,以此"产出"更多高技能人力资本进入人才支撑系统。另外,政府通过政策"输出"指导学校,推动美育工作室、团队、基地的建设,促进美育师资的不断孵化与能力提升。

课程(产品)研发系统通过人才支撑系统的知识"输入",先产出社区美育课程、手工艺品、文旅产品,然后向产业运营系统乃至整个社区生态系统进行"输出",最后根据生态系统外部环境反馈实现课程(产品)研发的螺旋式增长。

产业运营系统通过与政策驱动系统、人才支撑系统、课程(产品)研发系统的互动,进行技术转化与服务、产品量产化、文旅定制产品的"输出"及信息反馈的"输入",与其他系统协调发展,提升产品产业化程度与成果转化率。

## 二、打造"文化美、专业美、心灵美"的社区美育课程体系

融合传统文化资源,挖掘社区美育课程文化美。将传统文化、非遗文化、红色文化、邻里文化、地域文化等文化内容有机融入当代社区美育教育,实现传统文化的传承与发展。从中华优秀传统文化的美育精神出发,通过课程中的文化知识传授、艺术作品鉴赏、艺术创作实践,引导社区居民树立审美意识,深化对中华传统文化的认知,增强文化自信,进一步使其产生文化认同。联合博物馆、美术馆、艺术中心、民间艺术文化传播机构等机构的师资,开设公共教育与展览推广的课程,推动公共文化传播与艺术教育发展,如常州市博物馆,既有走出社区开展文博知识宣讲,又有将社区居民请进博物馆,沉浸式开展博物馆研学的课程,发挥民间技能人才的传帮带作用,培养非遗传承人群。立足乡村特色,因地制宜,因时制宜,开设乡村美育特色课程,弥补乡镇社区美育课程的局限与不足。

融合职业教育艺术专业的专业美育,打造社区美育课程专业美。基于职业院校培养多样化人才、传承技术技能、促进就业创业的社会职责,其课程本身就具备区域性特征,实现服务地方、发展地方的社会功能。因此,职业院校建设社区美育课程,可以依托自身课程、教师、平台资源的优势基础,融合传统文化、地方特色、科普常识和专业技能,开发相关系列社区美育线下课程及视频课程,而且视频课程还可以利用"常州终身学

习在线"网站、学校网站、超星等网络平台,扩大辐射范围,实现全民学习、终身学习。

聚焦特殊群体,实现社区美育课程心灵美。基于终身教育理论,开设针对儿童、青少年、老年人、农民、残疾人等群体的美育课程,基于社区教育课程的社会效用,针对这些群体开设系列课程。一是促进就业类课程。如常州市钟楼区新闸街道在社区设置辅助性就业课程,包含留青竹刻、乱针绣、手串加工等技能课程,帮助残疾人通过自己的双手创造财富,改善生活。常州市武进区嘉泽镇是著名的花木之乡,为了推进乡村振兴,增加当地农民收入,当地各村民委员会在社区讲堂开设花木直播营销培训,指导当地农民在直播中拍出产品的美感,以增加产品销量。二是心理疗愈类课程,通过手工实践,教会人们感知生命、体验生活,学会欣赏美和创造美。如以温暖、适老化为原则开设老年人植物疗愈系列活动,利用"视、听、嗅、味、触"五感活动引入园艺疗法,通过植物艺术手工制作、室外栽种等活动,改善情绪,提高老年人生活质量。如帮扶处于心理困境的儿童,通过涂鸦等课程形式,引导孩子抒发负面情绪,培养孩子的合作意识、规则意识。

**三、探索"大师引领、名师示范、教研共长"的社区美育教师培养与成长模式**

以社区项目为载体,以技能大师为主导,跟班学习传统技艺,引入非遗传承人、民间艺人、技术能手等专业人才参与社区教育各类基地的各类活动,打造"文化+专业+实践"的复合型美育教师培养"三合一"模式,一定程度上解决了社区传统工艺教师的后继无人,以及专业教师缺乏专业化指导的困境。

从遵循教育规律、学段定位、教师发展规律等不同角度出发,以名师示范引领、团队共同成长的方式吸引年轻教师加入社区美育队伍,以教师自荐、学校推荐等方式,遴选涵盖各个学段、各个学科的优质专业课程教师,评选组建不同层面、不同类型的名师工作室,高水平地推进社区美育队伍建设。开展社区教育骨干教师培训,组织专家讲授社区教育课程开发理论、分享实践层面经验,提升教师的社区美育师资水平与综合素养。组织教师参观学习艺术展览,开展同业交流活动;邀请专家顾问观摩听课,指导教科研,开展工作室研讨活动。建立"1+N"教师补充机制,扩大美育师资队伍,通过吸纳博物馆与文化馆文化专员、非遗传承人、技术能手

等专业人才和社区管理人员进行师资补充。

鼓励专业教师从事与专业相关的艺术创作、艺术设计的探索和研究，积极参与国家、省市级技能大赛、教学大赛、信息化大赛、创新创业大赛等。常州每年开展由常州市教育局主办、常州开放大学承办的常州市社区教育教师技能大赛，设立技能大赛、教师能力比赛和活动策划比赛三个赛项，每年都会有大量的美育课程、美育活动入选。以2023年常州市社区教育技能大赛中的社区教育技能课程说课比赛为例，美育课程包揽了一、二等奖，其中"流彩画社区课程""山水画中芦苇的画法"被评为一等奖，"中国结之平结的编法""《峄山碑》基础笔画"被评为二等奖。教师们同台竞技，展现艺术专业技能，以赛促教，教学相长，同时通过比赛观摩，对其他教师社区美育课程的实施起到示范作用，规范了常州市社区美育课程的教学形式，推动了常州市社区美育教师教学水平的提升。

**四、构建"教培一体、产教融合、双线融合"的社区美育教学模式**

规范课堂教学形式，研发了社区美育"五步创新教学"法。基于传统讲座式课程居民体感不佳、收获感弱的特点，开展体验式教学，课程精心设置恰当、实用、贴近生活、贴近居民的指尖上的艺术创作环节，且所选实践教学中的艺术形式的难度和适应性，符合对中华优秀传统文化理论内容深化的需要，一节课结束即有亲手创作的艺术作品呈现，居民获得学习的成就感，能够充分调动学习者的积极性和能动性。

打破传统课堂的物理边界，开展沉浸式教学。依托本地资源，开展实践活动，促使学员由被动学习转化为主动学习，将理论学习蕴于实践活动。例如，游学活动即依托常州社区教育项目基地、常州市社区教育游学基地、旅游景点，根据参与者的年龄层次等实际情况，设计安排游学路线。又如，组织社区文化氛围营造活动的课程，组织社区居民开展导视牌设计、楼道文化打造、口袋公园规划等活动，共同营造美丽社区，培养和提升居民对社区的归属感与荣誉感。

打造职业教育的第二课堂。将社区美育课堂教学与职业院校专业建设联系起来，联合社会力量，推动学生培养，将社区美育课堂打造成学生培养实践基地、学生社会实践第二课堂。以常州开放大学"指尖上的技艺"社区教育名师工作室为例，团队通过专创融合的师徒制育人模式，联合文创企业、非遗传承人，用好开放大学特有的社区资源，共同开展学生培养工作，获得江苏省职业院校创新创业大赛一等奖、最佳创意奖，江苏省第十二届"挑战杯"银奖,常州市青少年科技创新市长奖等诸多荣誉。

深化社区美育产教融合。以服务为宗旨,以就业为导向,走产学研相结合的发展道路。西艺坊的元老张卫英带领残疾妇女共同创业,传授她们学习留青竹刻、乱针绣、手串加工等技能,同时引进各种来料加工的项目,累计帮助100多名残疾妇女增加了生活收入。

促进社区美育双线融合,数字资源赋能,教学质量提升。充分利用信息化技术和新媒体,加大社区美育视频课程开发力度,积极探索直播课活动。数字化技术解决了时间、空间的难题,给予了居民自由选择学习内容的权利。

### 五、建立"4343"社区美育课程教学评价体系(图9-2)

其中第一个"4"是社区美育的4个评价主体,即社区、教师、学员、社会,尽管社区美育课程主要是社区居民在参与,但是整个课程的评价主体除居民外,还有来自其他课程参与主体,即街道、社区的工作人员,授课教师的评价也很重要。另外,来自学员周围环境的评价也是很有必要的,比如政府上级机构对课程实施的评价,家庭成员对于居民参与课程后的感受,其他外部机构、外部人员对课程的评价等,社区美育课程的评价是多元的。

图9-2 "4343"社区美育课程教学评价体系

第二个"3"是指社区美育评价体系的三个阶段，包括活动前调研形成的诊断性评价、活动行进中的过程性评价、活动结束后的综合性评价。

第三个"4"指的是评价方法，包括定性、定量、线上、线下4种评价方式。社区美育教学评价的目的，是希望通过各个主体对社区美育教学过程及结果进行客观、科学的价值判断，通过数据分析为下一阶段教学活动决策服务，由于该课程有些部分无法明确进行量化评价，因此，评价方法既包括定量研究，又包括定性评价，并实行多元主体评价。另外，因为社区美育课程的参与主体大多数是老年人和青少年，所以评价方式也采取了线上、线下相结合的形式。

第四个"3"是社区美育课堂评价的三个维度，即美育管理、美育教学和审美素养，每个维度又包括若干个子维度。美育管理包括美育制度、美育督导、教师配合、条件保障，美育教学包含教学设计、教学过程、学习情况，审美素养包含技巧工艺、审美认知、审美价值观。

借助平台大数据、仿真软件等信息技术，课前、课中、课后全程采集和分析各个维度的数据，形成可视化综合评价，助力教师针对反馈的问题及时调整教学策略、因材施教。此评价体系的针对性、可操作性较强，具有较高的参考借鉴价值。

## 【结论与启示】

常州社区美育在政府统筹领导和教育部门主管下，依托横向高校联盟和纵向社区教育四级体系，逐步形成与完善政府、学校、企业、社会四力协同的社区美育生态系统，不断在推进课程资源整合、优化课程内涵建设、促进师资队伍培养、提升项目服务质量等方面进行积极探索。

据不完全统计，迄今共建设社区美育面授课程近200门，省、市级精品课程5个系列，成立省、市级社区美育类工作室25个，市级社区教育精品教学团队1个，并与常州市文明办、常州市妇联、常州博物馆、常州市园艺发展服务中心等部门与单位广泛合作，加强资源整合，构建社区教育共同体。聚焦民生，统筹保护和利用丰富的乡土文化和历史文化资源，进一步丰富社区美育，助推乡村振兴、传统文化传承的现实路径，组织、评选或推荐立项各级美育类项目基地6个，社区教育游学实验项目31个，另外还有2个项目入选教育部社区教育"能者为师"实践创新项目。

当然，常州社区美育在发展中也遇到了很多问题，比如多元主体权责不清，缺乏统筹推进机制；服务客体范围不广，职社融合深度不够；社区美育师资短缺，缺乏专业人才持续支撑；社区美育教学创新不足，缺乏良好的评价体系；等等。

针对上述问题，常州社区美育工作在常州开放大学牵头和协调下，不断以特色项目为驱动，以品牌创新为突破，探索出了常州经验，即构建"四螺旋"社区美育生态系统，打造"文化美、专业美、心灵美"的社区美育课程体系，探索"大师引领、名师示范、教研共长"的社区美育教师培养与成长模式，形成"教培一体、产教融合、双线融合"的社区美育教学模式，建立了"4343"社区美育课程教学评价体系。

## 参考文献

[1] 杜君英. 社区教育课程开发研究［D］. 上海：华东师范大学，2005.

[2] 陈毅. 对政府职能转变的思考：从"划桨"到"掌舵"再到"服务"［J］. 云南行政学院学报，2010（1）：81-85.

[3] 吴琨，沈忠芹. 科技型小微企业创新平台建设研究：基于四螺旋模型［J］. 科技进步与对策，2014（3）：84-87.

[4] 史文杰. 高等美术学校参与社区美术教育的研究：以中央美术学院开展的社区美术教育项目为例［D］. 北京：中央美术学院，2015.

[5] 刘慧. 社区取向美术教育课程设计的探索与实践［D］. 成都：四川师范大学，2016.

[6] 徐文泽. 关于构建我国社区美育学的几点思考［J］. 广东开放大学学报，2018（5）：1-6.

[7] 郄海霞，李欣旖，王世斌. 四螺旋创新生态：研究型大学引导区域协同创新机制探析：以苏黎世联邦理工学院为例［J］. 高等工程教育研究，2020（2）：190-196，200.

[8] 杨院，王天琦. 以色列理工学院工程教育模式及启示：基于四重螺旋创新生态系统的分析［J］. 黑龙江高教研究，2022（3）：63-68.

[9] 赵伶俐，经刚. 美育评价智能化平台与实验教室建构：基于美育教学与美感体验过程［J］. 华东师范大学学报（教育科学版），2023（6）：92-107.

# 第十章 常州市社区美育项目实践案例

任何理论的终极来源与终极指向都是现实,任何前瞻性的设想都必须立足当前的实践,美育本身具有相当浓厚的实践性,本章节从不同角度详细介绍四个常州市社区美育实践的典型案例:一是"职业教育助力社区美育"江苏城乡建设职业学院社区教育品牌团队项目,二是"馆校合作助推社区美育"常州市社区教育馆校合作项目,三是"社区美育赋能乡村振兴"前黄社区教育中心社区美育基地项目,四是"社区美育扶助弱势群体""爱相汇"残疾人手工创业项目。如此生活化的实例昭示了当下社区美育研究的新机遇、新路径和新希望。

# 第一节 职业教育助力社区美育

## ——以江苏城乡建设职业学院
## 社区教育品牌团队项目为例

### 一、项目背景

国务院《关于加快发展现代职业教育的决定》对职业教育提出了积极发展多种形式的继续教育的要求,强调"建立有利于全体劳动者接受职业教育和培训的灵活学习制度,服务全民学习、终身学习,推进学习型社会建设"。基于高等职业教育院校服务全民的公益属性和社会职责,江苏城乡建设职业学院作为最早的常州市社区教育高校联盟单位之一,从2010年开始社区教育的课程开发、送教进社区、师资培育、项目实验等方面的探索。由于设有环境艺术设计等艺术类专业,学校在参与社区教育的过程中,在社区氛围营造、乡村建设等方面成效显著。

2019年,为了促进社区教育服务工作提档升级,深化社区教育队伍建设,凸显常州市高校(高职校)联盟的资源优势,常州开放大学在原有特色项目工作室评选的基础上,以更高的要求开展了社区教育品牌教学团队的评选,其中江苏城乡建设职业学院申报的"生活·艺术·家"社区教育品牌团队就是入选的6个品牌团队之一。

"生活·艺术·家"社区教育品牌团队项目是典型的职业院校服务社会的一种模式,它依托学校环境艺术、园林艺术等专业,联合常州园艺发展服务中心等单位,依托社区平台开展社会艺术项目、志愿服务活动等社区美育活动,引导、帮助居民把设计元素、文化元素应用到日常生活、乡村建设中,把美术成果服务于人民群众的高品质生活需求。

### 二、职业教育和社区美育融合发展的意义

(一) 符合国家文化发展的战略

党的十八大明确把"美育"作为教育的根本任务之一,作为衡量教育质量的一项重要内容。2015年,国务院办公厅《关于全面加强和改进学校美育工作的意见》发布,这是中华人民共和国成立以来国务院发布的第一个关于学校美育的文件,它提出了"到2020年,初步形成大中小幼美育相互衔接、课堂教学和课外活动相互结合、普及教育与专业教育相互促

进、学校美育和社会家庭美育相互联系的具有中国特色的现代化美育体系"的目标,并指出学校美育要与社会家庭美育相互联系,而社区美育正是社会家庭美育的重要部分。2019年,教育部《关于切实加强新时代高等学校美育工作的意见》指出:高校美育要积极开展对口定点帮扶、支教扶贫、社区服务等美育志愿服务和社会实践活动,强调了高校美育需要参与社区服务。2020年,在第十三届全国委员会第三次会议中,全国政协委员许江认为,社区美育作为打通社会美育的"最后一公里",应当得到全社会的高度重视。2021年4月,习近平总书记在考察清华大学时指出:要发挥美术在服务经济社会发展中的重要作用,把更多美术元素、艺术元素应用到城乡规划建设中,增强城乡审美韵味、文化品位,把美术成果更好服务于人民群众的高品质生活需求。这一重要论述进一步为职业教育和社区教育融合发展指明了方向。

(二)推动职业教育的发展

中共中央办公厅、国务院办公厅《关于全面加强和改进新时代学校美育工作的意见》提出:应"加强美育的社会资源供给,推动基本公共文化服务项目为学校美育教学服务"。社区是城市政府管理的基层单位,职业教育离不开社会资源的支撑,职业教育依托社区文化资源,是开展专业实践、思政实践,建立学生第二课堂的基地。其中,最为显著的是对艺术类职业院校学生实践教学方面的推动。学校围绕社区美育,展开了一系列的社会实践与思考,一方面,帮助社区创作社区需求的艺术产品,实现美育作品的长效化市场机制;另一方面,让学生通过学习风俗民艺、非遗传承、传统制造、手工技艺、空间营造等技能,理解多种多样的艺术表达形式,拓展艺术领域,获得专业提升。

### 三、职业教育推动社区美育的路径

(一)聚焦内涵,促进职社融合发展

职业教育艺术专业课程的相关知识点、教学资源融入社区教育课程,一方面,有利于提高教育的实效性、生活性;另一方面,适合社区教育的学情特点,当参与者中成人偏多时,可以多讲述职业教育课堂中的理论知识,而参与者中少儿偏多时,可偏重实践制作部分,实现"同课异构"。学校在社区美育的课程建设中,必须根植当地社区文化背景与居民需求,结合社区居民需求构建社区美育职教特色课程(图10-1)。

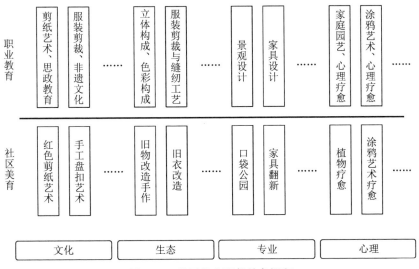

图 10-1 社区美育职教特色课程

根据"生活·艺术·家"社区教育品牌团队项目服务居民日常生活美育，服务乡村建设的项目定位，课程建设体现了职业院校"专业技能服务社区公益"的特点。配合思政元素开设以传统文化、红色文化及廉洁文化为主题的"窗花剪纸艺术""手工盘扣艺术"等课程。以剪纸课程为例，将职业教育中的剪纸课程融入思政元素"廉文化"，开设"喜迎二十大 剪纸颂党恩"课程，教师教授学员如何剪出"廉"字、寿桃、梅花等图案，一起感受传统民间剪纸艺术魅力，以字传意，以画传情，剪出一片廉洁新风。根据服装剪裁、色彩构成、景观设计等专业课程，配合绿色生态理念开设旧物改造课程，宣传绿色环保理念。根据家具设计、景观设计等课程，设计家具翻新、植物微景观设计等社区课程，培养居民职业技能。根据园艺、涂鸦的心理疗愈课程，设计植物疗愈、涂鸦艺术疗愈课程，构建健康、美丽的社区环境，提升居民的身心健康和生活质量。组织学生开展社区文化墙建设活动，将专业实践教学课堂搬到社区，为营造美丽和谐的社区人居环境，提升居民幸福指数起到积极的推动作用。

(二) 整合资源，建立专业化队伍

教师队伍的建设是社区美育发展的关键，打造职业教育与社区教育一体化的专业师资队伍，主要有提升高校和社区专业人士的互助意识和能力水平，鼓励教师进社区开展教育，引导工匠大师、非遗大师、技术精英等向教师、学生传播技艺等途径。

一是发挥职业技能,服务社区美育。职业教育教师作为社区美育建设的重要力量之一,可以结合自身的专业优势及特长助力社区美育传播。"生活·艺术·家"社区教育品牌团队教师大部分拥有自身专业优势,是拥有环境艺术、园林设计、思政、心理等多学科背景的专业人才,可以将自身专业技能教授给社区居民。

二是挖掘专技人才,激活乡村振兴人才引擎。团队广泛吸引非遗传承人、民间艺人、技术能手等人才,提升专业艺术人才在社区美育活动的参与度,提升其就业创业本领,让更多的"田专家""土秀才""新农人"成为乡村振兴带头人。

三是传承传统技艺,扩大辐射范围。鼓励团队教师向传统手工艺者拜师学艺,将非遗文化融入职业学校美育及设计专业课堂和社会课堂,将其传播给更多传统手工艺爱好者。

志愿者队伍是社区美育活动开展的良好助力。中共中央办公厅、国务院办公厅印发的《关于推动现代职业教育高质量发展的意见》提出,职业教育是国民教育体系和人力资源开发的重要组成部分,肩负着培养多样化人才、传承技术技能、促进就业创业的重要职责。国家对于职业教育人才培养提出了更高的要求,而社区对学生培养来说是个良好的实践平台。培育学生志愿者团队,组织学生志愿者到社区、到乡村开展美育活动,为学生搭建更为广阔的社会实践舞台,不断推动和探索学校美育与社会美育互动的途径,不仅让学生得到了专业知识方面的锻炼,增强了学生对传统文化的认知和感受,还锻炼了学生的实践能力,有助于培养学生的感恩意识、责任意识,对促进学生综合素质的提高也有很大帮助。

项目通过发挥职业院校师资优势与学生志愿者力量,吸纳非遗传承人、民间艺人、技术能手,组建了一支"高校教师+专业人才+学生志愿者"专业化社区美育师资队伍。

(三)项目建设,助力乡村振兴

团队主动对接各地乡镇发展需求,开展项目合作,先后为江苏及周边地区提供美丽乡村村庄规划、宜居改造提升规划、新农村社区规划等技术服务。通过重点指导和组织开展乡村游学活动、承担口袋公园设计、美丽庭院建设、绿色启蒙教育等100余项乡村振兴服务项目,有力地支持了美丽乡村、宜居乡村和活力乡村建设。在牛塘镇、前黄镇等多个乡镇建立社区教育基地,以社区美育活动为载体,融入乡村建设发展与文化治理,增强地方百姓的获得感、幸福感，进一步强化与乡村资源共享平台的建设，为乡村治理、乡村文化建设注入新活力。

## 第二节 馆校合作助推社区美育

——以常州市社区教育馆校合作项目为例

### 一、项目背景

2014年，《教育部等七部门关于推进学习型城市建设的意见》提出："进一步发挥公共文化设施的社会教育功能，深入推进公共图书馆、文化馆（站）、博物馆、美术馆、科技馆等各类公共设施面向社会免费开放。"2016年，《教育部等九部门关于进一步推进社区教育发展的意见》又进一步指出："提高图书馆、科技馆、文化馆、博物馆和体育场馆等各类公共设施面向社区居民的开放水平。"博物馆作为拥有社会独特资源的文化机构，负有为社会发展服务的使命。社区是社会的细胞、社会治理的基础单位，博物馆服务社区、参与社区建设责无旁贷。

常州市社区教育馆校合作项目始于2017年，在教育局的指导下，常州开放大学与常州博物馆开始合作，通过线上、线下相结合的方式对社区居民开展传统文化的普及工作。为进一步发挥博物馆的社会教育资源优势，丰富社区居民的精神文化生活，探索常州社区教育馆校资源共建众享新模式，在原有的常州开放大学、常州博物馆两家单位的基础上，加入了常州市6家社区培训学院、溧阳开放大学及11家博物馆。项目累计整合了常州市12家博物馆资源，并通过"1+7+61+1035"（1——常州开放大学、7——7个区级社区培训学院、61——61个街道级社区教育中心、1035——1035个村级学校）社区教育四级网络进一步辐射到全市范围。

### 二、博物馆美育融入社区美育的路径

（一）"请进来+走出去"，提升服务社区美育水平

请进来，即博物馆联合社区，邀请社区居民走进博物馆，开展博物馆展厅实景课堂，进行沉浸式学习。以常州博物馆与天宁区社区培训学院"文化赋能 幸福社区"馆校合作项目为例，项目整合了博物馆资源与天宁区老年大学课程，开展博物馆展厅实景课堂。教师结合博物馆的环境特点，在参观的过程中讲授博物馆拍摄的注意事项、文物的拍摄角度、展厅拍摄技巧等课程内容，引导居民近距离感知美学风尚、场景视觉及新科技

在博物馆的运用。

走出去，即博物馆讲师团、志愿者走进社区，把文博知识送到群众家门口。以2023年"5·18国际博物日"为例，常州博物馆志愿者团队根据社区的需求，分别将常州吟诵和常州烙画体验活动送进社区。常州吟诵非遗传承者吴文娟以"常州吟诵——带你走进古诗词'有声'博物馆"为题，为社区居民开展理论讲解、现场表演和吟诵体验活动。常州烙画传承人范永恒带领社区老人开展常州烙画体验活动。

（二）"流动博物馆"进社区，线上线下齐发力

为有效开展社区美育工作，让社区居民欣赏美、感受美，常州开放大学联合常州博物馆每年在全市范围开展"文博知识进社区"活动，迄今已开展了"追溯，龙城的故事——常州历史文化巡展""2021东方微笑——麦积山石窟艺术展""春花烂漫——瓷器中的花草世界"等多场线下巡讲。在活动现场，博物馆宣讲员向社区居民发放博物馆制作的各种文物资料，然后用通俗的语言讲述每件文物背后的故事。活动不仅传播了历史文化，还丰富了社区居民的文化艺术生活，促进了艺术的交流和普及。为了调和居民需求多、巡展周期长、巡展主题少的矛盾，所有的线下巡展均同步配备线上巡展，在"常州终身学习在线"网站长期展播，让艺术文化与社区居民零距离。

（三）探索共建众享新模式，立项社区教育馆校合作特色项目

为丰富社区居民终身学习内容及形式，助力文博知识进社区、进万家，巩固和深化常州市社区教育馆校资源深度融合的成果，2022年，常州开放大学、常州博物馆联合开展了常州市社区教育馆校合作特色项目申报工作，要求辖区社区培训学院或社区教育中心，挖掘当地文博资源，联合博物馆或纪念馆共同开展项目申报工作，迄今共立项了2批、共10个社区教育馆校合作项目。以10个馆校合作特色项目（表10-1）为抓手，进一步放大品牌效应，通过每个馆校合作特色项目的活动开展，深化博物馆与社区居民的互动机制，为社区居民与文化艺术搭建了一座沟通的桥梁。

表10-1 常州市社区教育馆校合作特色项目

| 序号 | 区名 | 项目名称 |
| --- | --- | --- |
| 1 | 溧阳市 | "把酒言欢——中国名酒及酒文化学习"项目 |
| 2 | 金坛区 | 公共文化服务与社区教育融合馆校合作项目 |

续表

| 序号 | 区名 | 项目名称 |
|---|---|---|
| 3 | 天宁区 | "送你一朵小红花"之横塘"全民学习"项目 |
| 4 | 武进区 | "踏歌淹城话春秋"馆校合作项目 |
| 5 | 经开区* | "循家乡印记 绘五彩生活"馆校合作项目 |
| 6 | 新北区 | "忆春江逝波时光 望今朝似锦繁华"馆校合作项目 |
| 7 | 钟楼区 | "梳篦特色文化"馆校合作项目 |
| 8 | 经开区 | "循家乡印记 炫夕阳霞彩"馆校合作项目 |
| 9 | 天宁区 | "文化赋能 幸福社区"馆校合作项目 |
| 10 | 钟楼区 | "走进宫梳名篦 探寻千年非遗"馆校合作项目 |

＊经开区的全称是"江苏常州经济开发区"。

以"循家乡印记 绘五彩生活"馆校合作项目为例，它是经开区社区培训学院联合圩墩遗址博物馆、横山博物馆共同建设的。根据本区域特色，打造了"五彩"主题教育活动，即红色爱国主题教育，褐色民俗主题教育、绿色环保主题教育、金色成长主题教育、粉色志愿者献爱心活动。围绕五彩主题，开发了新课程"常州市非物质文化遗产"，建设了"漫漫圩墩 灼灼其华"等数字展览资源，组织了"古运经开 多彩非遗"文化展、经开夜未央文旅摄影展、常州革命文物画展、常州市非物质文化遗产图片展等巡展，开展了各类青少年社会实践活动，以及老年大学书画、摄影班采风、写生活动等主题活动。通过一系列"五彩"主题活动，服务温暖社会，增进了居民对地域文化的认同感，向社会传递了大美。

## 第三节 社区美育赋能乡村振兴

——以前黄社区教育中心社区美育基地项目为例

### 一、项目背景

党的十八大以来，党中央高度重视中华优秀传统文化的传承发展。2021年5月25日，文化和旅游部发布的《"十四五"非物质文化遗产保护规划》提出，要推动传统工艺类非遗在现代生活中得到新的广泛应用。2022年3月21日，文化和旅游部等多部门联合印发《关于推动文化产业赋能乡村振兴的意见》，提出到2025年，文化产业赋能乡村振兴的有效机

制基本建立，优秀传统乡土文化得到有效激活，乡村文化业态丰富发展的目标。因此，将地域文化与乡村环境相融合，将文化转化为社区美育实践内容，从而实现乡村振兴，已然成为当前乡村社区美育的主要目标。

前黄镇坐落在常州市武进区南部，是一个以农业与人文为特色优势的乡镇，有着独特的自然生态、农业产业优势和教育人文底蕴。2021年，前黄镇社区教育中心联合江苏城乡建设职业学院，合作申报了江苏省社区教育优质项目化基地"农村居民绿色·艺术生活引领社区教育优质项目化基地"。项目旨在整合前黄镇地域文化资源、产业资源、田园风光资源、人文资源，开展社区美育活动，助力乡村振兴。

**二、社区美育促进乡村振兴的实施路径**

（一）走访调研农耕基地，挖掘乡土美育资源

项目组在前黄社区教育中心的组织下，多次走访调研红星村、前进村、大成村、杨桥村、联庆村，深入挖掘前黄农村当地资源，做好项目前期准备。一是收集整理当地乡土资源，如大成村将传统农耕工具进行收集展示，成立了乡村农展馆；杨桥村，有着800多年历史的"杨桥民俗文化"；联庆村是前黄最大的产粮大村，可以挖掘旅游和农业资源。二是了解当地的居民需求及能人异士，如前进村有百年的酿酒手工艺，前黄老缸酒坊负责人黄秋大始终与妻子一起亲力亲为，坚持纯手工酿造；红星村有华生竹编非遗传承人葛云生。三是挖掘本土非遗文化，如华生竹编、杨桥捻纸等。

（二）整合多方资源，培育乡土美育师资

专家把脉问诊，助力乡村振兴。邀请江苏省教育厅领导，常州开放大学社区教育专家，江苏城乡建设职业学院、常州艺术高等职业学校专家进行项目论证，为项目的未来发展指明方向。挖掘本土乡土美育师资，宣传非遗文化。如走访调研运村实验中学捻纸社团，邀请社团指导教师周敏加入基地教育建设团队，2022年7月，社团协助项目组开展"城乡互动活动"，将前黄本土优质非遗资源送往城区。

组织师资培训，扩大乡土美育师资队伍。如聘请前黄华生竹编非物质文化传承人葛云生担任技术顾问，由常州工学院唐李阳老师召集江苏城乡建设职业学院、常州工程职业技术学院、常州艺术高等职业学校等高职院校热爱非遗手工艺的教师，组建师资团队，进行非遗手工艺的学习，探索民间传统手工艺由高校艺术设计教师与非遗传人协同传承的路径。

（三）围绕本地特色，开展乡村美育活动

根据前黄本地居民需求，主要开展"传统非遗进生活""绿色生活合伙人""欢天喜地过新年""乡野插花扮靓百姓生活""剪纸"等活动，丰富当地村民的业余生活，深受当地村民喜爱。

在前期走访调研、学习考察、反复研讨的基础上，项目组充分挖掘前黄镇地域文化资源、产业资源、田园风光资源，结合乡村的文物古迹、传统村落及各类农业遗迹等，开发了融乡村美育理念在内的数条研学线路，包括趣味水果采摘、水稻农业发展、乡村水产探究等具有乡村特色的研学线路，以及融入前黄镇红星村的华生竹编、杨桥村的捻纸艺术及前进村的前黄米酒等文化特色的研学线路，为前黄镇本土非遗的推广及文化建设搭建桥梁，从而促进当地乡村振兴，实现乡土美育课程资源的成果转化。以大成村为例，它整合了这个区域的农耕文化美育资源，成立展示传统农耕工具的乡土农展馆，开设传统手工艺课程，建立乡村游学路线。不仅如此，大成村为了防止美丽乡村"千村一面"的情况，邀请艺术专业的师生对研学路线标识、美丽乡村通道导视牌、乡村场地等进行了精心的设计，活动中尽可能聘用本土的师资，如杨梅采摘研学活动设置了组织参与者体验杨梅酒酿造的环节，这个环节的授课教师就是当地酿酒非遗传承人，这样既推广了非遗文化，又增加了当地农民的收入。

此外，项目还积极走出去，在常州市其他社区宣传前黄的非遗文化。如杨桥捻纸非遗，通过非遗传承人和运村中学捻纸社团进社区的形式，将捻纸非遗在常州进行宣传，飘香路社区给前黄杨桥捻纸传人朱琪颁发了"社区城乡非遗课程校外辅导员"聘书，为运村实验中学教师周敏颁发了"乡村自然博物课堂导师"聘书，为运村实验中学捻纸社团两名学生颁发了"乡村自然博物课堂志愿者"聘书。

## 第四节 社区美育扶助弱势群体

### ——以"爱相汇"残疾人手工创业项目为例

**一、项目背景**

2018年，教育部等四部门发布的《关于加快发展残疾人职业教育的若干意见》强调要"不断提高残疾人职业教育的质量，为残疾人提供更多个性化教育、适合的教育"。2019年发布的《残疾人非遗就业价值研究报

告》指出，残疾人就业与非遗传承存在较大的互补性，非遗和残疾人的结合创造了真实效益，具有一定的发展意义。近年来，从国家到地方对残障人士就业、自主创业给予了极大的支持。由于残障人士就业与非遗传承的互补性，非遗助力残障人士就业模式得到了广泛认可。

常州市钟楼区新闸街道常住人口约3.7万人，其中残障人士有433人。受残障人士的自身条件对其参与就业空间的限制，以及陈旧社会观念对残障人士就业积极性的影响，很多残障人士仍处于待就业或者失业状态。为鼓励残障人士创业，增加其家庭收入，让他们用勤劳的双手实现自身价值，自强奉献，街道社区教育中心联合街道残疾人联合会经过多次调研，整合资源，把具有手工特长的残障人士、社区志愿者、高校老师汇聚在一起，于2020年5月第三十次全国助残日到来之际，共同开展"爱相汇"残疾人手工创业项目，致力残障人士创意手工等美育项目培训和残障人士就业服务工作。

**二、项目实施目的**

项目以残障人士就业创业需求为抓手，以创意手工等美育课程为载体，让残障人士走出家门，在享受艺术之美的同时，充分发挥残障人士的就业潜能、创新力和创造力。

**三、项目实施路径**

（一）提供生活动力支持，提高了参与社会生活的积极性

"爱相汇"残疾人手工创业项目的开展，不仅提高了残障人士的收入，为残障人士提供了物质保障，而且使残障人士获得了精神上的慰藉，使其对未来生活充满了希望、动力和向往。项目为残障人群体提供了一个相互交流、学习、沟通和相识的平台，残障人士在制作创意产品的过程中既锻炼了脑、眼、手的协调配合能力，在制作创意产品中找到了成就感和自信心，又收获了友谊，提高了参与社会生活的积极性。另外，在新闸街道妇联的指导下，针对残障人士由于自身缺陷有不同程度"心理障碍"的问题，开展了以"不逃避、不消沉、不自卑"为主题的"爱来碍去"心理调适营活动，帮助他们疏解情绪，增强心理健康意识，以良好的心态面对生活，融入社会。

（二）组建了"专家老师+志愿者+专业社工"残疾人就业创业培训服务团队

完善职业培训，实现有效对接是促进残障人士就业的基本条件。项目从专家教授、志愿者辅助、社工服务三个方面入手。一是采取"请进来"

的方式，与高职院校专家团队、名师工作室的教师团队合作，聘请一批教授专家担任教学指导，为残障人群体定期开展线上、线下专题培训，指导残障人士开发创意产品。二是考虑到培训中教师无法兼顾每名学员，每次培训时，街道都组织部分志愿者，在残疾人课程学习的过程中提供指导与帮助。三是针对社工开展残疾人工作相关培训。如开展全能社工的课程"残疾人工作的相关办理事项"，课程由社区残疾人专职委员李太平向各位社工介绍残疾证的办理事项，如申请条件、相关资料、填表及申报要求等，并介绍残疾的类别、残疾的级别、残障人士可享受的各项优惠政策、残障儿童康复救助等内容。

（三）形成了"产销研一体化"的辅助性就业创业模式

"研"——"爱相汇"残疾人手工创业项目在充分考虑参与人员身体状况、学习能力的前提下，邀请高职院校专家团队、名师工作室的老师进行产品研发，先后开发了手工杯垫、虎头鞋、手工包等传统产品，以及手机套、耳钉、手链等充满生活气息的创意产品，通过传授创意手工制作知识与技能，提升学员的动手能力与就业技能。

"产"——通过链接辖区内爱心企业资源、组建制作流水线，帮助困难家庭实现辅助性就业，让他们用勤劳的双手实现自身的价值。例如，2020年12月，新闸街道十多个残疾家庭接到了为一家爱心企业制作卡通玩偶的任务。在专业技师和社工的指导下，这批残疾家庭成员采取划分小组、分工合作的方式，在规定的时间内保质保量地完成了一万多个俏皮可爱的卡通玩偶的制作，远超爱心企业的预期。

"销"——为了打通手工创意产品的销路，除了帮助残障人士在社区售卖产品外，还积极组织党员、社工志愿者牵头开展义卖活动，通过进机关、进企业、进学校、进社区、进菜场的"五进义卖"推动产品销售，并且通过网络直播、公众号推送等方式推动手工创意产品的销售，促进残障人士增收。

"爱相汇"残疾人手工创业项目已由最初的9人发展到47人，开展线下手工产品培训课程50余次，制作线上微课程视频两个，帮助辖区残障人士掌握手工技艺，带动就业，人均增收万余元。推动残障人士就业工作高质量融合发展，是促进残障人士全面发展和共同富裕的重要体现，这不仅是经济问题，也与社会发展紧密相关。充分利用美育资源，探究残疾人就业新模式，既有利于社区美育创新能力的发展，也有利于开创残障人士

事业发展的新局面。

## 【结论与启示】

为学之实，固在践履。朱光潜先生在《西方美学史》中说过："决不能把美学思想和文艺创作割裂开来，而悬空孤立地研究抽象的理论，那就成为'空头美学家'了。"同理，美育也是如此。本章选取江苏城乡建设职业学院社区教育品牌团队项目、常州市社区教育馆校合作项目、前黄社区教育中心社区美育基地项目、"爱相汇"残疾人手工创业项目等四个常州社区美育实践的典型案例，对社区美育做相关的探讨。

江苏城乡建设职业学院是常州市社区教育高校联盟初始成员之一，在社区美育方面有着丰富的成果，而且学校又以园林艺术、环境艺术等专业为特色，因此，选取该校的社区教育品牌团队项目作为职业教育促进社区美育的案例。常州市社区教育馆校合作项目体现的是博物馆美育助推社区美育，这个项目是常州市社区美育的一大创新，它是在原有的常州开放大学、常州博物馆两家单位合作的基础上，融入常州市6家社区培训学院、1所溧阳开放大学及11家博物馆开展的。项目整合了全市12家博物馆资源，并通过"1+7+61+1035"社区教育四级网络辐射到全市范围。前黄社区教育中心社区美育基地项目是个典型的社区美育促进乡村振兴的项目，它的特点是充分挖掘当地非遗文化和乡土资源，并将它们融入社区美育课程，促进了城市居民对非遗文化的认识，也帮助了农民增收。"爱相汇"残疾人手工创业项目，是常州市钟楼区新闸街道的一大特色，在社区的支持下，推动了残疾人就业，提高了社区残疾人的生活质量。

**参考文献**

[1] 秦丽，杨铮. 高职校艺术类专业学生创业教育的探索与研究 [J]. 太原城市职业技术学院学报，2011（4）：55-56.

[2] 肖立军. 新美育实践研究 [M]. 长春：吉林人民出版社，2020.

[3] 仲红俐，秦丽，张一之. 社区教育营造乡村绿色艺术生活的实施策略 [J]. 广州广播电视大学学报，2022（1）：33-38，108-109.

[4] 路亚北，王中，王艳. 社区教育"馆校合作"的动因分析与路径优化 [J]. 教育与职业，2022（2）：75-79.